Pouvoirs et conflits

权力与冲突

上海教育出版社

第八章　国王与臣民

　　历史学家经常很难明白政治制度是怎样思考的,尽管我们承认它们会思考,因为虽然没有大脑也没有自己的想法,它们却限定了我们什么该记住,什么该忘记,规定了善恶好坏的评判标准,甚至还包括开展智力活动的条件,并渐渐地也限定了所有人的生存条件,而这正是制度赖以思考的基础。分门别类的规章制度、据以建立规章条例的调查报告,以及支持开展调查的行政逻辑,通过空间和经济的制约作用及横向的社会文化方面可能促进或阻碍历史变化的影响,更是突出了这个疑惑。这就是人类学家们在我们社会里的又一项新发现。①

　　在这个问题背后,关键是要理解在 18 世纪是什么促使法国人成立了共同体,其间有团结合作,又不乏分裂、排斥和怀疑。这是一个过渡时期,因为我们可能处在关于社会共同体的两种不同观念的转折点:一种观念比较强势,有关传统社会、君主政体和宗教制度,共同体在此完完全全是构成个体身份的一种要素。另一种观念处于弱势,共同体在此更加分散、更加功利主义,是一种崇尚交换和个人至上的社会反映或其内在要素的体现;共同体是不同个体志趣相投、功利合作的结果,而共同体却独立于个人之外。在共同体中自我的发现贯通了新旧两种看待事物的方法。无论用哪一种方法来看,"个体们同甘共苦,真正分享了彼此的思想,在一定程度上喜好一致;他们只能在自己设立的规章制度范围内采

①　Douglas (M.), *Ainsi pensent les institutions*, Paris, trad. 1989.

取重大决定"①。

　　从当权者和臣民关系角度出发,或信任、拥戴,或冲突,我们希望可以从政治的实际操作中找出用来检验其历经时间考验的世界观之合理性的方式,总结一个差强人意的文化制度如何保持一整套既定规章制度的协调性,如何应对是非曲直。哲学家们的思考凝聚在这方面的著作中。为此,为了理解国土和经济、重农主义和与之相对的自由主义,我们需要一位指导者。孟德斯鸠可以充当这个角色,因为他的思考——正如阿尔都塞曾经用他自己的方式加以理解并指出的那样——处在政治和历史之间,既有对现世的观察,又不乏通过对习俗、规律的反思做出对事物的解释。这些规律为他思考自己亲眼所见的蒸蒸日上的商业资本主义的现代性提供了依据。于是,我们的问题在于要知道面对历史变迁的新节奏,什么是君主专制制度进行改革的有利时机。②

过渡时期的君主制度:孟德斯鸠

　　孟德斯鸠作为法院院长③的精神风貌毫无疑问是历史上最引人注目也最广为人知的形象之一。④ 他的作品客观公正,小心谨慎,属于非教条主义的思想派别。他不像卢梭在《论科学与艺术》里那样对一些现象点到为止,他知道政治是历史和地理的产物。他熟知世界。虽然是一个外省人,⑤却从南至北,从意大利到英国,走遍了欧洲。身为法官,他精通法律,通过对包括西塞罗、塔西佗、斯多葛派和新派思想的波舒哀、

---

①　Douglas（M.）, *Ainsi pensent les institutions*, Paris, trad. 1989, p. 116.

②　Althusser（L.）, *Montesquieu, la Politique et l'Histoire*, Paris, 1964；Benrekassa（G.）, *Montesquieu, la Liberté et l'Histoire*, Paris, 1987, pp. 87－88.

③　孟德斯鸠世袭过波尔多法院院长职务。——译者注

④　Shackleton（R.）, *Monstesquieu…*, *op. cit.*

⑤　因为孟德斯鸠出生在波尔多而不是巴黎,所以被称为外省人。——译者注

马勒伯朗士，以及遭他驳斥的霍布斯等人的经典法律作品的广泛阅读，展开对哲学的思考。他的政治主张是一门现实的科学。[①]

通过《波斯人信札》反映出来的他对权利的个人体验；他对奥尔良公爵摄政时期大事件（摄政期间人们为摄政王及其亲信们野心勃勃的专制统治忧心忡忡）及其最后垮台的评价；即使未被证实，他也极有可能参与了法国第一政治俱乐部即中楼俱乐部（Club de l'Entresol）（在那他很可能读过关于专制的论述《苏拉和欧克拉底的对话》）的讨论；他对高等法院派以及对那些熟知从波尔多到伦敦、到阿姆斯特丹的市价行情的大葡萄种植者的浓厚兴趣，还有他对狂热迷恋礼袍者的学院派的干预，最主要的是他过着中立于各党派却关注所有事件的生活。所有这些特征使他能真正能分析自己所处时代的政治社会，成为一个意识到这个社会显现出松散结构的见证人。孟德斯鸠主张的君主制度，既有现行君主制度的成分，也有理想君主制度的内容，两者并行不悖。让我们来了解一下专制主义时期的政治问题吧。

我们知道孟德斯鸠分析过三种政府类型：共和政体（贵族制或民主制）、专制政体、君主政体。他对政府的这一划分取代了政治科学界自亚里士多德以来一直沿用的说法：君主制、贵族制、民主制。每种政体都对应着政府的一种统治方式和一套体现其发展方向的历史道德准则。所有的论证——尤其是通过比学术调查还要深入的理性试验来比较专制政体和君主政体的论证——都旨在使得价值判断符合现实评判，从而做出取舍。孟德斯鸠主张"法国式的君主政体"，从英国人那里借鉴一些新准则来强化这一政治体制，他认为那些实行温和主义统治的国家才能长治久安。君主政体是能被人民容忍的制度，人民在社会上享有一定的自由空间，因为君主制设立了一些基层机构来预防滥用职权。政治统

---

① Ehrard (J.), *Politique de Montesquieu*, Paris, 1965, p. 11.

治的实施体现了基层机构的思想和精神,也支配着国王和人民的关系。

重温《论法的精神》第2—5卷的主要内容,牢记孟德斯鸠提倡的阅读原则,理解法律实施的依据:

> 法律的实施与国家面貌息息相关:冰冻的气候、炙热的气候,还是温和的气候;国家的土壤品质、地理位置、面积大小;人民的生活方式,如耕作、狩猎、游牧;还与国家容许的人民自由度相关,如他们的信仰、爱好、财富、人数、交际、习俗、举止等。总归和国家政治的历史渊源、立法者的目的以及法律赖以建立的事物的秩序……都是有联系的。①

相对主义和理性主义是从理论上来确定不同性质的政府的方法。君主政体之所以是君主政体,它只有一个统治者,但这个统治者的权力不是独裁者的权力,因为君主是按照既定的基本法律来行使权力,其原则是"荣誉",也就是"对每个人和每种条件的预判"。这比君主们的美德或市民们的美德要重要得多——君主美德对于拥护波舒哀的专制主义教条理论家和支持费奈隆的贵族统治改革家来说却是至关重要的。这就是法国式君主政体和专制主义的分叉点:前者建立在协调一致和神圣的权威之上,而后者建立在贵族统治战胜者的姿态之上。国家本质和原则的统一,集一人权力和荣誉的统一,是根本性的统一。这不是两个毫无关联的概念,而是两个有着相辅相成关系的词汇。

基本法和中间权力机构的作用促进了对君主政体的选择——一个典型的拒绝专制统治的温和型国家。丹尼尔·里歇曾经指出孟德斯鸠是如何依靠基本法和中间权力机构发挥作用的:一方面使得中间权力

---

① Montesquieu, *L'Esprit des lois*, Paris, 1962.

机构成为不成文宪法的一大组成要素,同时又承认存在从君主政体倒退成专制政体的可能——这也正是人们对路易十四的谴责所在。孟德斯鸠由此跨越了关键的一步。而这关系到的不仅仅是贵族阶级,它涉及所有人的自由——只有把方方面面协调好的杰出人物才能保证的自由。从此,专制和自由这一对立关系就成为所有人讨论的中心内容。既有对君主政体的批评(高等法院内部),又有对革新的向往——一系列行政、司法、刑法、税法、宗教的改革带来了新的形势。更重要的是,这一对立关系使得我们可以同时权衡久远过去的遗产、厚重的传统、古老王国尚存的势力和一个崇尚交流、财富和才能的新社会。

　　孟德斯鸠的社会政治分析与他的经济观息息相关。他预感变化并愿意融入。当他要求商人融入君主政体社会时却显得勇气不足,没有伏尔泰的果敢。但两人的思想是一致的。自由和旧社会的自治权——市政的、外省的、高等法院的、教会的以及贵族的自治权——在他眼里并没有如在他大部分的同代人眼里那样不合时宜:它们在社会机制中体现了自己的存在,从国王到百姓,从巴黎到外省,无一例外;并且因为它们保证了自由竞争和劳动的社会美德而更加深入人心。因此,"在一个人们以为只看得见混乱的国家里应该也有一致的地方。也就是说,一种和谐。这是幸福的源泉,是唯一的真正的和平。这正如天地间万物,总是通过一些事物的行动和另一些事物的反应而永恒地联系在一起"[1]。

　　君主政体是现代国家的统治方式的说法出自荣誉和自由主义兴起带来的社会热情下可能调和的等级偏见。任何政治社会都是各个特殊体的综合,是一个整体。[2] 明白了这一点,我们才能面对舆论的崛起、"公共空间"的诞生、一批打破现有和谐使得改革不可行的新权力实体

① Montesquieu, *Considérations*, 1734, livre IX.
② Benrekassa (G.), *Montesquieu...*, *op. cit.*, p. 127.

蒸蒸日上,理解君主制度自身以及它与人民、各大教会、按社会等级制度和财富划分又紧密相连的各社会团体之间的关系。

国王、臣民,国王与臣民关系的构成要素

孟德斯鸠的态度阐明了人们对于一个遵守国家基本法的政体的期待:国家的稳定性、统治阶层代表的可靠性、倒退于专制制度的不可能性。这一观点同维系在某个人、某个阶层、权力集团的政权现状相一致,与之相对的是对于信奉基督教的专制制度的狂热崇拜。这一点,我们可以从王国和国王统一的信条中窥见一斑——"国王和王国是同一码事"。18世纪初阿格索大臣如是说。50年之后路易十五在鞭挞演说[1]中也支持了这一说法:

> 一个非君主政体的国家的权利和禁令必然同我的意愿一致,也只能取决于我的意愿……整个公共秩序都来自于我。

在这一言论背后,是一种显见的抗议,一种不尊重基本法的独裁统治的表达。我们应该从中反思出很重要的两点:首先,国王只在自己的权力范围内建立政权,即与公共福祉相关的职能;其次,不言而喻的是,对统治者的训诫要扩展到遵从立宪主义。社会的有机体系——国王是头,民众是躯干和四肢——这个把王国比作一个人的身体的暗喻,揭示了君民关系的构成,而这正是中间权力机构发挥作用的依据。国王权力体现在三个方面:类似古罗马元老院,是统治者聚集商议决策的场所;神权的象征,连接神权理论和崇拜仪式;可能存在的特定的政治范畴,即

---

① 这是面对机构危机时路易十五于1766年3月3日在巴黎最高法院开庭之际发表的著名演说,强调了国王的神圣权威。——译者注

18 世纪中期专制宗教的君权神授逐步削弱的体现。

国王和王室

君主个人品格决定了政权结构和时局形势。研究国王们的生平到底有什么用？不是为了重温不为人知的怀旧的礼拜，而是为了理解一次历史行动的局限和手段；不是为了重现心理分析对事件作出阐释，而是为了综合分析能人志士、活跃在宫廷内外的各大派别、密切关注时代重大问题的知名人士之间的冲突，人们关于皇权、社会秩序、经济体制、外交政策等相互对立的选择等。吕迪自 1960 年开始提出了一项宏大的计划，尽管内容极其丰富，却刚刚开始实施。[1] 其主要精神是区分个人和人品、政治作用和时势效果、王室主要功绩和真正推动整个社会政治组织的力量。

路易十五到路易十六时期的国王

当孟德斯鸠约于 1724 年写作《色诺克拉底给佩琉斯的信件》时，表达了他对一位好君主的期望：

> 现今统治着 Sicyone[2] 的君主是一位年轻的国王，他让每一个 Sicyone 人产生了对美好生活的期盼。他有着迷人的容貌，世界上最好的性情，乐意看见扬善惩恶。总之真理让他高兴……他给予臣民的不仅是财富和丰富的物产，还有人们只有

---

[1] Lüthy（H.），*Le passé présent*，*combat d'idée de Calvin à Rousseau*，Monaco，1965，pp. 186 – 187.

[2] 古希腊语，是伯罗奔尼撒半岛上一个希腊国家名。——译者注

在卓越的君王统治下才能享受到的灵魂的休憩。而国泰民安
总是得益于他的荣誉和美德。

这才是一个模范国王,是希望、安定和繁荣的载体,是上帝的工具,
"是他想对之惩罚的国家的灾难",是对有美德的王国的奖赏。孟德斯
鸠在《阿萨斯和伊斯梅尼》(大概写于 1742 年,1783 年出版)这本书里再
一次提到了一个好君主的形象:公正的精神、敏感的心、真诚的灵魂,保
证行政的纯洁性、司法的公正性,遵守法规不滥用职权。这是治国的标
准,也是每一个统治者上台之初要遵循的内心的召唤。1774 年,路易十
五逝世,路易十六继任,人们在大街小巷跟随《吊死者之歌》的旋律
唱着:

> 那么,老老少少都听着,
> 一个国王 20 年的统治,
> 将会带给法国美好道德和富足物产。
> 按照这份蓝图,
> 婊子和无赖们将会变成什么呢?

这些文字表现了年轻国王和他的人民之间可能存在的真实关系。
君主的年轻其实是王国的青春,它让人想起新君主的良好意愿、变革的
能力,以及他对自己周边各大利益联合体的主宰作用。我们于是设想君
主品德本身的重要性、教育的价值以及身边亲近者的能力。

今天,"国王的形象"作为我们针对"国王是什么"这个问题而拟定
的答案,是一种隐喻的超验的刻画。回想起国王的主体象征意义,我们
就会把至高无上的权力和地位看作是国王形象体系的一大要素:物质
主体(历史的、暂时的)、法律和政治主体(国王代表王国和国家主权)、

宗教主体(国王神甫,是上帝在人间的代表)。三大主体统一到唯一的生命体之中,所赋予的象征意义却涵盖了历史、政治、宗教三大维度。这些象征意义,"国王的形象",通过诸如庆祝会、音乐套曲、绘画、对统治者的歌功颂德或著书立说等多种形式实现了把个体的人转变成一代国家君主。它们给予"权力"绝对的合法地位。"恺撒的肖像就是恺撒",王港逻辑学家们如是说。马兰以路易十四为例说明了象征体系如何发挥作用。到了18世纪,我们应该承认君主的神圣性消逝了,政治主体地位也受到了质疑;但是同样的——历史仍有待书写——专制主义由盛转衰的戏剧性的变化之中,君主的历史角色、他个人及他的品行发挥了极大的作用:路易十五性格的矛盾和路易十六的无能。①

　　在此,历史学家的难题不在于如何公道地评判一代君主的功过是非、品德优良、能力高低,而在于理解他的个性、所处的环境、影响力及身居王位这份差事之间的相互作用。"国王的职责"是法国君主政体行政体制的中心。君主的品行和个性关系重大,国王会通过在中央或地方的个人关系,影响整个社会对国王的尊敬,国家、社会及人民对自身的尊重,从而决定着君主与王国的关系。要考证当然很难,因为以前人们的心理并不会比今日人们的心理更容易记录。那么,怎么通过历史记录来衡量路易十五的个性呢? 又用什么理论指南来发现他内心的胆怯和敏感呢? 这使得我们不能简单地把他个性的矛盾性归结于他平庸的智识——他的名言警句与其对立面居然都是一样的真实。这正是马克·布洛赫在《为历史学辩护》中所指出的。不过,关于这点,我们就不展开了。②

　　米歇尔·安托万在此方面却对路易十五的研究做出了成功的尝试。

---

① Marin（L.）, *Le portrait du roi*, Paris, 1981.

② Antoine（M）, *Le conseil du roi…*, *op. cit.*

他区分了别人对路易十五的颂扬和诽谤之词(此外,我们可以换一种思路,认为他不曾看过对君王不利的言论),筛选出那些出身下层的抨击者的文章和能被认可的溢美篇章。从今以后,我们可以回想起路易十五写过很多文章,但他的个人记录全都不见了。国王的听罪司祭曼杜神甫和让·埃罗阿尔一样也写过很多,但他把 22 只装满文稿的箱子付之一炬。"我说得太过真实了。"他解释说。因此,通过人本身来了解他的个性是困难的,但少数特征也能给人留下深刻印象。

路易十五因为机缘巧合——国王继承人相继逝去之故,年纪轻轻便登基成为国王。他出生于 1710 年,父亲同年去世;继而他的祖父,也就是王太子,于 1711 年撒手人寰;接着他的母亲 1712 年离去;他的叔父贝里 1714 年死去。这是一个阴差阳错地过早进入成人极乐世界的孩子、一个缺乏关爱的孩子,被托付给一个威严的蠢人维勒鲁瓦公爵。他教会了这位学生两样最基本的东西:君临天下的威严神态、气度非凡的仪容仪表。学生必须接受没完没了的礼仪训练和公众的敬畏。于是造就了一位胆怯的、人前人后拥有两张不同面孔的国王:在公众场合他戴着伪装的面具,仪表端庄、举止得体、谈吐诙谐,人们把这理解为厚颜无耻或凶恶暴戾,其实这却是国王孤独的表现;私下,他富有魅力,渴望真情和信任,这为他赢得了弗勒里的心——他的家庭教师。总而言之,因为这巨大的反差,人们可以预料到他承担的事务是如何令他百无聊赖,同时促使他在有机会摆脱制约他行动的束缚之际精神抖擞(《国王的秘密》)。

不仅仅是那些对他阿谀奉承的人,还包括为数众多的同时代人,都承认他的聪明才智、英明远见和高超的记忆力。他接受的良好教育让他熟知欧洲和世界,其中地理知识发挥着融会贯通的作用。弗朗索瓦·舍瓦利耶任教于皇家学院,传授给年轻国王当时盛行的数学经验论,并使之成为这方面优秀的学生。他了解地形、兵力,懂得军事建筑学——这位年轻的国王熟悉贝利多尔水利工程。他还爱画画,充满好奇心,喜欢和加布里埃尔一起闭门不出重建凡尔赛宫,或者同魁奈讨论乡村经济;他庇护布丰、诺来、外科医生拉·佩罗尼。他总是足不出户,统治方式既无创新又无变化,性格也不像路易十四那样充满戏剧性,倒是更加优柔寡断。而他的行为却和这一切完全相反。两件事情可以充分说明用其他标准来理解权力运作的难度。①

第一件事在于,他把放荡和宗教信仰集于一身。这位国王曾厚颜无耻地——为了教会,当然也不违背自身意愿——宠幸数位情妇。这些情妇归结起来有两类:一类是被公开承认的,如玛丽、沙托鲁、蓬巴杜。其中蓬巴杜夫人值得一提,她聪明机智、明白事理,干预国家政务也只是为了使路易十五的统治更加巩固。此外,还有杜巴利,她是国王最后的公开情妇。另一类是"小情人",短暂的宠幸,露水姻缘,只是丰富了国王的花边新闻而已。第一类生活在光鲜的宫廷;第二类则是隐秘的地下情人,受到暗中保护,已婚、小心翼翼地守护着她们的私生子(据米歇尔·安托万统计有八个),证明了非婚生不再受到人们以前那样的眼光看待,前提是涉及君主们的私生子。

尽管路易十五违反了第六条戒律,他却是一位虔诚的君主,并醉心于付诸实践"他心中充满虔敬",有人为此作证。他尤其对神学和宗教论战饶有兴趣。"我并不凭名义和恩惠授予主教管理区,"国王说,"而是把主教管理区交给那些我认为能给教会带来最多好处、给王国带来和平的人。""我远远没有达到不犯错误的境界。"他自身的积习、神学论战、教会在王国的地位,这一切令他焦虑不安,促使他捍卫君主制美德的道义,拒绝向机智又富哲理的观点屈服。

他兢兢业业地履行着国王的职责,尽管艰辛,却也不比耕作者更辛

---

① Antoine（M），*Le conseil du roi…*, *op. cit.*

苦。这是国王直接进行的活动的第二个特征。从 1723 年开始,他主持所有内阁会议,定期同大臣们会晤并部署工作。其政事日程表继承了前任国王时期的工作节奏,也将被路易十六所沿用,同宫廷生活一样被安排得井井有条。"内阁会议(几乎每天召开),同各部长的工作部署,猎枪狩猎,每两天在工作室用夜宵,这些几乎就是国王陛下所有的娱乐和工作",吕伊纳公爵于 1743 年如此记载。工作机制如此这般,君王根本不可能偷懒。① 这种长效机制、这种习惯的力量造就了一个有能力的政府,紧密联系着内阁和各委员会,部长们可以相互交流也可以同国王沟通。那些有能耐为国君排忧解难的大臣才能得到君王的青睐。

　　路易十五未设国家秘书,他在自己大理石皇宫二楼宽敞的拐角办公室里独自工作,做记录、分析报告、整理资料、评论官方信函并做批注,还起草了大量他不愿被人七嘴八舌评论的非官方函件。国王的孤独融入并促进了官僚机关向自主自治的演变。他对顾问的选择也遵循了这一方向。为此,国王只能协调惯例(职责就是一些职位)、各个小势力团体的压力[舒瓦瑟尔团体(faction de Choiseul)就是最好的例子]以及他有据可依并继而为提出这般那般新见解提供依据的论断。他游刃于各大势力联合体之间,并有幸成功逃脱他们的阴谋诡计:贝尔丹对抗舒瓦瑟尔,阿尔让松(伯爵)对抗国王欣赏的马肖。关键性的表现可能在于国王赞赏并支持议会,而贵族(舒瓦瑟尔)或者高等法院派却让他恼火。他欣赏阿格索,提携马肖、多尔梅松、贝尔丹、戈蒙、特吕代纳,这些人也就是主张促进官僚思想发展、金融改革、通过国家代表机关操控国家的主要人物。而国王本身却因此受到极大威胁。

　　路易十六年轻,甚至可以说俊朗。和路易十五一样,他生性腼腆、孤

---

① 　Antoine (M.), *Le conseil du roi...*, *op. cit.*, p. 611.

僻,却得益于家庭的警觉。他的父亲路易·费迪南是一位虔诚的宗教信仰者,想象通过严于律己来救赎父亲的放荡不羁:他责骂生性怯弱的母亲波兰公主玛丽·莱什琴斯卡,称呼蓬巴杜为"妓女妈妈"。路易十六生下来就是一个大胖小子(人们为他的体重兴奋不已),后来就长成为一名继承王位的大小伙子。因为他哥哥勃艮第于 1761 年去世,而父亲作为王储也过世了。年轻的勃艮第公爵因病去世,却让弟弟感到篡位般的不安。[①]

小路易要学习成为国王,爱卖弄学问却也聪明能干、虔诚敬业的拉·沃吉翁是他的家庭教师,另外他还从其他一些德高望重的老师,如多马、迪盖、费奈隆、泰雷马克等。遵从皇家家长式管理的学习,他学会了科学知识和启蒙知识,避免了因无知而贻笑大方。老师们对他学业的要求是闻所未闻的严厉:要流利地阅读拉丁文,精通数学,全面掌握古今政治理论。路易十五也传授给他管理国家的实务,甚至细致到财政细节。然而,这位做好充分准备、敏感又自卑的王子身上却背负着两大不利条件:其一,当时世风允许舆论以讹传讹评论国王:路易十六,王储继而成为国王,缺乏高尚品德,不够机警,不学无术,没有品位,只知饱食终日,四处狩猎。这些谣言在外交文书乃至街头巷尾广泛传播,给国王塑造了一个负面形象——当时是一个需要猛烈抨击权威的时代。路易十六的软弱无能凸显了政治改革的必要,国王的新形象——既非士兵亦非普通官员,他扮演的角色难以定论——是一个关键的因素。

玛丽·安托瓦奈特也难以逃脱众人的品头论足和议论纷纷。她可能就是国王陛下的第二大不幸,如国王一样,她也成为众矢之的。从此以后这也将是王子们的命运。优雅、尽情享受生活的乐趣,1774 年之后也享受到了统治的快乐,这十有八九是个没有常识、头脑简单的女人。

① Lever (E.), *Louis XVI*, Paris, 1985, pp. 25 - 30.

不过从那时起,人们只是将其形容成一个粗俗之人的妻子,她从不阅读,没有耐心,将那些给她朗读的人弄得疲惫不堪。这位大革命前最后的王后有两大过错:一方面,按照传统的专制主义统治,女性不得过问政事,除非特殊情况;另一方面,因为国王软弱无能的统治,玛丽·安托瓦奈特本人及其势力小集团干预朝政实为一场灾难。"一位无法令人满意的丈夫,一位永不满足的妻子",埃德加·富尔给这对皇室夫妻做出了尖锐严厉的总结性评价。某种意义上说,这也使有形的能力与无形的权力的碰撞显现出来。

说起年轻王后为了微不足道的事情或者因为性情反复无常而心生积怨的后果,"杜尔哥的失宠"也比不上王后在某个她亲近的装聋作哑、听之任之的人物身后对国事指手画脚来得严重。这位"脑子空空如也的人"("la tête à vent")(她哥哥约瑟夫二世如此称呼她)是平衡国内外利害冲突的工具,比如说如何对待舒瓦瑟尔的继承人(王后说到底代表着奥地利联盟),和平的反对者、哪怕负债累累拖垮国家也主张报复英格兰的持战派(内克尔正是为此而来),法定专制统治的拥护者,重农主义者,哲学家(其中部分人反对特权阶层的胜利和至高无上的宫廷内盛行的夸夸其谈,杜尔哥最大的错误就在于容忍了这些信口胡说)。身处凡尔赛宫廷中,也就处在危机的中心。那里关系错综复杂,一方面汇集了君主制的旧世界力量,另一方面是年轻的舆论社会,富有生气,具有批判精神,却是被蒙蔽的。罢黜了一位部长,又来了一位新部长,简单的现象需要从两个层面来看待:其一是远远近近的势力团体或多或少将国王这一权力中心团团围住,其二是宫廷内人与人之间的关系——优雅得体的言谈和华衣锦服也掩饰不了暗地里的你争我夺、背信弃义。

王室及对王室的质疑

当国王本身沦为反对自己的宣传工具时,说明整个政治体制出现了问题。塞巴斯蒂安·梅西耶在他的著作《关于统治的一些明确概念》①一书中,阐述了过去发生的事情以及在公共空间形成过程中底层人民对未来的期望:

> 我在所有统治方式下只看到行动、反动,弹力、反弹,施压和反抗。好好管理我吧! 我将会信任她(我的祖国)。如果您犯错损害了我们的利益,我们将会奋起保卫,因为政治权利只能建立在互惠互利的基础之上。如果维持统治者和被统治者之间平衡的法则被打破,国家内部就会产生动乱,直至平衡和谐的关系重新建立……

用牛顿学说的机械论术语取代对管理机构形象一贯的描述,这位政论家、记者、道德观察家兼哲学家再一次注意到,由于国王本人形象及品行方面的衰退,引起管理机构增多、各势力团体间冲突不断,从而导致仲裁公断的削弱。

随着社会政治关系的变化,游戏规则也发生了变化。它们是那些两个世纪以来在组织社会关系方面一直行之有效的规则。凡尔赛宫、臣民之间纷繁复杂的相互关联促使产生独特的行为准则和惯例。诺伯特·埃利亚斯给出了这样一种论断,对整个西方来说,②这种平息战争的模式(意味着把军人贵族转变成宫廷贵族)带来了和平和情感控制。这与专制主义紧密关联,因为宫廷以垄断军事武力为支撑(从今以后也是唯一合法的手段),使得国王成为社会和平的主人和保护神;再者,王室垄断了财政税收,国王可以用来支付战争费用,也可以用金钱而不再是土

---

① Mercier (S.), *Des notions claires sur les gouvernements*, Paris, 1787, t. II, pp. 369,370.

② Elias (N.), *La dynamique de l'Occident*, Paris, trad. 1975.

地来奖赏他的忠实追随者。

中央集权取决于对手的臣服,以及贵族、军官、神职人员乃至大大小小文官之间相互力量的制衡。凡尔赛宫变成了举足轻重的地方,它保证了人与人之间的相互监督和国王的控制,也通过附属关系巩固了国家财富。它确保国王权力不受挑战,强调严格的社会等级制度和精神状态控制。最大的社会差距在最近的空间——凡尔赛宫——中体现出来。个体的身份通过别人或者自己的评价得以确立,这只是"表象文化",实则反映了政治上和行为上的权利。尽管埃利亚斯没有把米歇尔·安托万著作中阐述的理论融入他提出的模式中,我们仍可以看出将内阁会议并入凡尔赛宫管理机制是如何动摇王国的根基的:国王继承了传统的管理方式,维持各大统治机构的势均力敌,充当仲裁人,迫使臣民服从各项权力和特权;同时,他也是中央集权者、国家总管、统筹者和对一切国家事务的干涉者。

18世纪末在凡尔赛宫内发生了更深层的危机,即国王同各级统治阶层之间的较量。这种局面其实从路易十四统治时期就开始形成了。各统治阶层中排行第一的是高等法院,另外军事贵族和宫廷贵族也占据突出位置。这是早已成形的格局,因为现有的统治机制不允许吸纳新的社会阶层,只是重复过去的争斗而已。宫廷之外,法国社会却发生了巨大的变化,被排除在政治权利之外的新阶层资产阶级崛起了,改革传统社会、建立新社会格局的思想也形成了,于是导致了深刻的矛盾。① 国王不必打新兴资产阶级或者落寞贵族的牌,而是要妥善对待原先社会(各社会阶层彼此间既相辅相成又互有利害冲突)和一个新出现的、各大势力有着新平衡关系的社会结构。蒸蒸日上的新政治势力不容小觑,

---

① Chartier (R.), "Formation sociale et économie psychique: la société de cour dans le procès de civilisation"; préface à Elias (N), *La société de cour*, Paris, 1985, pp. I - LXXVII.

毕竟它同时也是最注重细枝末节并且很可能继续得到改善的控制手段、财富的有力保障、稳定局势的最重要因素和枯木逢春的促进者。国王的个人危机、他同世人的关系，不仅仅反映出改革的不可能性，也揭示出这些改革很可能意味着君主政体下的第三条道路新出现却已经错失良机。

皇家庆典

我们刚刚提及的变化因素并不能掩盖正在消亡的因循守旧、避免冲突的特征，如此一来，我们更能够觉察出王权和时代的较量，换句话说，就是分裂的迹象。

从既定社会准则、司法传统到规章制度，必须与时俱进地作出调整；在矛盾重重的现实条件下从理论上的面面俱到到实践上的千疮百孔，这在所有专制统治的描述中是一个亘古不变的话题。我们可以从反映王权现实、组织情况及其功能的一个侧面——礼拜庆典——出发加以探讨。这样做有两大优势：人可以以另一种我们难以想象的方式中得以延续，如此多的誓言使得庆典中的行为充满了古老而神圣的气息；在体现专制的礼拜仪式的不同要素中——国王加冕礼，礼仪传达的信息以及美学和骑士精神的隐喻——我们发现了传统法国试图赋予自身的完美形象遭到削弱的迹象，甚至达到了启蒙运动的核心。这是路易十四时期的一个教训：风俗政策的影响力是巨大的，细节处无不渗透着道德；职责比头衔更重要，即要与对应官职相匹配的宫廷准则。路易十四堪比奥古斯都，尽管今天这些仪式对我们而言没什么意义，但对他却是天大的事情。形成文明认同的一切都与其政治表现息息相关。

国王神迹的黄昏

法国君主制度的义理上的结构同象征性的结构是不可分离的。对

此,波舒哀在他《圣经原文中的政治》中作出了完美的阐述,对于现代人来说甚至是最具说服力的表述:

> 上帝创造了国王作为他的使者来管理人民……国王是神圣的……我们应该遵照宗教和道德准则来服从国王……国王们应该尊重自身的权力,并且只能为大众利益来行使权力。[①]

这就是对国王的约法三章。国王要对上帝负责,这就是国王唯一的道德约束。当然,除了波舒哀的著作,智力平庸的法国天主教教会自主论的继承者、法学家、历史学家、高等法院成员、官员还拥有其他参考资料,圣·托马斯的作品、在关于道德危机的宗教讨论下恢复了活力的契约论经院哲学。可以肯定的是,路易十五和路易十六具有一种神话色彩(信仰和服从对绝大多数人来说是混合在一起的)和合法性,但这种合法地位却逐渐地受到评判和质疑。当王室礼仪和王国象征意义趋向没落之际,神秘神学在政治领域也就衰退了。18世纪,波旁神迹在国王加冕礼第二天就具备了治愈瘰疬病(令国王头疼不已的事,可能是结核性淋巴结炎)的古老能力——“国王抚摸你,上帝治愈你”——继续他神圣的任务:1722年10月9日路易十五2 000次指诊,1775年6月14日路易十六2 400次指诊。克罗伊公爵对此惊愕不已却并不怀疑,记录道:

> 因为炎热,炎症处发出恶臭,对于国王来说,也需要很大的勇气和力量来完成这个仪式。如果没有亲眼所见,我怎么也不会相信这个仪式竟然是如此的粗俗和令人反胃。这些正直的人的诚意天地可鉴:他们屈膝跪地,双手合十,面容虔诚,令人

---

① Bousset, *Politique tirée des propres paroles de l'Écriture sainte*, Paris, 1709.

动容，无怪乎我一点也不惊讶他们中好几个人都被治愈了……

马克·布洛赫书写下了国王神迹的历史，我们不妨做一点了解。[1] 他的著作论证了：舆论、口口相传的消息、神话、传说的公共心理，建立在广泛传播的现象之上，非理性成分也包含其中。神圣王权观念和医治疗疬仪式之间的关系，创造神迹的国王难道是一个错误结果的集大成者？于是，为了理解一种信仰，各种各样的分析纷至沓来，各种文书记录（它们允许解析病人）、证人、图片、民间医学、人类学汇编[2]都聚焦于这种存在于法英两国的现象。马克·布洛赫出于理性创建了治病救人的国王们的档案，借此我们可以理解文化的作用。这是有史可依的信仰（百姓从四面八方聚集到兰斯治病，鲁耶总督对此有过记录）与异军突起的怀疑论之间的较量。奇迹和理性的界限在游移，与此同时，历史上的国王也在拷问自身象征性的躯体。仪式不是针对个人的，而是同至高无上的君主角色相联系的。通过这一仪式，国王成为主教、敷圣油的神职人员。这既认证了君主同上帝的关系，也为他的行为找到了合法的依据。加冕礼以一种圣职的方式赋予国王神圣力量。指诊于是成为众人共享的信仰，这种信仰经由王室宣传进一步得到巩固，宣扬的是深入人心的天赋王权思想。

从 1722 年开始，好几个变化值得一提。在举行仪式时，以前的惯用语"国王抚摸你，上帝治愈你"——对此人们深信不疑（上帝将会让国王如愿以偿），换了个新说法："国王抚摸你，愿上帝治愈你。"祈祷取代了天赋神意，奇迹也遭遇拷问。路易十五在盛大节日里好多次缺席抚摸瘰疬病患者的仪式，引起一片哗然，也强调了国王的指诊这一行为意义发

---

[1]　Bloch（M.），*Les rois thaumaturges*，Paris，1923.

[2]　Ibid.，qui cite Frazer.

生了改变：国王本身并非承蒙天恩，也不具备神圣的特质。嘲讽随之而来。孟德斯鸠在《波斯人信札》中评论了"国王巫师"，伏尔泰在《风俗论》《哲学辞典》（1764）《关于百科全书的问题》（1770—1772）等著作里讽刺国王的神迹。于是人们闭口不谈这一仪式，报纸上的有关文字也销声匿迹。在巴黎见多识广的阶层中，如伏尔泰所言理性战胜习俗的时代，可能已经到来了。

有这样两种解释：首先，留存的各盛大皇家典礼的象征意义都在全面缩水。国王加冕礼仍保留其效力，但葬礼、国王入城礼以及确定王权与体现前朝势力的士族阶层代表之间的协定的审判会议（lit de justice）①都已经风光不再。审判会议失去了以往的威望，演变成一个戏剧舞台。政治活动在此表演，国王却不再有评判权。"这是合法的，因为这是我的意愿。"懦弱的路易十六于 1789 年 11 月 19 日在凡尔赛宫进行的审判会议上甚至如此说道。这动摇了王国的基本法律！司法权因此受到了国王卖官鬻爵所带来的莫大羞辱。

在踌躇不定和深深懊悔中，我们可以同样看到奇怪的大杂烩。既有怀疑论者的讽刺，也有唯理主义的抬头（它被运用到对瘰疬的指诊、所有想象的效果以及精神治疗的先见等方面），还有医学界为了更好地消除临床诊治疑惑的努力。总之，汇聚了一切试图依照谬误和真理的新概念来建立两者间明确界限的努力。衰退的信仰于是回归社会潜在的理性主义道路。它联合了新教的支持者（对于他们来说，圣事与他们自己无关）、詹森派奥古斯丁教义拥护者（augustinisme janséniste）（他们认为圣宠神学与脱逃公共法的罪人——绝对神圣无上的国王思想，是不能合二为一的）、相对斯多葛主义（stoïcisme relativiste）的追随者及机械观察论

———————————

① 是由国王主持的最高法院会议。为了同高等法院派相区别，文中译为审判会议。——译者注

者。奇迹发生的可能在减少,神秘神学在消退,但信仰还在。矛盾的是,革命派和反革命派都将为此做出贡献。国王们再也不能治愈他们患瘰疬的臣民了。

尊崇王权的表现:感恩赞歌

　　形形色色的行政干预和林林总总的机构设置,强加给每个人君王至上和王国的观念。这种观念首先是一种信仰。这种深入人心的信仰与其说来自大张旗鼓的宣扬,比如在举行圣职授任礼和巡视等重大活动之际向国王及其使臣致敬的演出,或者通过画像、报纸、小册子、书籍等各式出版物的传播,还不如说就源于传递国家信息及其实际行动的通报本身。[1] "国王决定的公布日复一日地显露出王国提出的期许,在此,国王感知自身的不足之处,确认在自己管辖的空间范围也遭遇社会和地方上的反对。"从宣传王权过渡到国事通告,是认识到领导阶层同被统治者之间出现模糊觉悟的可能性、对弈的不确定性、从说服到告知的可能转变。

　　在巴黎及外省,国家大事、决议、判决、赦令等从 17 世纪开始就已经通过多种方式公布出来,如由公差宣读公告或贴告示。其中部分内容如货币诏令等也会被小报转载。公差宣读或贴告示的方式昭示了官方的权威,却也有弊端。不确定信息在多大程度上深入民众,又会引起怎样的评论? 所以警察监督布告、印刷工、读者和评论者。部分信息通过教会和做堂区弥撒时本堂神甫和副本堂神甫的讲道传播到王国的偏远地区,尽管他们的讲道只是不受限制地传达教会事务。

　　17 世纪末和 18 世纪上半叶在巴黎,可能还包括外省,发生了根本性变化。公差走街串巷用大喇叭宣读公告的模式尽管受地域限制,却也是联系百姓的一种方式。如今,这种陈旧模式让位给了商业传播信息的途

---

[1]　Fogel (M.), *Les cérémonies de l'information...*, *op. cit.*

径,这需要通过官方审查,却可以摆脱地域限制。人们因此进入了一种信息传播的新系统。小商小贩们不再阅读吸引潜在读者的报刊的内容了。于是出现了两个世界:一方面,从文武百官到分散在城里各行各业的显贵们,凡是担任执行命令和监督要职的人员身边四处充斥着行政公文等印刷物;另一方面,广大民众为了了解时事或者等到做弥撒或者等到布告贴到家门口,如果急于了解新闻也会掏钱买报纸。王国与臣民间这种一定程度上属于商业贸易的新关系促使后者陷入消极被动,而一小部分人则通过社会政治地位关系参与管理具体事务。这样,既联合了贵族阶级和资产阶级,又因为君主制权力对应严格的社会等级而更加限制了他们的政治权力。这就是王朝处理国事的模式、国王和各级机构共同干预政治的仲裁机制。

感恩赞歌表演仪式的变化也反映出社会的变化。这包含一系列的仪式:大喇叭声传出和平的声音、教堂里感恩赞弥撒、喜庆的焰火、分发葡萄酒和面包,甚至还有仪仗队。这一切显示了王国的行为属于国王和上帝,太平盛世创造了君主和人民相互交流的空间。君主专制制度规定的仪式在许多场合都会要求吟唱感恩赞歌,以此作为通过仪式意识来巩固政治秩序的手段。在17世纪其他一些重大典礼上,比如上审判会议和国王入城礼上,感恩赞歌就发挥得更加淋漓尽致了。它与圣·路易斯的祭礼并行不悖,后者是18世纪城市生活中的一件大事。感恩赞歌比其他仪式更高明的是它保存了王朝观念,因为它在皇室出生、结婚、入葬仪式上都是必需的内容。通过庆祝征战凯旋、获得和平之际实现了专制主义的胜利;在所有人眼中证明了等级制度中王权的光芒四射。

在奥地利继位战争期间,即1744—1748年间,人们借助仪式信息了解政治,又借助四处散播的典礼总结可以继续追踪事件的影响。感恩赞歌阐明了三大内容:首先,它突出了国王亲历的重大事件,如丰特努瓦的感恩赞歌回顾历史(这是记录军事或王朝行动的手段);同时也为外交提供了必要的材料,因为感恩赞歌不仅面向人民,还面向同盟和敌人。其次,它反映出控制从凡尔赛宫到遥远主教区的疆域的意愿,这是衡量执行主教训谕的速度和达到的距离的机会。最后,豪华仪式上顷刻之间大量消耗的材料,如食物、木材、蜡烛、焰火,寄托了避免非圣宠和匮乏的美好愿望,同时也显示出一种命令。

　　胜利的宣叙调回荡在教堂梁宇间,其词句贴在门上。华丽的辞藻和特殊的符号具有两大生动之处:其一,它打破了城乡的界限,小乡村也能了解外面的世界,推广了法语的使用;其二,彰显了国王的英雄气概,在一个代表制社会里,国王的英雄气概是独特的标志。18 世纪的君主制王国在政治领域讲究的是国王的代表性而不是国事的通告。聚了又散的典礼仪式让广大百姓对遥不可及的权力只有望洋兴叹和羡慕的分,贵族和贵产阶级却为此争争不休。"广大人民要想得到自己的权利和地位,他们不应该仅仅是抛弃对君主的爱戴,还要拒绝美丽词汇修饰出来的形象诱惑。而且他们还应该停止相信上帝的永恒存在,停止信任国王及其臣下的英雄壮举。"这是另一个标志着从旧政治空间过渡到对它的全新理解的转向。①

君主制及崇拜君主制的表现

　　应该通过多种表现来理解对君主制的尊崇,这也是政治表现的手段。荣誉勋章、备受法兰西文学院(Académie des Inscriptions et Belles Lettres)的研究人员热议的图案和铭言,只会同特定范围的人发生关系,如国王、王公大臣及文人雅士。皇宫的建造需要发挥更多人的力量,因为这需要商议,讨论资金及制定方案,并且也需要体现君临天下、万民景仰的气势。这关系到城市规划——贵族阶层的手段,但对于大多数人来

---

① Fogel (M.), *Les cérémonies de l'information...* , *op. cit.* , p. 410.

说只是无法言喻的被动承受。正如 1765 年神甫洛吉耶在《有关建筑的观察报告》里指出的那样,皇宫选址要兼顾建筑美学和政治的需要。

洛吉耶这位多题材作家,是从马诺斯科①来到巴黎的外省人、耶稣会会员、出色的讲道者。他曾向国王布道,却因为太过大胆被免职,后以文人身份出没于各大争辩中。他的著作表达了双重认识:一是对于古典画派所遵循的美术体系的认识,二是对于开放和整治城市的行之有效的策略认识。从具体操作上考虑,两者的协调有利于空间的合理布置、交通的改善,但这是考虑到经济实用的原则而不再是简单地为了体现代表性。对于这个项目,策略上考虑得更多的是城市布局要保证出入方便、道路四通八达、设施健全,能够独立自主地运作;而不是仅仅为了凸显满足对国王、权力的服从,围绕皇宫而建。

在洛吉耶的著作中,他号召用大众力量来重新布局城市,当然也考虑到了对国王的崇敬之情。在《有关建筑的观察报告》第五部分提到了"伟大人物的纪念雕像",由此,这位学识渊博的神甫表现出他信仰上的重大转变。对国王丰功伟绩的肯定凝结成对国王的倾慕,这是"艺术最崇高"的用途。对君主制的歌颂也等同于对"美德""仁爱""才能"的致敬。洛吉耶还鼓励艺术家们发挥想象,创造出新形式:

　　　　确实有一些值得我们爱戴的国王,我们是如此乐于向他们表达我们温情的、崇敬的感情,全国人民都热切期盼为他们建立象征荣耀的纪念雕像。但是我们应该满足于这类的纪念建筑吗?我们难道就构思不出比矗立在偌大的广场中间的雕塑更好的作品吗?我们应该避免用同样的形式来表达我们的尊敬之情……

---

① 法国普罗旺斯省的一个镇。——译者注

巴黎的三大皇家广场，蒙彼利埃、里昂及第戎的路易十四雕塑，波尔多、南锡和兰斯的路易十五纪念雕像，都反映出一些局限：空间不足，广场不在市内。土地方面的困难、交通的不便、有限的预算都限制了我们更好地表达对国王陛下的忠诚。

另外，有一些纪念建筑物能够充分、隆重又经济地表达对君主的崇敬。"凯旋门"柱顶盘上，国王坐在"罗马战车上，身着战袍，头顶桂冠，雄赳赳气昂昂地前进，比冷冰冰骑在马上的雕塑更吸引人"，并且更有效地象征了美德。公共的喷泉、安敦宁柱或图拉真柱也是君主和臣民间深厚感情的见证。同时，象征意义发生了变化，国王可能更多地以英勇的统帅形象示人，而非凯旋的战士：阿波罗，他是缪斯们的保护神，他将裁判权交给正义女神忒弥斯，而教会则把统治权交给宗教，因为宗教是信仰的守护者。在市场附近，国王形象让人联想到仁爱、富足，柱子上的浅浮雕记录着君主统治时期的大事件。人物雕像和历史同时出现在一座建筑上。

神甫的设想在这方面比发起城市规划和招募艺术家之后带来的零散、局部的作为更能说明问题。它证实了专制主义下的启蒙运动是如何在服从、实用的举措中把"令人羡慕"和"使人相信"联系起来的，而这些举措正是重塑后的城市空间的标志。这也反映出对国王崇拜的减退，因为在广大市民眼中，对君主的歌功颂德不再是唯一向他致敬的方式。他们纪念所有位于公民等级最上层的"杰出人士"，"这些人相比之下没有那么熠熠生辉，影响力也没那么大"，但却能说明同样的道理：对变化中的王国同样具有实用性。

国王的肖像与骑士形象

对君主描绘的肖像随着时间的流逝也引出了同样的反思。从严格意义上来说，君王的肖像已经是表达敬意的最高形式，但却没有受到理论家们的赞同，他们认为肖像"不及历史题材的绘画、取材于古代或神话任一场面的版画来得有历史价值"[1]。勒布伦给这个悖论画上了句号，他坚持强调国王的肖像是最能突出国王尊崇地位的方式：国王可以被描绘成传说中的英雄、历史英雄、神话英雄。画像和雕塑能够颂扬国王的品质，表现出鲜活的形象，还能使人们回想起他英明领导下发生的历史事件。国王的肖像被塑造成亚历山大、海格立斯神或者阿波罗，这些都是对国王统治的肯定。我们可以在凡尔赛宫的镜厅欣赏到这些画像，而游客们也因此能对从路易十四统治时期一直到大革命期间的国王们有所了解。

　　除此以外，学者们还从这些华丽的肖像画上总结出了贯穿整个18 世纪的其他规律。妙手丹青的里戈满足了国王"把国王的形象定格下来，以实现永恒，国王本人象征着他的伟大统治，他本人就是权力的代表"的愿望：

> 庄重的神情，安详的面容，整个人物及其举手投足间自然而然散发出的优雅气息，和蔼可亲，神态庄严地向每一个看见画像的人宣布，他生来就是为了讨人喜欢和指挥众人。

　　里戈创作的路易十四的肖像画（1702）及路易十五的画像中，就体现了弗朗索瓦·德·卡利埃在《论国王的一幅肖像》一文中指出的代表性意义：国王—英雄，指挥若定，同时又潇洒迷人。这幅画像（路易十四的肖像画）使人坚信国王拥有权力，国王就是权力的化身。通过对他的形体描绘，能看出他能够振臂一呼，应者云集。因为他拥有权力的标志：

---

[1]　Dremiere（M.- T.）, *Portrait et Représentation de 1650 - 1800*, thèse, Paris III, 1986, ex. Dactyl., 2 vol., p. 366.

绣着鸢尾花图案的大斗篷,加冕礼上王室的徽记、王冠、权杖,另外还能通过他的面部表情感受到他的个人魅力。于是我们不难理解该画作会被临摹,被送至外国朝廷,被馈赠给大使。1737—1775 年间,据德勒米耶尔统计,在沙龙里共展出 40 幅临摹作品,还有 15 幅在路易十六时期展出。这些作品采用现有形象,把路易十四的头像安放在路易十五的身上。

成功的典范之后必然会导致画虎不成反类犬的跟风。这就是狄德罗为什么指责凡卢作的路易十五画像比真人矮了点,神圣有余而崇高不足。与其说那是国王的肖像,不如说是某位大臣的画像——尽管也算大人物,却不是天下第一的人物;外形模仿得很像,却体现不出权力的象征意义。这个发现甚至冲击到了这位评论家对历史版画的看法,他 1761 年评价杜蒙的《和平》(1749)、罗斯兰的《在市政厅被接待的国王》:君主肖像画背后显现出了君主本人,路易十五放任他的画像反映的不是他对统治的激情而是倦怠——1774 年德鲁埃笔下的路易十五就是这样的。画像的侧重点不再注重描绘君主的形象,而是作为个人的形象。这违背了大众的期待——他们期望从国王的肖像画中看到的是至高的权威;同时,背叛了肖像画的理想典范,也歪曲了代表性的文化意义。在传统语境中,临摹本值得称道的地方在于画面和原作是相吻合的,但评论家给出的新的解读中,临摹本的画面不再与原作相一致。作画的技巧和视觉效果比先前讲究的王国和国工的象征意义更重要。

在这种转变过程中,广场和骑马雕像——君主制崇拜的特有空间和艺术表现,值得充分地分析一番。从空间上来说,要记住意识形态上的意义。广场,根据既定的规划,要遵循一致性,保证良好的城市秩序,体现出权力的象征意义,而不讲求实用性;国王的雕像,注重雕像的特征、高度、背景,根据古罗马和文艺复兴时期传统,要体现出英雄的国王和骑士的完美结合。米歇尔·马丁指出,在路易十四统治时期,广场和雕塑的工事实施受到官方一定模式的引导,典型的例子就是吉拉尔东创作的路易十四骑马的雕塑;巴黎和外省之间还商议着把类似的建筑推广到外省,在一些主要城市里,尤其是在那些后来扩充的王国领地上,要显示出国王的权威和王国的伟大。这些计划后来在 18 世纪的雷恩、波尔多和兰斯(国王的形象是徒步的,是比较罕见的案例)得以实施。而面向南特、斯特拉斯堡、图卢兹、里昂、梅兹、鲁昂、瓦朗谢纳等城市,更具体的方案已经制定好了;但根据洛吉耶意见,城市交通规划方面的考虑要优先于气势。因此,城市空间自主管理与符合经典雕塑形式及骑士象征意义的庆典的持续越发不相关。

作品风格和宏伟造型颂扬君主政体和英雄国王,背景多涉及战争主题,或歌颂战胜的国王、爱好和平的君主;或反映贸易及扩张,如在雷恩、波尔多、里昂,背景里就融合了索恩河和罗讷河的河流寓意。彰显的是国王的威望:国王骑在马上,意气风发,有节奏地、平稳地、和谐地、胜利地向前快步行进着,向观众们展示了特有的骑士文化内涵。国王骑士,王国的主人,神态自若,戴着假发,穿着古代的护胸甲,到处都是一个模样,失去个性,也独立于时间之外,传达着传统政治的所有信息;同时,采用的是一种即便不是所有人,至少那些懂得骑士文化的人都能明白的语言。

布沙东,擅长以人体模特为原型的雕塑家,他把路易十五骑马的雕像设在位于城墙外的路易十五广场(今协和广场)上:温和平静而不是得意扬扬地跨在马背上,慢慢地、庄重地走进他的首都。艺术家成功地再现了国王和战马不可分割的统一整体,这是宁静的和平的象征,因为战马的行动左右着它的骑士的姿势,反之亦然。他赋予他的雕塑作品以一种自然主义的特征,和国王的肖像画一样,凸显了君王形象的个性。端坐马背上的君王是一件和平的作品,体现了君王一系列的优良品德:

仁爱、宽厚、庄重、谨慎。① 这幅被毁坏的杰作②现在只能通过几十幅设计图和一些缩小比例的复制品为世人所知,比如存放在卢浮宫里瓦西的作品。布沙东选择表现出平静而不是马蹄前仰、更加意气风发的热情,他肯定是出于美学方面的考虑,并且还兼顾了马术知识。

我们在骑术教材中所看到的其实也是一种政治理念。马和人之间通过双方毫无退让的力量对比建立的权力关系,到了17、18世纪变成了一种考量国王智慧而非武力的显著影响的艺术。马,温顺地把自由交付给骑士的身体;骑士手腕高明地支配着马匹,使得双方意愿一致。骑马艺术在政治上就体现为专制主义,因为它传授的是一门"统治的艺术"。国王驯服他的马匹,正如他笼络住近臣。学会跨上马背,也就学会了评判世界,继而征服世界。理论、实践和学识正确地教授统治的艺术,我们明白了路易十四、路易十五的兴趣在于国王的种马场:这里出产优良又漂亮的马匹,它们的价值当然在于实用和象征性。在对驯马术精益求精的过程中,18世纪的骑术教练们如拉·盖里尼维埃、杜巴蒂也在用不同的方式探索着指挥的艺术。他们的这一设想同时与自然科学的规划以及和自然相关的新型人类关系的规划不谋而合。

如果我们承认"身体技术"构成一门活语言,我们就可以设想骑术——驯服动物,人类最美丽的征服——和权力可以组成一个政治隐喻。下面是三种表现:教化的要求,这反映出很多人理解、掌控骑术辩论的愿望;对于象征符号的警觉,1792年之后推倒了象征国王至高无上的骑马雕像;评论者的出言不逊,1763年当人们在巴黎建造路易十五的雕像时,有一个匿名的反叛者在雕像底座上写道:"怪诞的建筑,下流的

---

① Martin（M.）, *Les monuments équestres de Louis XIV*, Paris, 1986; Rabreau（D.）, "La statue équestre de Louis XV d'Edme Bouchardon", *L'information d'histoire de l'art*, 1974, n°2, pp. 69 - 97.

② 布沙东的路易十五雕像在1789年大革命期间遭毁坏。——译者注

底座！美德(的人)步行,邪恶(的人)骑马。"不久之后,在兰斯,路易十五的雕像以立姿出现,这是时代的另一种含义。

旧制度的政治空间

我们逐步地通过国王、王室、君主制仪式的作用,明晰了用来阐释"政治文化"的逻辑和关系。我们不应该狭义地把这个术语理解为另一种书写制度历史和事件的方式。它是一种超越差异、弄清个人和团体是如何界定自己的位置、相互之间如何通过制度和权力实现自身目标的方法。这就是为什么政治文化空间会把先前的理论、实践和一些新的因素综合起来考虑。这种综合考虑在王权非神圣化和王权礼仪反思中就已经初现端倪,现在我们通过分析受启蒙思想影响而弱化的专制统治特征、新旧世界分裂的征兆[1]来重新审视这一政治文化。

专制制度和启蒙思想

丹尼尔·里歇告诉我们,君主国是一个既可分,同时又完整的整体。说它可分,是因为它融合各级机关、团体、省市和村庄的特殊性、多样性而不是予以取缔。说它是一个整体,是因为它把各层面的行政单位统一为唯一的组织,其中国王是仲裁者和管理者。所以说君王的权力首先是司法权,确保社会平衡;君王不是独裁者,他得遵守体现地方主义的习惯法和基本法律。但最终君王是绝对的,因为任何法律下任何其他机构不得对君王提出异议,也不存在讨论空间。为公共利益服务是他行动最有力的理由。如孟德斯鸠指出的那样,(国家)整体通过"中间势力"运作。

---

[1]　Baker (K.) (éd.), *The political culture of the Old Regime*, Oxford, Grande-Bretagne, 1985.

继他之后，为数众多的旧制度的捍卫者，不论是否有见地，都引用他的言论来为自己的观点服务，如雷亚尔的《统治的科学》(8 卷，1751—1764)、居约的《官员准则》(1787)、官方历史编撰者雅各布·尼古拉·莫罗的《简化为一条原则的君王职责》(1775) 和《法国政府的基本准则》(1789)。对所有人来说，君王的权力可以是绝对的，因为到处都有"克制的势力"。直到 18 世纪 80 年代，历经了重重危机和失败的改革，君权一直幸免于难，因为一直以来没有一种方式可以聚集"内阁专制统治"(despotisme ministériel) 的反对者。

事实上，在主要受到来自英法各种各样启蒙思想影响的政治名流中，针对不曾言明的政治契约的讨论，呈现出两种态度。"一些人——尤其是高等法院的成员，相比孟德斯鸠的精神更加忠实于他的文字，根据孟德斯鸠指出的君主制度和专制制度的不同，越来越猛烈地展开对现有政体的抨击。另一些人，为数更多，却拒绝两者间的区分。"伏尔泰在给然①[《法国政府的真正准则》(1777) 一书作者] 的信中写道："我首先要向你们表明，在所有人心中，在所有敏感的人心中，专制制度和君主制度完全是同一回事……"②

持第一种观点的人是传统群体社会的拥护者，对他们来说，任何质疑公共权利的社会关系都可以根据三条原则进行处理：一是当一个权力代表介入时，代表人（议员、贵族、市政顾问）代表一个团体、一个阶层、一个行业的人们；二是他通过强制性的授权和影响力同他所代表的选民发生联系，他从来不是独立的；最后，他的权力来自惯例，于是也就是来自历史，而不是来自宪法。正如卡雷·德·马尔贝格的《国家基本理论》(1791) 和勒德雷尔的《论三级会议的代表》(1788) 指出的那样，旧

---

① Pierre-Louis-Claude Gin，法国记者、古希腊学者。——译者注

② Richet（D.），*La France moderne...*, *op. cit.*, p. 156.

制度经历了真正的个人代表社会群体来给君王出谋划策的时代。即使我们把习惯附属关系和意愿传递的两种观念排除在现代代表思想之外，这却是符合旧制度下政治空间运行的准则。斯特拉斯堡的理学家针对大革命的需要批判了这两种传统观念，却认为对于任何代表性而言，它们都是必不可少的。对此，勒德雷尔以国家主权的名义提出异议。它们使得 1761 年之后的最高法院和巴黎拉穆瓦尼翁·德·马尔泽尔布（18 世纪最伟大的法官之一，我们评价他是王朝中最伟大的高级官吏之一，因为他掌管着审判权和图书馆）领导的巴黎审理间接税案件最高法院（La cour des aides de Paris）①的谏书越来越激烈地抨击行政管理权，以及自 17 世纪以来建立的整个国家机器。王权因此也遭到合理的一方本身的批判。

　　持第二种观点的人（但经常在此时或彼时持第一种观点的人也会赞同他们的想法，反之亦然）是站在宫廷社会（société de cour）这边的，宫廷社会是"专制统治"的另一种说法而已。宫廷社会在国王身边，在凡尔赛宫聚集了王国的主要政治势力。整个宫廷是一个微社会，有它的布局结构、等级制度、势力团体和文化。它的组织遵循两个原则：首先是与国王关系的亲疏远近，从王室成员到王族子孙，从王公到朝臣，再到王公贵族——后者不住在凡尔赛宫，却深入民间展示他们典型的雄才大略，希冀终有一天被圣上召见，参加国王的狩猎活动，这正是夏多布里昂的情况。其次，不同职务间存在着世俗和宗教的差异：高级教士、大法官、大臣、国王近侍官、王室侍从长、高级司仪、高级带领猎犬狩猎者、近身侍卫、各级官吏、侍从。总之，所有军事的、民事的、世俗的、宗教的相关人士，都体现出王权的尊贵和影响力。这就是为什么整个符号、规则、礼仪和仪式系统会决定、控制每个人的位置，以及

---

①　负责审核财务税收方面的审核工作，并有权向国王进谏。——译者注

座位的高度和前往马尔利参加各种娱乐和仪式的权利。如此这般，根据国王一人意愿按等级、出身、官衔高低排列的结构，促使国王孤处于凡尔赛宫，并孤立于皇家礼仪和枢密院仪式的中心。国王与他的臣民之间出现了实实在在而又具有象征性的鸿沟：行政机关开展工作旨在修正这个问题；但事与愿违，反而越发扩大了两者之间的距离。关键因素起初在于司法权的本质，后来转向比司法权更胜一筹的金融、公益事业和经济方面。

　　启蒙时期政策的确定有两种模式：一种是合理的一方，在这种模式下，不容置疑的讨论、政治社交的形式始终伴随着同内阁持续的谈判过程。另一种是君王凭借整个特权机制而独断专行。我们从国王对待允许中间阶层及其不容小觑的势力上升的官爵问题的态度上可以看到这一点，再如从他对待市政当局的态度上也可窥见一斑——同时，他通过财税政策和争讼途径进行暗中破坏。这种冲突在中央和地方上都存在，比如说，在一些城市里行业寡头集团享有自身职务赋予的权利，代表整个行业的利益，但他们必须实行国王制定的税收政策，这就加剧了政治特权阶级和非特权阶级之间的矛盾。

　　为什么知识分子的政治思辨和民众的政治骚乱之间没有出现断层？理解它是一个难点，因为这个空洞已经以各种方式得到了填满：高等法院派向往效仿孟德斯鸠、英国和古罗马的元老院，窃取保护市民免受专制统治的权利，而他们并不是唯一有这种想法的人。在巴黎和外省之间存在起决定性作用的一方。到处流行这么一个基本要求，即学会了政治社交后打碎对合理的一方的束缚；否则，合理的一方可以依靠"特权阶层"和他们的"自由"创造一个新的政治形势来制衡权力。霍尔巴赫本人尽管敌视特权阶层，却赞成在高等法院内部设立"至高无上的君主权威和民众自由之间必要的界限"。马布利和许多其他人都持同样的态度。另外还有重农论者和专制统治的捍卫者

（然、莫罗）和卢梭思想的信徒们，后者的这一要求更多地体现在统治权层面而不是平等地位方面。[1]

政治学院派：舆论与批评

应该要明白的是排斥和参与（政治）、效忠君王的要求与批评舆论的抬头是怎样做到并行不悖的。学术机构提供了一种解读这一政治独特性的方法。人们总是相信，昨天和今天一样，政治活动不入家门，或者政治和启蒙思想的要求是相一致的。然而，事实上，排斥政治活动不论在巴黎还是外省都是合乎规定的做法（禁止讨论上帝、君主和习俗惯例），相当于规定了一项即便不能称之为具体的政策，那至少也是一种为国家行为准则和不平等社会里不可或缺的因循守旧辩护的国家意识。在巴黎和外省的一些大型机构组织的有关文化和权利的争辩中，宣扬君主制度和文化相结合的政治形象，在语言纯洁主义的标志下——如佩利松 17 世纪 60 年代末所言的"在公众权威的许可下"，在学者鉴定和评判的旗帜下，迅速地得到传播。

法兰西学术院，一言九鼎；科学院，物理学界的权威；文学院，出于为国家服务管理着历史。他们共同开创了一个最初是政治许可的传统。而政治许可首先是一种文化措施，并团结了新进外省法兰西学术院院士。法兰西学术院的法规提出一种基于良好声誉、道德风尚和精神基础上的社会行为，来保证各个团体的协调。皇家法令在国王给议会的诏书中界定了成员的积极目标，从而达到为他所用的终极目的；而开明专制主义可以从中吸取有力的意识形态上既保守又现代的辩护。我们总是

---

[1]　负责审核财务税收方面的审核工作，并有权向国王进谏。——译者注；Baker（K.）（éd），*The Political Culture of the Old Regime*, *op. cit.*；Bossenga（G.），"La révolution française et les corporations：trois exemples lillois"，*Annales E. S. C.*，1988，n° 2，pp. 405 - 426.

推陈才能出新。

院士们的实际行动公开地在首府和外省市继续,并推广了对伟大君主的颂扬和对其决策的喝彩。这些学院对君主和他的王室投入了真心实意的崇敬,每年 8 月 25 日圣路易节日更是将这份顶礼膜拜发挥到了极致。令人没想到的是,在一片归顺中对王室的崇拜缓慢地滋长着,因为贵族们看似得到协调的需求及他们的礼仪意识从中汲取到了新的活力。无数的时机就这样出现了。既可以趁此宣告效忠朝廷,同时也能确认一项职能:君主的疾患、成功的举措、幸福的出世、族人的逝世、和平的条约、胜利等,这一切都通过面目一新的忠诚行为突出了平淡无奇的编年史记载,更好地在感恩赞的喜悦或葬礼上的眼泪中举行为君主服务的典礼仪式。

演说采用的是巴黎模式,不过在外省接待典礼上的演说实践中加重了分量。演说主题没怎么变:虔诚的基督教国王、战胜异端邪说的人、宽宏大量的征服者、爱好和平的英雄、文人的保护者、坦荡正直的男人。这是咒语式颂扬的胜利,演说则是收服人心的工具。如果说在大革命爆发前夕演说词带上了重农论的、田园的、家庭的和慈父般的色彩,其发展的趋势却是不变的:呈现出波澜不惊的局面,为君主制的宿命高唱赞歌。学院派成为继续幻想土权的坚守阵地,在此,言论的力量重建了服务于社会的政治社会机构整体并逐渐与理性的发展相吻合。

对于皮埃尔·罗桑瓦隆①来说,"避免用现代语言来思考哲学和政治的现代性是一种很混乱的做法"。正确地说,这是关于变化的一种模棱两可的说法,因为实用性的概念同时有助于区分国家和君主个人。重

---

① Rosanvallon (P.), "L'utilitarisme français et les ambiguïtés de la culture politique pré-révolutionnaire", in Baker (K.) (éd), *The Political Culture...*, *op. cit.*, pp. 435 - 440.

温一下爱尔维修的《论精神》。公众从中找到了自己的存在方式,因此他们是评判"内阁制专制主义"不可或缺的角色;并且他们对给予国家及其代表们的联合行动合法性来说,也是不无益处的。学院派的典范不能说不重要,因为除了能就相关问题回应托克维尔之外,在实践中它还创立了理解政治社交的新方式。这些方式让公共空间变得现代,目标是允许王权进行既遵循惯例又具革新性的干涉。

在各学会里君主政体的矛盾暴露无遗,它无法摆脱身为主要负责人设定的等级。问题通过被普遍认可的社会活动得以折中解决:通过头衔规定、特权和出身召集起富人和能人,这就是精英!但特权阶层内部的平等、学院派的自由并不涵盖精英们的自由和权利控制能力,在此精英们也根据切实的特权和平等问题分为两派。于是阶层以及他们不同的利益就出现了。如果运动受阻,如果政府无力坚持改革的意愿,如果政治启蒙思想的目的通过多样的对立的途径分崩离析,那么社会危机就必然会降临到国家和同等的行政单位身上。如果国王的形象受到质疑,那么危机是不是会更进一步往前加深?

阅读与信仰

我们看见国王形象是如何在其建设和被人接受过程中,通过皇家仪式的种种要素神不知鬼不觉地发生变化。我们会发现在实际操作中,在两种可能按不同方式结合但无论如何都不会相互否认或相互矛盾的运动中,国王形象发生更严重的损毁。

第一种运动属于广泛的并且大多数情况下是大众的永久政治权利,即评判国王——臣民期待的主要人物。我们或通过巴黎警局密探们的证词,或在手头新闻传递的言论引起的反响中,或在因为攻击政府、诋毁宠妃或咒骂国王而被监禁的犯罪嫌疑人口中,或在编年史作者的证词中(国王书库的誊写员比瓦、律师马雷、书商哈迪,还有巴尔比耶),收集到的所谓的常规都不允许人们说存在"大众公共舆论";但是有一项基本的政治权利,它微弱的表达也有助于对国王的行为以及政府的相关事宜提出异议。① 这项提出要求的权利是日常生活、平日社交、居住条件拥挤的体验,这一切使得所有人都观察、知道或者认为知道如何识破秘密和探知彼此的行为。一个没那么神圣、更具人情味的国王是注定逃不开这些仔细观察的眼神的。触及宗教根本性问题的詹森教危机(秘密印刷并大量传播的《新教会》、从未被警方压制住的自由言论,号召世俗教徒,他们的行动及评判意见是反抗国王与教宗决定的一种方式)也极力说服广大公众相信,他们有评论时事要求改革的权利,甚至可能是违抗的权利。随启蒙运动的发展,君主和君主制度逐渐非神圣化,但相关的言论却早已出现。达米安事件让当局者意识到剩余的反抗。"谋杀路易十五计划的失手已进入公共舆论讨论的范围,这件事揭示的是君主制的部署,而不是某种源自民众的革新。"我们应该更早地寻求这种现如今只能根据人民与国王双方关系的主要变化来判断的、并在反抗和不安的传言中被重新发现的政治能力。

君主制的民间支持力量发生了动摇。尽管我们还可以收集到不少对君主制表示支持的证据,这都是出自一些热衷于君主制的老顽固,比如加克索特、奥布里、布吕什等。尤其是在路易十四加冕之时,大家都对他满怀希望和期待,双方有过一段蜜月期,这是毋庸置疑的。但我们别忘了,这同时完全是周而复始的过程:这是任何一个君主上台之初都会出现的现象;但这又逆向对称地对应着王朝末期的声望的一败涂地,从中可以衡量出真实的民众信任资本、普遍的宣传势力(各学院与报界首当其冲)、流传甚广的有关理想王朝的设想的影响力,等等。这长期以来人们翘首以盼的理想王国的设想被刊印在小册子或年历上四处流传,更

---

① Farge（A.）, *Dire et mal dire. L'Opinion publique au XVIIIᵉ siècle*, Paris, 1992.

有教士绘声绘色地加以宣讲。① 但奇怪的是,人们的怒火通常偏离国王这一主要目标而喷向他的代表们,通常是他的官员,而很少针对传统的贵族。这就是为什么我们有必要重新审视那些动员造反的演说词。反思君主制幻想破灭的好处在于,我们不再会看到 1750—1760 年间加速进行的单一诉讼,因为 1789 年是必然的结局;但我们可以从中总结出适用于特殊局势、事件突发之际的特定逻辑。

　　第二种运动是印刷活动。一些印刷品的广泛传播破坏着国王形象。所谓"哲学书籍"的大量流通是个是就能证明书籍革命是合理的传统(在此我们指的是一些"不好"的书,指那些拐弯抹角地通过披露政治色情活动以及批判风俗和行政管理行为来指控贵族、王室并最终把矛头指向国王的书籍)? 达恩顿根据纳沙泰尔印刷公司(Société typographique de Neuchâtel)的档案进行了多项研究,并通过分析警方原始资料得到了进一步确认。研究结果证明了印刷传播和警方镇压是有关联的。

　　纳沙泰尔的秘密书目,比如《巴士底狱的夯》,集中了三种类型的作品:其一是淫秽著作,在 110 部主要作品中占了 15 部,如《哲人泰莱丝》《阿尔丹》《修道院里的维纳斯》《夏特勒的守门人艳史》《加尔默罗会游方士风流史》等。其二是特福诺·德·莫汉德编著的揭露黑暗的抨击文章或者政治讽刺作品,如《杜巴利伯爵夫人真事回忆录》《坚强的办报人或法国宫廷丑闻轶事》。最后是由皮当萨·德·麦罗贝尔、穆夫勒编写的政治编年史,如《中国间谍》《莫普先生法国君主政体构建过程的革命历史日记》。出版社的书目和订单中都赫然并列着哲学家和政治家的真实作品,从培尔到卢梭,从丰特奈尔到雷纳尔教父;还融合了温和主义者

---

① Vovelle (M.), "La représentation populaire de la monarchie", in Baker (K.) (éd), *The Political Culture…, op. cit.*, pp. 78 - 88.

和极端主义者、自然神论者和唯物论者的观点;既有伏尔泰等声名显赫的大作家的文章,也有穷困潦倒、靠写作艰难度日的穷文人的思想。

不管在生意上还是在镇压中,他们或不幸或有利的命运都紧密相连。因为他们共同表现出一种受到不尊敬、违抗和颠覆等情愫诱惑的期待。但我们能从不断涌现的煽动文字中确认阅读能转化为信仰,甚而从信仰转为行动吗? 论据保存着它的说服力,因为要说不断加剧出现的讽刺小册子无助于去除象征物的神圣和销蚀神学是不可想象的。① 具有腐蚀作用的、亵渎神明的、被明令禁止却不断往纵深处渗透的作品,已然能促使保证国王赢得百姓爱戴和尊敬的信仰体系的衰竭。

然而我们要承认,这种赋予阅读以其本身可能并不具备的能量的言论存在两大局限。其一,基于阅读的社会基础和认同的条件本身。阅读并不一定会带来超越暂时兴趣的最终认可,阅读也不要求单一的选择,任何信息都会对应多种阐释。雅克-路易·梅内塔理解的卢梭主义和孔蒂亲王以及马尔泽尔布理解的卢梭主义就不在一个层次。再者,可能更具决定性的一点,文字流通的加剧可能只说明它获得成功的结果和条件。君主制度的象征——国王本人以及他的宫廷受到大众的批判,因而也就没人著书歌颂君主,这自然也有助于之前那些书籍的成功。其实早在路易十六即位之前,对君主制的失望已经表现在经常远离"哲理性"宣讲的日常言行中。这对应着双重逻辑,对应着社会精英和普通百姓在社会空间的不同职责:一方面是理性的进谏要求改革;另一方面是大多数人的意见——而不仅仅代表民意,它的形成不是源于直线型逐渐累积的从任何可供阅读的材料中吸取论据的阅读过程,而源于对公共事务强大的自觉认识能力。②

---

① Darnton (R.), *Edition et Sédition*, Paris, 1992.

② Chartier (R.), *Les origines culturelles*, *op. cit.*

对比两种假设,不能说哪一个更正确,它们都有真实的一面,它们对共同历史作出解读,因而相互关联,只是解释的重点各不相同。重要的是对基本历史活动以及支配这些活动的规律作出适当的反应。换句话说,应该承认当权力行为涉及诸如信仰、信义、宗教等基本事务时,"评判界"(règne de la critique)也同样关系到卑微的百姓。信仰的撕裂会起到决定性作用,因为它可以接受妥协、双重感知、赞成甚至倒退。这就是为什么我们不断力图想到人民并询问他们的代表思想,这也就是为什么同一个事件中可以反映出激情澎湃和怨愤滔天。而这些经常只是表露了一份没有结果的期待和一份失望的喜爱。这就是联结国王和他的臣民们的难题所在。

第九章　国王与人民

在国王与其臣民的关系中,体现出一种双重动向。其一,落后于时代的约束愈演愈烈,这曾使法国君主制度和人民间的联系主要依赖领导和协调的运作,它的现实效力被加深了,即使在土地租赁和奴隶制管理方面,直接管理从来没有完全地占据优势(这受到大规模土地租赁和官吏职责的限制);在国王的背后凸显了王国的影子,甚至是官僚主义的影子。其二,王室崇拜、传统观念、风俗习惯导致政治关系摆脱不了君主制度,引发了从贵族到平民对此越来越多的疑问,反映了使之相信、使之明白、使之爱戴都不再吻合,这说明了国家象征的重大危机深入到旧制度的整个组织。

我们必须重提一下旧君主制度,根深蒂固地驻扎于整个社会,使每个人都无法抵抗其绝对性,没有人可以违背它的权力。这万众给予一人的绝对权力体现了一个与我们当今社会完全相反的社会、政治、宗教理念。我们当今社会的转变源于法国大革命之后几个世纪以来人们所尊崇的个人主义和平等主义。反映国王与人民关系的社会契约——真正权力的拥有,通过税收资金来实施权力的可能,实现公平的责任和保障全民安全的必要——证明了一个基本观念:作为国王,君主所拥有的是一种“父权”(Paternité)。由此体现了在国家和人民,在盲目的官僚主义和意志消沉、备受欺压的臣民间,还存在着另一种关系。国王和臣民都有应尽的义务,但义务的定义并未在宪法中明确表述,而是在实际社会运作和宗教经文中逐渐明确并建立起来的。

美国历史学家卡普兰就管理生活必需品和提供粮食的义务曾强调,

国王保证臣民生存的事实使我们理解了臣民不能与平民相互混淆,两者意义的侧重点各有不同。如果按规定君主是长者,那么他最高尚的义务便是尽其所能保证每位子民的温饱;在当时的宗教社会背景下,"温饱"一词是一种最物质化、最具代表性的表述。这是国王对效忠于他的平民应履行的责任,在这层关系上,平民正是看中了国王的父权作用。王室父权主义、行政、财务、司法和军事政策、社会治安都是紧密相连的。平民的权利和强制的约束共存,政府的义务和独享的特权共存。当然,中世纪和文艺复兴时期的君主、英雄、长者的形象与启蒙时期的形象已经不同了。但是据波舒哀所述,这种形象仍和神权政治的言论相关。费奈隆也说这种形象与贵族阶级的反对派拥护者产生了共鸣。13 世纪的理论家并未摒弃这样的观点。①

　　孟德斯鸠认为国家应该确保每位公民的生计,专制制度的激进批判者马布利和兰盖视君主为人民生存的担保人。"民众同乐"(bonheur public)、锦衣足食、社会安定、司法公正理应是王国的神圣职责。有这样一个重要现象:它由来已久,也将长久存在,最终构成"文明国家"(états bien policiés)的特点。即在这些文明社会中,机构应有力地监督公共财产,维持秩序,保证社会安康。军队和国家资源的控制和调配作用在当代人眼中是很难理解的,只有认识到在保守势力和"求新"势力的冲突中所显露出来的这种极为重要的作用,方可领悟。18 世纪仍处在这样两种社会势力下,也就是两股强大的政治理念下。

　　因此,王国仍然保持着旧世界的节奏,根深蒂固的农业王朝维持着完整性,社会和王国被视为浑然一体。这个社会政治统一体从社会群体中吸取力量,从宗教和民事权的古老结合中继承各种权力。这种集体阐

---

① Kaplan (S.). *Le Peuple et le Roi, la bataille du libéralisme sous Louis XV*, Paris, 1986, pp. 21 – 24.

述在人民品格的定义上占主导地位,但路易·杜蒙指出,它在"自然权力"(droit naturel)理论中却被严重篡改。这种观念中强调的是"整体论"(holisme),对总体(universitas)①和固有的不平等的肯定,社会是一个整体,而个人在这样的社会中仅是部分。位于社会顶端的是国王,也被视为宗教领袖,他是政治的主要决策者,他的人民既是手段也是目的,他最终代表社会整体的声音,他作为中介将社会的种种不同融汇成普遍概念。②

但与此同时,随着劳动、交换经济新力量的出现,例如王室本身的交换经济,使得现代社会愈发复杂。自文艺复兴以来,将各路力量融汇于一身,在社会论调中更多的是依仗人民自主的社会秩序,而不是宗教自然的社会秩序。如果只有人民个体间需要调节,如果个人主义战胜了全体论原则,那么权力关系将发生改变。当个人成为衡量一切事物的标尺,作为社会合理性根源的不平等准则将消退,平等原则将占据上风,旧势力的理论将受到争议,君主制权威和开明专制制度的崇拜以及臣民的态度(越来越不视己为家长制国王的子民)在言论和实践中同时引发了人们的思考和重新审视。在其他方面,需试图掌握的是如何通过发挥王室永久作用的控制和调配运作——税收、司法、安全——来体现这种替代,它可能会导致对革新与守旧势力、变革和保守势力所带来的传统冲突进行再度审视。

税收与馈赠

国家财产流通和国家机构增加所需的资产中,赋税可能是引发最多

---

① 拉丁语,对应现代法语的"universalité"。——译者注

② Dumont (L.), *Homo Hierarchicus*, *un essai sur le système des castes*, Paris, 1966, pp. 318,319; *Essai sur l'individualisme*, *op. cit.*, p. 71.

争论的话题,是所有有关经济的辩论的核心内容。对 1700—1789 年间发表的著作进行统计的结果表明:11 个版本的《王室什一税》、18 个版本的米拉波侯爵的《税收理论》、17 个版本的《内克尔呈给国王的汇报》,还未包括外国的版本,都涉及赋税问题。这些都是畅销书。随后还有大量的蹩脚文人和有抱负的作者,带着传统眼光去审视国家财政、税收制度以及被广为认可并流通的货币。

　　赋税是那些底层人们的生活中心,因为它影响了每个家庭的财务支配能力,引起了人民长久以来的极力反抗。在 17 世纪爆发的反税收抗议后,反税收的主题一直存在着,"废除间接税,国王万岁"这个旧时的呼声正是表达了人民对另一种君主社会以及对反对压迫的期盼,因为此前的制度是缺乏人性的。以下是三个关于法国人民赋税关系的问题:事实上征税是怎样的(但是我们能想象到赋税起到了财富调配流通不可缺少的作用)? 现实中的开支是怎样的(但是我们能想象到开支现状直接关系到赋税的合理公正)? 最后,王室对国家财产权利实际上是如何分配的?

税赋之无情[1]

　　曾经鲜有人能理解税赋的整个运作机制及相关的法律法规。内克尔关于间接税的立法曾这样说道:"它是如此的复杂,以致每代人仅一两人最终能拥有此方面的学识。从细节着手,我们无法进行任何变革;如果可能,我们只有推翻一切。"在特权的威望和惯例的束缚下,一切推翻和摧毁都是被禁止的。旧机制和新机制合在一起,一切变得越来越繁杂,国家只能通过它的收入和支出来转移部分国家收益,这就是我们大家的职责。

---

[1]　Hincker (F.), *Les Français devant l'impôt sous l'Ancien Régime*, Paris, 1971.

在农民看来,或是与之相比往往受到更好保护的城里人眼中,赋税的问题就是每年应拿什么来支付,应怎样来缴税。赋税并不是完全符合常理的。赋税是为了国王生活得更奢华的这种旧思想仍然活跃。"普通"赋税也由此总是如此的"不寻常",只有在特殊情况下赋税才能真正合情合法。无论聚敛新资财是由于何种原因,国王从很久以前就不再仅依靠自己王室的资产而生活,而是依据战争以及战争债款这一应急需求来向百姓征款,要求他们增加对国家"资助"的想法依然存在。征税人对此的愤懑来自这种临时征款长久以来已经变成惯例。不断上涨的征税能否有终结的一天呢?

还有一些特征更是加重了赋税的比重。税收的负担从来没有减轻过,一旦被征税即被列入征税条目中,征税范围遍及各地,因地区的不同产生的影响也不同。领主的赋税和什一税①的征收,还应加入土地租金。因此这是从已削减的收入中,国家收税人征去应缴税的部分。另外,还有新因素的出现,以及为了建立征税底册所带来的繁缛手续。财政档案越积越厚,但这却表明了一种又一种捐税接踵而至:封建时代的人口税(capitation)和1789年前的人头税(taille)、战时人民住房或是生活必备物品的征税。在这样的分析中我们看到,在财政点数和计数间,人民的害怕和担心油然而生,农村和城市人民对中央政权产生了怀疑。

而且,赋税通常无须征得同意,也不得商议。这是一种自上而下、普遍性的强制征税。国王——及其议会——确定人头税的特权或是人口税的总额,随后按照行政级别自上而下,从财务总管到财政区委员,再到征税员、财务官和民选代表,一直到教区居民大会来执行征税。为了找到征税负责人,个人、团体和家庭间都玩起了税收小策略。征税负责人——往往是最富有的人,偶尔是一无所有的最贫穷的人——应确定份

---

①　法国旧时对每人征收十分之一税。——译者注

额,并安排税务员的工作。在这个阶段,运用集体意志来限制或力图寻求可能的减负保护,这就是领主的职责。总而言之,消极抵抗的微薄力量就这样存在着。农村贵族和神甫担负着代表和监管的职责,弥补了当地行政部门的弱势。同样值得一提的是,如果国家的各个地区享有商榷赋税的权力,那么各个地区承担的赋税份额将和过去数值一致,商议的特权留给贵族。这样百姓承担的赋税总额依旧沉重,相反地区的负担减轻了,其中的差额则落在下面的省份身上。显然,自愿原则没能减轻真正的赋税压力。

　　最后,在纳税者之间和不同类型的课税间存在着不平等。有时,一种赋税会与另一种相互重叠。税收制度如此繁杂,缴税过程中所体现的不平等令百姓非常不满。农民成了直接税(人头税、人口税和附加税)和间接税(商品交易税、货物进出关税和盐税)的主要纳税人。相比之下,城市居民、官员、教士和贵族的压力相对较小。购置税、免费捐赠、特惠权、特殊待遇反映了当时城市的现状,这就是社会最高等级的现状。因此,赋税政策维持了社会获利者和农民百姓间的贫富差距。有时赋税起着双重作用——在稳定的社会中采用货币经济政策,既拉大了贫富差距,又促进了社会发展,改善了农业劳动的生产力。

　　人口税和二十分之一税的制定仅稍稍缓解了直接税所带来的不平等,但加强了城镇居民和特权阶层通过谈判来取得利于减税的合法权利。无论这些分配方式如何变化,即使在 1760—1763 年间国王向达官贵族征收了两倍甚至三倍的赋税,属物税和属人税等这类影响全民收入的苛捐杂税从未摆脱不平等的分配。全民收入的定率税,如 1733 年的什一税和后来由马肖提出的土地、工业二十分之一税,这些都与征税普及化这一观点相冲突。稳定一段时间之后,神职人员又重获免税资格,各地又纷纷自行征税,各个城市也越来越多地将本市的课税与国家的相混合。路易十五时期,贵族和教会却又一次被纳入了征税范围,虽然在技术统计上存在着阻碍：在法国，除了贝尔丹计划外没有土地籍；征税改革与税率、财产相关；没有申报监督，这些都增加了统计难度，导致偷税漏税的频频发生。

赋税压力的差异还存在于不同的地区。在桑斯一个财政区就有5%—53%不等的差异；校正平均值为18%，不包括土地值和产品实况。这些地区间的不平等显而易见。在不同市镇和省区之间差异更甚。在奥弗涅地区，1784年每人18利弗尔16苏①——这是一个法国人的平均支出，包括了所有直接税和间接税的总税率。然而，在弗兰德地区赋税压力相对较小，仅5—7利弗尔。不同地区反映出的不平等，体现出该地区税收特权和惯例。有些地方贵族缴税，有些地方则不缴税；有些地方的间接税较重，有些地方则较轻。就使得现实赋税压力难以衡量。（法国古时的）盐税，有些地方多则需缴纳5利弗尔，少则不足2利弗尔。法兰西岛所缴纳的赋税相当于五天的工作所得，布列塔尼地区是数小时，有些地区则全免，如弗兰德、阿图瓦、埃诺、贝亚恩。另外，必需品都非常昂贵，所以如果某些地区还需要负担过重的赋税的话，就会引发百姓接连不断的抗议。大部分的销售税、饮料香烟的间接税、进口税和吨位税在各地都不相同。根据布料、肥皂、铁具和香料等商品销售渠道不同，这些税费都会使商品的实际购买价格大幅上涨，也许会比原价贵三倍！从生产者到消费者，一系列的苛捐杂税都加剧了令人不满的不平等。从城市到乡村，人们的收入越来越少。

总之，几乎所有人都不得不负担名目繁多的各种税收。几乎所有人可以或多或少地凭借一些特权获得一些税收减免资格，但某些人则能通过借款给国家和卖官鬻爵来定期提取利息。真正的特权在于如何能得

---

① Livre：利弗尔，法国古代的记账货币，相当于1古银。Sol：苏，法国的辅币名，等于1/20古银。——译者注

到税费的再分配：直接通过补助金、军饷、薪金或津贴方式获得，还是间接通过定期利息取得呢？

在整个 18 世纪，卖官鬻爵是一种惯例，也是一种圈钱的正常手段。间接税收就是为了增加先前投入的资本，这就如同在路易十四时期官爵数量倍增一样，卖官鬻爵完全同军队及特权阶层相关。它提供了固定的现金资本，对国家而言，成本低但收益高，同时也加强了军队的团结。尽管相应地加大了监督的力度，但是免税的现象却仍然存在。军队内部为了保护自己的利益，相互通融、相互庇护。同时，军队又起到了重要的作用：它使所有军人能在目标和方法的选择上保持团结一致，使信贷和税制能在军官们平等参与讨论及多数人赞成的条件下产生。军官们因此拥有了在协商中减轻他们负担的权利，这样确保了社会的稳定和谐，同时也资助了国王。在 1788 年，这种资助总数达七八亿，相当于四分之一或三分之一负债。在税收特权社会中，由此出现了一些今后蔓延至整个社会的机制。①

从收入到支出

财政部门之所以向穷人比向富人索取得更多，是因为增加纳税额要比改变课税基数更简单。因此，社会秩序的维持尤为重要，虽然国王已倾向于债务的更新，但就赋税改革的争论却始终无果。但如果社会稳定，那么国家就会转向支出。增加收入适用于国家发展活跃阶段，节约开支则使社会重新回到稳定。预算和岗位的分布体现了社会和国家的深层关联。

收入方面的增长是毋庸置疑的。1715 年，1.8 亿，每人不足 10 利弗

---

① Bien（D.D.），Offices, Corps and a System of State Credit, the Use of Privilege under the Ancient Regime, in Baker（K.）（éd.），*The Political Culture...*, op. cit.

尔；1788 年，4.7 亿，每人不足 20 利弗尔。国家税收的比重增加了两倍，至于个人的负担却并没有翻倍。无论如何，根据彼得·马蒂亚斯和帕特里克·欧·布里安的统计，英国人均赋税增长得比法国人快。当时王室的税收要比我们现在低，约占生产总值的 5%—10%。难点在于理解人们为何总是觉得赋税压力令人难以承受呢？ 在 18 世纪，赋税的增长还未给人们带来严重的影响，但在 17 世纪，随着一系列苛捐杂税的推广和急剧增长，人们愈发难以承担。从约翰·劳到弗勒里，人头税得到缓解，1743 年的人头税是 18 世纪最低的；以后又开始增长了。税费总数从1750 年的 2.07 亿增长到 1770 年的 3.18 亿，直至 1780 年的 4.19 亿。但也需考虑物价和收入的增长，全国的总税率还是相对稳定的。① 然而仍有两方面事实动摇了社会的安定：收入的不确定性和由于国家本身开销的增加导致的收支差距拉大。

　　18 世纪的人们，从财务总监到农民，都掩饰着其对增加捐税的可承受力，这有两方面的原因。② 一是梦魇般的国库危机持续了一个又一个季度，导致人民应对增加税收只有一个办法：推迟缴纳税费，并以日后税收为担保换取税务员提供的临时流动资金。这正是人们所知的"国库银行家"。他们的库存现金由纳税人提供，这便是一名银行家梦想的最佳状况。③ 直到法国大革命甚至之后，这一小群人都拥有许多重要的特权：免缴人头税和 8% 的贷款保证金。这符合当时的两种需求：其一是避免了价值高昂的法定货币的运输，其二是让金属货币留在当地以供商

① Guéry (A.), "Les Finances de la Monarchie française sous l'Ancien Régime", *Annales E. S. C.*, 1978, pp. 216‒239; Morineau (M.), "Budgets de l'État et gestion des finances royales en France au XVIIIᵉ siècle", *Revue historique*, 1980, pp. 289‒336.

② Meyer (J.), *Le Poids de l'État*, Paris, 1983, p. 144.

③ Burguière (M.), "Louis XVI's Receivers General and their Successors", *French history*, 1987, n°1, pp. 238‒256.

业贸易使用,在向王国债权人缴款时也是必不可缺的。对此,国家在整个经济发展过程中起到了重要的作用。

第二个加重整个体系负担的问题是收入不均衡的状况及由此产生的畏惧。因为旧时经济主要依赖于农业收入从而导致了经济体系发展的不平衡。农业产量的骤减导致了财政收入的骤减,而年产量的增长则造成了农产品价格的降低。因此,农业丰收并不能为国家带来更多富足。所以,大量不稳定的农村经济储备金,既需满足农村家庭生活的固定资金,又制约了经济发展,使人们完全难以承受固定的又或是往往相对增加的国家征税。如果时逢经济危机,国家为了确保社会安定、保证百姓生计,就不得不增加税收。因此,要想保持国家的低税收比例就必须依存于经济本身和几乎不可能实现的超越受生产条件支配的水平,超越人们对非法或合法征税的可承受力。对此,就需要重新动用收入并利用王室的权力形象。

两方面的事实显示了 18 世纪征税的演变特点。据 M. 莫里索统计,战争的财政支出总是保持在 25%—40% 之间,比如 1726 年为 35%,1788 年为 25%;国家债务的相关比重为 1726 年 33%,1788 年在美国遭遇经济危机影响下达到 41%。支出几乎总是超过收入:法国摄政时期(la Régence)之后的 1.82 亿,路易十六时期的 6.33 亿。国家军事受限于负债,但如果不继续扩大负债,又无法维持长时间战争的开支。依靠借款,君主国满足了自身的需要。这部分国内开支基本保持稳定:1788 年 23%(5.7% 用于宫廷和生活费,3% 用于行政、法院、警务和交通,3% 用于救济,不足 2% 用于教育和公共援助,3.7% 用于经济发展)。一般的收入和支出间日益拉大的差距远远超过了人民经济生活的承受力,这进一步增加了君主国对债权人的依赖程度。

这些债权人分两类。其一,在整个 18 世纪国家主要是向旧社会的拥护者求助,他们有的是靠市政府、教会或修会定期收益的食利者,有的则是官员或是土地保有者。正是这些重农论者凭借"纯利润"所构建起的社会群体站在国王背后支撑着巨大的债务。例如 82% 的收入用于 1789 年大革命。其二,是向旧制度的没落阶级求助,因为他们有的是金钱的支配者,有的则是国际银行家。他们受到越来越多的恳求,分担着债款的通货膨胀,比如总债务的通胀。

通过边借债边支出,有力地推动了国家事务的进行,这种财政政策的主张能有效避免改革的发生。在君主国的最终预算中,政府和国王的处境显得那么非同寻常。[1] 虽然在文学作品中仍然存在对宫廷和奢侈开销的抨击,身处贫穷国家中的国王是简朴的;而身处一个富有国度中的政府是贫困的(当时国家生产总值约计 40 亿)。征税是可以接受的,但征得的税收立即就被用于偿还积压的负债,占 10% 征税中的 8%。这种债务清还有利于贵族和所有从不断增长的土地租金和利润中获利的人。因此,税收机制旨在将穷人的收入转移到富人的口袋里。80% 征得的税收成了靠定期利息的食利者和银行家们的财富。这种征税机制必然导致社会真正的失衡,但这种失衡比起征税目的性的改变则不易被察觉。

国王　捐赠　制约[2]

国王作为国父的传统,要求国王以财富捐赠者的身份出现。而那些捐赠的反对者如伏尔泰曾这样说道:"国王,想赢得其国民的心,想得到其邻国的赞叹,到处挥霍捐赠:任何一个凭着微不足道的借口和国王交谈的人,轻而易举地就能获赠黄金和珠宝。"[3]王室的作风既左右着贵族,也对那些与宫廷有关系的人造成影响。豪华和奢华支撑了等级,明

---

[1]　Perrot (J.-C.), *Conrs inédit*, Paris I, 1990 - 1991.

[2]　Guéry (A.), "Le roi dépensier, le don, la contrainte et l'origine du système financier de la monarchie française d'Ancien Régime", *Annales E. S. C*, 1984, pp. 1241 - 1269.

[3]　Voltaire, *Le Siècle de Louis XIV*, Paris, 1957, p. 708.

确了身份,昭示着国与国之间的友谊。

然而,由于受到经济和哲学批判,这种财富的分配形式再也无法被接受:税收、税务、征税战胜了再分配的象征性和真实性的目的。在行政机构中,不断增加的财务官员加重了这一特性,他们要求减少工资支出。而国王随心所欲地消费,在他消费之前并不会去关注工资情况。民众抗议国王的挥霍捐赠、宫廷的无度开销,认为他们丝毫不考虑现实的境况。这些抗议凸显了君主制的不平衡地位——他既是国家元首,又是贵人中的贵人。对于大众而言,他们发现这种不平等距离在拉大。民众发现国家机构如同一种阻碍,像是隔开国王和他们的屏障。民众感到国家并不完全意味着国王,因为国家同税收相连;国家非但没有恭敬地恳求民众上税,反而强制性地要求取得税收。这个时代仅残留了些惯常的记忆,民众一致的心声压在当局之上,而当局却在专制中获胜。如果现代国家以捐赠和约束的姿态出现,那么税收只会被富有国民所接受。政治经济发展制约着税收规模:交换必然胜过捐赠。与此同时,更多应该考虑的或许是征税引发的寄生现象,而不是征税实物量。

从地方贵族到选民,从选民到法国的财务官,构成税收的等级,加之大量的特别税务员及负责扣押的执达员,他们的存在无论正确与否,或多或少会遭到渎职的怀疑。长期以来,包税人都遭到厌恶,他们集中在这样一个常设机构,自从1726年全面恢复田地包税税所后,[1]这个机构被认为是必不可少的。包税人持有一些权利,这些权利让他们失去人心。随着时间的累积,最大的厌恶加在他们自身和其员工身上。税收的私有性质允许国家佃户放债人获得高额利润。同样,令人恼火的管理和征收方式加重了对此二者的批评,助长了"征税奴才"的流言。

税务员害怕人民,因为人民拥有约束的权利。民众怀疑税务员在君

① Durand(Y.), *Les Fermiers généraux en France…*, *op. cit.*

主专制体制下挪用公款，但在行政机构中他们又是必不可少的，他们因而成为民众关注的对象。塞巴斯蒂安·梅西耶在《巴黎图景》中对帕里斯兄弟进行了抨击，他们的成功在整个 18 世纪引发了剧烈的反思浪潮：

> 四兄弟思想各异，机智理性，为了获得财富，在合适的时机，因为巨大的利益而联系在一起。的确，没有一笔巨大的财富不具有相互关联性。在第一次聚会中，其中一个兄弟对大哥说道："你虽说很天才，很有创意，但缺乏常识，你的计划过于仓促。而我呢，上天赐给我的恰是逻辑，而非天赋，我对他们进行调整修正，让他们走进潜力所处的地方。而你，小兄弟，想法简单，但你会说动听的语言，你将驻扎在部长们的前厅，向他们详细地阐述我们的计划，因为部长们容易被动听的语言打动。""你嘛，"他对最后一个兄弟说道，"你是保险箱，稳定的保镖，你不太热情，而我们又过于热情澎湃。你也是我们忠实的收银员，将保管我们的花销。"亲爱的兄弟们，我们的马车有我们这四个轮子的支持，一定跑得很快……

这便是蒙马特勒家族，自称是法国东部多菲内省的旅店老板之子。虽然这并非事实，公众认为他们家族因此获取了巨大财富。[1] 在这篇批评的文章中透露了税收官们的奴相和寄生嘴脸，德塞尔因此对其进行了辩护。[2] 他的辩护尤其凸显了大革命前夕的特点：经济和家庭的和谐，几百万镑的丰厚财富；在这个时期，财富的迅速增长远比财富本身更加

---

① Mercier (S.), *Tableau de Paris*, *op. cit.*, t. XI, pp. 204 – 205.

② Dessert (D.), *Argent*, *Pouvoir et Société au grand siècle*, Paris, 1984.

引人注意。大部分财政官员都是贵族和业主。财政官员不太受欢迎的地位和他们的现实处境并不相称,这同时也揭示出在传统等级划分中财政的地位非常模糊。财富快速地推动着社会前进,形成"大多占优势人群的主体意识:财富是个实用的神话。他们向民众展示这一绝技,让民众坚定这种信仰,跟随这种信仰——穷人只会被穷人剥削"[1]。这也使他们沦为人民和舆论批评的替罪羊。正如在法律和司法法庭的时代,通过排斥财政官员,通过威胁财政,这种财政完全和君主制相连,和不公正的机构相连,民众的心声因而再次达成共识。

在 1780—1789 年之间,一个决定性因素对税收起到了关键作用,传统的财政犯罪将无法实施。税务官要比本世纪初期更加有威力,更具对抗攻击的防御能力。在 18 世纪,法庭还未存在,和以前相比,税务官与第二等级较为融合,并在商界和知识界显赫起来,如拉瓦锡、勒杜。在 1789 年,君主专制无法再利用税务官,把他们作为维护社会和谐必要的负责人。"正是君主专制将扮演维护社会和谐这个角色。"[2]然而,国王不再是人民的国父,他也不可能再是。

从荣耀到和平

在王权的主要功用中有种变化和旧君主专制下财政和税收体制的变化类似,在路易十四统治下被赋予了极大的重要性:好战国王的光荣。在那些典型的凡尔赛君主制传统中,战争和辩护词对于旧时暴力的掌控至关重要,可促进良好的社会秩序和"良好治安"的建立。通过对战争进行管理,保证公众处于和平环境,国内安全和国外安全因此在专

---

① Dessert (D.), *Argent*, *Pouvoir et Société au grand siècle*, Paris, 1984.

② Perrot (J.-C.), *Cours inédit*, *op. cit.*

制中相互联系起来。17世纪,军事力量和国家之间的必要联系使其结合在了一起。在陆军和海军中,产生了在技术和行政控制上的主要手段,并一直沿用到18世纪。从体制和法律的角度来看,如果说战争及其手段作为权力的一个组成部分,在机构设置与司法内容方面与君权是相一致的,如果说战争是国家的重大事务,如果说战争也能促进自身的强大,那么这一切在启蒙运动时代都已发生改变。这种变化既显示在学者的反思中,也体现在军事社会和公民社会所维系的关系上。启蒙时期改变了国王和臣民间传统关系的论调。[1]

在宣布胜利的仪式中,用来庆祝的场地非常重要。在教区记录下国王号令,旨在告知和动员民众,让他们明白皇家行动的合法性。亚历山大·杜布瓦曾在1686—1739年间担任吕姆日本堂神甫,他在报纸上指出,北部地区人民是如何接受皇家的言说的。[2] 我们知道,当路易十五退出1743—1748年的奥地利王位继承战争时,受到民众极大的欢迎。与此不同的是,尽管有得益的方面,但让民众接受失败、耻辱、有条件的和平,这是多么的困难啊!问题不在于这难以实现的爱国主义,而在于好战国王[3]神武形象在政治上的重要性。在军队和社会的关系及军队本身的职责中,军事力量以战争的形式显示;而在这种力量的推动下,保卫的作用反而减小了。

和平的意识形态

在路易十四统治的最后几年,法国长期处于国际敌对势力的包围

[1]　Cornette (J.), *Le Roi de guerre, essai sur le souveraineté dans la France du Grand Siècle*, Paris, 1993.

[2]　Dubois (A.), *Journal du curé de Rumegies, 1686 - 1739*, Paris, 1965.

[3]　Leroy-Ladurie (E.), *L'Ancien Régime, histoire de France*, Paris, 1991, t. III, pp. 336 - 337.

中。普通民众观念与当时整个欧洲大陆相似，都持有和平的理念。最为轰动的事例莫过于圣·皮埃尔神甫撰写的《永久和平方案》。

在18世纪，圣·皮埃尔引起了中楼俱乐部（Club de l'Entresol）对伏尔泰和卢梭的反思，引发激烈的讨论。《方案》对历史提出了质疑，论证了如何构建持久和平。这种持久和平基于大国之间的协商，是典型的道德准则。方案从当时外交情况出发，通过神圣罗马帝国这种传说式的理念，推荐仲裁模式。仲裁基于宽容（尤其在宗教事务方面），批判战争，批评了国家之间所谓的"平衡"和"协调"，因为国家无力解决权力关系，国家存在的变数太大，受其等级制度及军事力量的影响。圣·皮埃尔神甫把国际关系与民众社会中存在的关系相提并论。卢梭在阅读了神甫的部分文章后，在他自己的方案中对神甫做出了猛烈的抨击。

因此，我们可以看出，在一段时间内对国家的关注大于君主及历代危机重重的统治。君主的名声更多地来自他在维护和平及发展外交方面的才华，而不是他好战的德行。在此，在重建秩序的经济学批判中我们发现一种社会准则和共同启示。任何战争体系都将导致专制，而和平体系则促进管理合理化，推动风俗进步——这是孟德斯鸠所主张的。同时，孟德斯鸠还主张推进经济发展。1728年，审查官阿迪翁拒绝以特权方式出版《方案》，因为方案把所有领土保卫的要求降到最低，并且提倡冻结边境活动。在没有参照上帝审判的条件下，圣·皮埃尔主张国与国之间以德相处，提倡理性地处理冲突。这是一个构建在那个时代进行协商的理念之上的外交乌托邦，但这同时也使得两种决裂具有了可能：一是与欧洲宗教根本的决裂，二是和君主庇护的决裂。和平理应战胜战争。①

---

① Bély.（L.），*Espoins et Ambassadeurs au temps de Louis XIV*, Paris, 1900, pp. 695 – 751.

18 世纪的国际关系对于可能出现的情况造成了直接影响,正如对军界的批判引发了军队传统形象的危机。这一危机具有三个特点:其一,法国没有遭到入侵的威胁;其二,冲突的现实情况有所改变;其三,军队的任务有所更改。

自从 1715 年后,领土保卫得到了确保,到处可见城墙和堡垒。分级防御体系保证了防御的实施,系统建设沿袭了沃邦的方式。1744 年 6 月,阿尔萨斯地区遭入侵;1746 年,普罗旺斯;分别在 1758 年和 1760 年登陆布列塔尼和诺曼底。这都是些暗无天日的进攻。法国人因此背井离乡,要么在异乡阵地上作战,要么在海上战斗。作战的战略根据实际情况而定。除非为了训练作战技术,入侵的假设都已成为现实。在《对波兰政府的考察》(1772)和《战术随笔》(1772)中,卢梭和吉贝尔强调公民的义务。这是一种转换舆论的修辞手段。当一个国家尚未动员起来,因为没有爱国主义情感,因为军队没有准备好,因为对将要发起的改革沉默不语,而可能面临被入侵的危险时,用爱国情感[①]引导舆论转换是正确的。

在 18 世纪的欧洲,冲突的现实境况有所变化。由于协商得以及时进行,冲突数量减少了。1720—1730 年间以及 40 年代都是如此。导致冲突的原因也有所淡化,因而冲突发生间隔也拉长了。一部分公众舆论表示不赞成战争:法国士兵们被派到德国,为了保卫不确定的王朝利益,他们在战场上奋战而牺牲,这难道也是"为了普鲁士国王"吗? 冲突之所以减少,还因为从保卫殖民地中获益的王室商人彼此间的利益被分化了,于是很难说服政府像大英帝国那样采取全面扩张的政策:加拿大公司和印度公司对糖的兴趣大过岛屿。简而言之,法国

---

① Chaoniot (J.), *Paris au XVIIIᵉ siècle. Nouvelle Histoire de Paris*, Paris, pp. 5 - 7; *Paris et l'armée au XVIIIᵉ siècle*, *étude politique et sociale*, Paris, 1985.

的行动是为了欧洲：亲近奥地利，在舒瓦瑟尔带领下退出了传统新教徒联盟，在不完全确定这些行动是否必要的情况下达成暂时的和平，推翻同盟国。此外，国家这个大集体，虽说每次的变动都让其动荡不安且元气大伤，但还是能较好地脱身，直到美国独立战争爆发。开支加大，一些部门痛苦不堪，但出路就在眼前，在太阳王统治时代，我们绝不会坠入深渊！每次危机过后，一切又会很快恢复发展。沉重的税收并没有使生产受到严重影响，国内贸易明显增长。[①] 争论不休的启蒙运动是暗淡时代的插曲，为此付出了巨大的代价，但胜利者仍有利可图。在这个时期，经济结构并没有被改变。我们从灾难性的战争走向了附带的战争，而后者是可以承受的，没有灾难，甚至促进了法国的长治久安。

　　战争虽然停止了，但军队显然可以在其他事务中派上用场。国内秩序恢复稳定，很少动荡。稳定关系到领土管理的发展，这方面也是王室当局一直注重的。1720 年，对司法部进行重组，对城市警署陆续进行改革——监察。在巴黎司法管辖区内，为了维护安全，军人可以介入辖区。在乡下，上千名骑警组织成特警队流动巡逻，行事高效。他们了解当地的情况，民众也熟悉他们。他们维护大路安全，维护集市和市场良好秩序，负责王室资金的运输安全，同时还保障发展环境和发展秩序。民众们感到欢喜，尤其感到这种军事化的有效服务需要增加。国家重新招收办公人员、干部、大批骑警、从军队到特警队，更好地加强纪律。在城市中，主要是在巴黎，军队出现或是为保证日常安全而出动巡逻队进行救助，或是去执行特别警务——逮捕重犯、对反对改革的高等法院派势力进行干涉，或在普通警力不足时去恢复社会秩序：如 1775 年在巴黎、1786 年在里昂发生的事件及其他地区事

---

① Leroy-Ladurie（E.），*L'Ancien Régime*，*op. cit.*，pp. 339－341.

件的处理。在这种演变中,军队、国王机构兵团组织、法国保卫士的角色转变了,军队重新觉醒,注意到政治和哲学的辩论。不被了解的军队开始发表言论。

军队和民众：批判与平反

　　两种运动共同改变了军队在国民社会中的地位：武装力量的深刻转变,社会自身需求的变化。在 18 世纪上半叶,军人的威望削弱了。在批判战争的言论中,在难以适应城市新条件的资产阶级自卫队的转型中,或在 1726 年拒绝重建自卫队的声音中,一种新思想萌芽了。关于重建自卫队,法国人可并不领国王的情。因为招募自卫队只会给大量家庭和社会团体带来额外的花销,根据规定,所收缴的金额将支付给被招募入伍的士兵或他们的替代者。抽签招募的方式引起不少骚乱,尤其是在强制设立相关行会时,如梅内塔于 1757 年经过波尔多时就引起了骚乱。对自卫队的抗拒对应的其实是对征兵管制的排斥以及对战争时期四处征战被迫背井离乡的拒绝。于是,除了 1778—1783 年战争期间外,从1763 年之后自卫队就逐渐缩水了。

　　虽然贵族的忠诚和魅力仍然保持着军队的正常运转,但军旅生活对军官和部队的诱惑却在减弱。这种军旅生涯中的颠沛流离侵蚀着军队的恒心和志向。另外,就像军队汇编资料中所揭示的那样,在诸侯领主和平民百姓范围内进行的传统征兵活动中,地方部队中当地人参军的数量在逐渐减少。军队统帅在他们的村庄里再也找不到想参军的人来补充兵力了。驻军城市的入伍官兵中混杂着外地的兵力资源。这种现象在巴黎尤其显著。城市的吸引力对于军队中的农村兵有着相当的作用,它吸引着贫困者、潦倒者、冒险者,甚至暴徒。即使抛去压在沿海居民身上的阶级枷锁,也不能确定海军陆战队中的征兵活动是不是会更顺利。兵员不足是存在于陆军和海军部队的普遍问题。如果不招募外地人,这个问题就得不到解决。战争时期,兵员的20%都来自外地,这个数字超过200人甚至到30万人。

信心不足、斗志丧失的军事危机随着罗斯巴赫会战的失败及其产生的负面影响而达到顶点。城市征兵遭到指责。如罗斯巴赫会战中,部队是由"社会上最卑微的和最不起眼的人"组成的,是最低贱人群的聚集地,是地位最卑微群体的临时接待站。为了乡村和城市人民阶级的利益,中产阶级逐渐减少了对征兵活动的参与。阶层差距使得复员军人中的放纵可耻行为、敲诈勒索和犯罪行为呈上升趋势,这些行为受到了更严厉的谴责。

两种举措使得军队地位在其孤立无援时得到了巩固。一方面,军队随着舒瓦瑟尔和圣-日耳曼的重大改革而趋向职业化。强迫士兵执行长时间的服役并加强了纪律管理,这是使军官和士兵之间的不良利益关系得到改进的唯一方式。"奴隶地位"令军队内的一部分士兵和不赞成将法国士兵普鲁士化的开明人士充满愤慨。同时,军队里产生了等级观念,出身平民的无能人士总要为军队失利背锅,只有那些有钱或是有优待的人才能成为军官。例如军队所颂扬的骑士美德、荣誉、作战勇气均不属于平民士兵。国王和国家被敦促要满足贫穷贵族或没落贵族的需要,这也是弓箭骑士(chevalier d'Arc)自1756年在《军事贵族或法国爱国者》一书中提出的需要。军队以前是"非军事部门",不穿制服,是绝对君主制用来剔除某些高官的发配之所,接受凡尔赛宫里战争事务国务秘书及其代理人的控制,由血统高贵的士兵主导,但他们不是职业军人,因为他们的军旅生活短暂而不规律,他们奉行服从和节俭,渴望最终的军事化。作为解决社会问题和与其他社会群体有关问题的保障,军队最终反映出所有问题。

弓箭骑士,混杂着波旁家族的血统,在一次由有关18世纪50年代奢侈品和商业的讨论所引发的争论中发表了见解,这从前面提到过的修道院院长夸耶的作品《商业贵族》(1756)中可以读到。其中心思想是调和商业与贵族之间、旧王国与新经济之间的关系。"法国爱国者"的回应则揭示出部分贵族反对贪财重利的商业行为——否定公正贸易的品德,用金钱可买通社会关系,高善品行与出身门第间的关系难以协调。"利润经济"受到谴责,人们呼吁进行道德的转变。

> 为什么我们总是觉得统治者的恩赐如此微不足道呢?难道是因为这些恩赐不足以维持日益增长的奢华生活吗?让我们在抱怨之前先衡量一下我们必要的体面,不要高估它,那样我们就不会再抱怨扰乱我们生活的这份浮华了。无论贵族是否理应如此,但愿贵族值得享受这份奢华,但愿贵族并没有在这样一个公正严明的政府统治下因付出却无回报而感到担忧。贵族只需鼓足勇气,饱受忍耐来承受无期的等待![1]

呼吁"预判的价值"(valeur du préjugé)在 1776 年和 1781 年圣-日耳曼的各种改革中均可听到和看到,阻碍了贵族和富民的发展道路。"贵族的四个等级"(quatre degres de noblesse)既不能解决贫穷贵族的问题,也不能满足职业性的需要;但这四个等级使得一部分近期受封的次等贵族和相关的资产阶级非常愤怒。

从军人哲学家到教育救世军

在旧制度后期,新的整合打破了军队的孤立。这一举措经历了复合式的进程。在文化方面,使军队在社会中起到积极的作用;在教育方面,

---

[1] Chevalier d'Arc, *De la noblesse militaire*, Paris, 1976, pp. 97 - 98.

促使其行为发生改变。

首先，一些军官来自艺术、科学、文学领域。在巴黎和外省的科学院里，他们成为一个显要的征兵团队：平均占总参军人数的 10% 到 20%。在驻军城市比例较高，如梅斯、格勒诺布尔、布列斯特、瓦朗斯；在议会城市较少，因为"军队总是蔑视参议院"（armée méprise toujours le Sénat）在学术机构占据主导地位。对于类似拉克洛这样的人，这是强行进入当地社交阶层的方法，在拉·罗谢尔也是如此。对于卡诺来讲，这是一种智力反思的方式。对于部队来讲，在布列斯特的海洋学院和"大军团的先生们"（Messieurs du Grand Corps）在一起，或是在马赛和"战船上的骑士们"（Chevaliers des galères）在一起，是集体认同的行为。假如文化和军事是不相融合的，假如众多军官和伏尔泰以及卢梭的思想是相符的，假如更多的军人还参与到学术活动中（科学院 36% 的寄宿生参军，其中包括沃邦、贝利多尔、沙贝尔、伽利索尼尔、博尔达、埃斯特雷海军司令、卡斯特里公爵、黎塞留，以及马耶布瓦），那么在所建团体中他们将更加自如。人们已经在部队中发现，在 2 500 名巴黎参军者中有 53% 的军官是庞提耶夫团（régiment de Penthièvre）的，20% 是国王梅松团（Maison du rois）的，而且其中有 50% 是军事共济会（maçons militaires）的。在各种各样的社交圈中，以公务和荣誉为基础的军队传统派，同社会效益、慈善，通过学院和共济会实施改革的理想派，进行了融合。军人成了哲学家。他们对艺术和社会改革进行撰写、思考，在战争中捍卫人道主义，倡导有益的和仁慈的士兵形象。军队力图拉近与民众的距离，并参与对抗鼠疫（1720—1723 年普罗旺斯）或加入民生工程，例如开凿运河工程。在巴黎，法国卫队扮演着多重角色，报纸报道了他们乐善好施的功绩。但是有些称作启蒙社会的军队，根本没有为重建国王的辉煌和人民的护卫关系做出贡献。

更确切地说,应该强调,通过强行征兵和教育,军队发生了有利的改变。首先,通过管理方面、武器和公务方面的内部合理化改革,军队成为一个具备检查、评估职能,胜任演习和人员操控,制造标准化弹药的领域——启蒙社会的军队为更好地生产作出良好典范。在布雷斯特、罗什福尔、洛里昂、瑟堡,海军船坞从 17 世纪起就为城市规划和船舶制造机构提供了范例。这是通过战争创造的船舶工程业绩。同时,国王的工程师团队①在梅济耶尔学校(École de Mézières)已经成为军队科学改革的先锋。这是一所教育学校,也是培养像蒙日、费里、博叙修道院长这样的教授学者的基地。尽管学校的 542 名学生在三月工程中受到限制,但他们在国内具有深远的影响。在这些国家的军事学校中,军队不是直接对学生贯彻学校以外的教育元素,孩子们都是从商业中学习这些知识的。

而且,军队促进了原本分散于国家内的各项经济活动,如马匹畜牧业、草料市场、呢绒市场、兵器、冶铁、制造工厂。同日渐控制战争的管理者如军需官和财务官相比,军事预算也盘活了获利资金的周转。军营、军事医学和军事外科学都成为改变军队举止的"机器"。制服本身改变着军人们以及他们的愿望。通过广为流传的写作和阅读资料,以及保持的社会和地域优势,军队恪守了严明的纪律,同时也提供了宽广的发展平台。

军队和君主之间的新关系就是这样建立的。尽管受到启蒙思想的洗礼和影响,但军队在社会关系和意识形态方面产生了分裂,它越来越偏离拥护王权的基本方针。它扮演着国家主人、平民保护之父的角色,成为一个富有争议的领域,不再唯王命是从。

---

① Blanchard (A.), *Les Ingénieurs du "Roy"…*, *op. cit.*

公正　安全　救助

自《规训与惩罚》[1]一书问世之后，我们认识到应该从政治历史角度，即从权力关系方面来审视惩处手段的演变：或惩罚人的躯体，或鞭笞人的灵魂。诉讼程序及刑法细则等司法条例也显现出君主制统治的政治理论，因为被控告还是被判刑均从政治社会关系出发来确定。法院和司法机关都质疑现行法律这一集体文化遗产，因为这是平衡社会群体的"风俗习惯"与国王及国家的"法律"两者之间关系得出的并不稳固的结果。其中有统一协调规范与行为的要素，即在遵守司法原则的前提下允许司法机构灵活处理。

在涉及从个体到公众、公民到罪犯等所有社会团体的关系中，国王处于核心地位。勒内·路易·德·瓦耶·阿尔让松曾解释说，法官的合法义务同国王的权利相抵触：

> 严格意义上讲，君主制被理解为一个唯君是从的政体，除了他的统治权力之外，没有任何权力能凌驾于其政府之上……君主制就是一言堂的政府。相对于主权而言，他更重视国家财产，因此他自认为就是国家的最高法官。[2]

领主式君主和法官式国王间的关系在 18 世纪依然制约着权力的施行。这种关系同样植根于公共财产理念和现代政府的建设中，其中现代政府充当着冲突的仲裁者，他们尊重和仆人签订的合约。司法秩序的现

---

① Foucault (M.) *Surveiller et Punir*, *naissance de la prison*, Paris, 1975.

② Guéry (A.), Descimon (R.), *Un État des temps modernes*, *op. cit.*, p. 455.

代化过程之所以漫长且充满危险，因为这牵扯到君主制下既定权力的重新分配：领主式君主是众多审判者中的一个，法官式国王是众人之中的最高行政长官。这一古老的文化冲突永存于法学家和领主的最高权威中，然而最关键的却是将人民和公正结合起来。

这种关系在 18 世纪发生了变化。这种变化体现在森然林立的司法等级范围内，也体现在哲学批评方面，要求缓和压迫，实施可能的改革。此改革旨在终结权力过度惩罚的不合法性，并与社会团体更加细致的要求相适应。最终，在司法和治理范围内既受到了法定干预的深刻理念演变的质疑，也引发了人们关于容忍和宽容间日益扩大的差距的思考。这是御旨的问题，也是监禁贫困者的问题，是通过改革者实施的道德和法律争议。至于说到源于却未结束于 18 世纪的有关国王是仲裁者和公正之源的说法，显然是失败的、有缺陷的。

国王的公正　法官的公正

这场争论首先源于对司法体系内部的分析。让我们回到最主要的原则。① 国家并没有受到司法的绝对垄断。通常，国家司法体现出了法院和分级组织的金字塔模式，在它们间存在着竞争的关系。王权的干预经常会抬头或者反复，但是由于司法原则对于国王领主、当权者和大法官的限制，尽管他们有时候会出格，通常情况下王权也能确保采取措施保障公众安宁。在得到认可的司法领域，国王现在是个囚徒。因为自从中世纪后，其权利一再地被削弱。但是在 18 世纪的法国，司法机构数不胜数，其中最主要的是属于领主的司法机构，此外也有教会（宗教裁判

① Sueur (Ph.), *Histoire du droit public*, XVe – XVIIIe siècle；t. I：*La Constitution monarchique*；t. II：*Affirmation et Crise de l'État sous l'Ancien Regime*, Paris, 1989, 2 vol.

所）、乡镇的，以及干预商业秩序的商事裁判所。

领主们的司法机构是根深蒂固、普遍存在的，处于各种日常活动和基本关系的核心。在巴黎，据统计每两到三个教区就有一个领主裁判机构，但规模很小，且只在其管辖范围内有效力。在多尔山地，作为缪拉和普朗沙采邑的拉图尔多韦涅庄园重组了众多教区，并任意打破了众多界限。这样做并没有引来我们所想象的麻烦，因为行为轨迹是永远不变的。① 什么地方归哪个法官负责是非常清晰的。王权的介入在于通过以下措施统一这种混沌局面：确定录取仲裁者的条件，增多王权案例，增强对案件的预警，通过申诉程序监察领主间的联合，并于 1772 年对那些转移给皇家法官的案件收取费用。国王不能完全看清上述机构的瞒报现象，因为他本应该削减贵族的第三占有人权力，或利落地解决这一分布广泛的和被煽动的群体。即便是突出他们的偏袒和无能，领主们特殊的司法机构依然会运转。因为他们保证了适度但却起决定性作用的调控。这符合了稳定社会、解决国内及与邻国冲突的需要。

皇家普通法院体系——基层法院、上诉法院、最高法院（只有巴黎不设上诉法院）——则呈现出另一番景象，它们在城市架构中起着重要作用。大大小小的法官组成了一个纷繁的法官世界。据统计约有 2 000 多名基层法院法官；100 多名上诉法院法官，其中包括 60 多位更具权威的初等法院法官；13 个最高法院，其中巴黎最高法院最大也最重要，但却并不是最具代表性的一个，还有十几个主权法院。总计有几千名法官，在他们周围还有几千名杂役、书记、小法官；再加上 20 多个财政法庭、最高大法院、河流森林法庭、海军法庭、军事法庭、陆军统帅以及元帅军事审判庭。

---

① Guillaume（E.），*Justice seigneuriale et Vie quotidienne dans la vallée du Mont-Dore*, Clermont-Ferrand，1992.

单凭以上的列举我们就能想象出当时司法的错综复杂以及诉讼人的不知所措。造成这种现象的原因是司法机构有三种不同的来源：一部分是王国历史遗留下来的，不可触碰，否则就是质疑习俗与惯例的参照作用。另一部分则由特权系统支配，特色化行政司法存在的必要性在此与君主制的信誉联系起来。还有一部分与君主制下的行政体系发展息息相关，新的行政机构对自身内部的诉讼具有裁决审判权。司法机构既深陷贪污受贿的泥潭又受到传统的约束，自然不能为被一些人所主张又被另一些人以特权自由为名竭力反对的理性创造良好的社会条件。让我们听听孟德斯鸠的观点：

> 在专制国家里，国王具有审判权。而在君主制国家则不然，否则宪法会被破坏，依赖宪法生存的中间权力将被毁灭。审判程序终止，恐惧蔓延，人们面孔苍白，没有信任，没有爱，没有安全感，也就没有了君主制。

怎样更好地描述国王司法与法官统治之间在"由谁来审判"和变革的可能性[①]等问题上的冲突？在此我们仍能看到孟德斯鸠所维护的封建情结与贪污受贿的交错。由谁来审判？怎样审判？一切都受到人们的质疑。

但是在重申国王司法的原则之前要强调两点，因为这两点增强了法官们的权力：特色主义得到维护，法官所起的文化作用得以彰显。尽管司法程序已日渐统一，尽管人们感觉到唯一合法的法典编纂——激活了人们对于诸如居约、梅兰、布歇·达尔吉等知名大法官的编纂工作进行思考——对法官们来讲越来越显得必要，尽管法庭从"阶级理论"

---

① Montesquieu, *L'Esprit des lois*, *op. cit.*, VI, 5.

中——在危急时刻发挥作用,也是君主制完全反对的——以联邦制作为参照,而更重要的是多元制和法庭的独立自主。即便得出如同伏尔泰指出的"矛盾、不确定和专断"的结果,取消或是限制法官们在执行权力时的主权已经不再可能。由此造成两个结果。首先,每个法庭都有其特殊性,是当地利益的保护者。法官们的纷乱各不相同,当然也不能与巴黎相提并论。其次,也许更严重的是,下级司法机构在进行申诉和执行逮捕时表现出的无纪律性,彻底打破了等级观念和法官的权威面孔。这一点也常被主张中央集权者们拿来佐证自己的立场。罗贝尔·芒德鲁曾经在巫术①案中加以证明:在新近的 17 世纪和 18 世纪的一些案例中,在案情不够清晰的情况下,法官大多以维护国王的利益或是当时的利益为宗旨,选择另辟蹊径或是遵从惯例。

但是变革因其突出了法官在整个社会中的文化意味而显得更为重要。这个群体不仅限于法庭工作人员和大法官们,还涉及律师、检察官、各种各样的公务人员等主要人物周围的小角色们。在外省的大都市里,法官们不再孤立于自己小小的审判席内。他们属于知识分子精英阶层,得益于爵位和财富的积累,他们已经成为特权阶层。在执行权力时,他们需要考虑时代背景下的社会要求,并避免仅凭偏见做出判断。在启蒙时代法国的文化生活中,在巴黎如同在外省,他们接触各式主张思想运动的人物。在波尔多、图卢兹和第戎等地,学院的礼袍搭建起智力的架构,社会文化特权的精英主义正在经历革新。法官们占据学术院正式院士的48%。在这种背景之下,还应了解体现这个社会特点的家庭关系、职业关系、图书馆的使用等。在此提出的问题是要了解与司法无关的这些杰出活动是如何影响他们的司法生涯的。罗贝尔·芒德鲁在 17 世纪和 18 世纪初做出了回答:对新法律原则的愚钝嘲笑既不能证明其无知

---

① Mandrou（R.），*Magistrats et Sorciers*，Paris，1968.

和偏见，也不能证明其智力要求。18世纪中期，从巴黎到外省，在艰难的争论中创新一直是讨论的焦点，这种争论主要集中于合理化和科学要求问题上。在司法领域、知识领域甚至政治领域中，没有一成不变的解决方式，而是不断变化地相互影响。

国王的司法：监察与惩罚

在路易十四到路易十六统治期间，"在上帝、我（国王至上）和公正之间，没有法律"的原则允许了中央的干涉。凭借议会和其议会委员所起的作用，国王成了最高审判者。提审和诉讼撤销使得各类纠纷得以调解。委员审判和司法分庭审理开始了。如在1717年，为了镇压瓦朗斯走私活动设立特审法庭，审判了芒德兰；1733—1785年间，在兰斯、索缪尔、巴黎、卡昂，法庭通过临时批准设立了委员会特审法庭和总督特审法庭，使得行政诉讼开始流行。与此同时，藏在国王背后的官僚们成了审判者和诉讼当事人。

这正是孟德斯鸠在《论法的精神》中第六章所揭示的"君主的审判，往往是无数不公正和权力滥用的根源所在……"这亦是秘密逮捕令的象征所在。密令是重要的特留司法手段、主要的政治和纪律干涉工具、纯粹的政府举措、把抗议者投入监狱的举措、所谓的为了公众利益和阻止"家庭骚动"的警察行动。而对"刑事诉讼"漠不关心则与一定的社会状况、与我们当今时代截然不同的家庭关系相关，这是家长制司法最极致的展现。国王仍是家庭的保卫者、公共秩序的缔造者。而在这种公共秩序中，禁忌就是对所有的挑战，对社会生活、风俗、上帝、国王本身的挑战。最高司法部和司法部管理对著作的查禁，逮捕由警察负责，主要是巴黎警察，逮捕并不在法庭的管辖区和国境上实施。普通法庭运行不良，胡乱增权，重罪法庭的设立，导致了危机的发生，引发了诉讼和刑法争议。

近 40 年来,对犯罪历史的重新编纂使人们隐约察觉到了问题的复杂性。人们同时也看到了规章的变更、法律的诸多调整及犯罪行为的加剧。人们会认为这一切的变化完全是巧合。这些变化尤其显示出了与司法求助的紧密联系。根据图卢兹法院统计的上诉案件犯罪率显示,在一个人口为 300 万的管辖区,每年上诉案件从 100 起增至 300 起,"这个统计数据并不算多,即便加上那些重罪法庭尚未宣布的案件"①。同时期的英国情况要严重得多,犯罪 200 多起,而法国仅为 100 多起。在萨里郡一个人口为 8 万的教区进行了 10 次判刑,相当于朗格多克省 22 个教区的判刑量。这一切都在君主控制和司法特权之间,却在地方范围内上演:中央君主制约控制了司法,而诉讼却是地方的人事——普通官吏、领主官吏或皇家官吏。警力的缺乏和陈旧的侦查把骑警队行动局限在了监察活动,使所有诉讼案件仅限于当地证人。

用较少的代价,司法结束了暴力行为,司法强有力地限制了犯罪。除了病态案件、心理异常和精神失控性质的犯罪行为之外,罪犯都可能受到减免刑或通过协商解决。其余犯罪如盗窃、暴力行为和各种危害社会的罪行,都属于社会犯罪。司法干涉具有局限性。如司法通常更倾向于选择外国人、孤立的人、异常的人。社会群体生活需要和谐,由于城市扩大、地域流动性增加、人口飞速增长,打破了这日常惯有的关系,和谐因此受到了破坏,摇摇欲坠。违法行为常在一定年龄或有特定生活方式的群体中发生,然而地方群体已失去了上诉的控制。这些危险阶层流浪游荡、贫穷落魄,他们要求进行司法改革,企图走出这种困境的压制:取消或释放被告,同时必须改进调查方式。

同时,在对诉讼的研究中我们发现另一种过程:犯罪暴力减弱,司

---

① Castan (N.), *Justice et Répression en Languedoc à l'époque des Lumières*, Paris, 1980, p. 299.

法也随之从强度上减轻了处罚。攻击个人的犯罪有所减少,如谋杀、人身伤害、袭击;而攻击资产和所有权的犯罪有所增加,如盗窃、欺诈。较轻的犯罪已退出了犯罪舞台的大前方,但并非消失,而是意味着以其他方式存在。两个世纪以来,通过教会和警署努力地推进风俗文明,使其强度亦有所改变。18世纪前期和中期,重大犯罪的结构发生了改变。由匪帮老大拉菲亚、芒德兰和先前的卡图什带领的黑帮组织,因被警方严密追捕而解散。轻罪变得更加具有流动性和个人化。在一个富裕社会,更多的财富使犯罪由人身攻击转向对财产侵犯;群起事件和集体抗议等表达人民和社会团体心中不满的行径渐渐趋于边缘化。从司法和镇压的角度来看,犯罪级别并没有减少,但可以肯定的是目标[1]和诉讼有所改变,通过改革"轻罪和刑罚"(délits et des peines)以获得更高的效率。从1775—1786年,巴黎最高法院中四分之三的轻罪为财产侵犯;从1750—1789年,财产犯罪占到图卢兹的一半以上;1760年,占第戎犯罪的三分之二。处罚根据比例而有所不同。自上而下,从最高法院到司法执行法庭,死刑有所减少,监禁增加。毫无疑问,在这次大变化中,城市化和风俗文明发展起到了很大的作用,促进人们对改革进行反思,并质疑犯罪危机的预防和援助方式。

从改革到社会控制

法学家和哲学家对王家权力进行批判,揭露了这种王权司法的弊端,认为王权确定了绝对权利和义务,使其可以用最严厉的肉刑来进行惩罚和报复。公众开始不满于司法系统的独断和失职。在一些悲剧性和悲惨的案件中,公众异常愤怒。"著名诉讼案"(causes célèbres)——一种借助偶发事件中的悲惨因素而形成的新形式,又融入了传统的具有

---

[1] Foucault (M.), *Surveiller et Punir...*, *op. cit.*, pp. 78 – 79.

说教与辩护意义的"极刑文字"特征,越来越多地呈现在读者面前。新观念的传播伴随着三个特点:首先,通过多样的文字形式来进行改革;其次,通过系统的新闻传媒来进行权力结构的新解读;最后,通过某些事件来反映文化的二重性,其中典型案例是由彼昂研究的卡拉斯事件。

渐渐地,建立刑法成为广泛的共识。刑法定义了判刑和重罪的法则,对审判者的权利给出了清晰的规定,以便更好地保障个人安全和维护公众安全。司法和文学改革成果很快就扩展开来,波及大众;被来自相同领域的专业工作者、法官、统治者所采用,成为促进刑法改革的表现方式。这也得到了政府的鼓励,在 1788 年 5 月法令序言中,拉穆瓦尼翁就要求公众共同参与到改革的各个方面中去。刑法改革接替了伏尔泰的抨击小册子的胜利,卡拉斯、西尔旺、巴尔骑士事件的发生使伏尔泰和卢梭获得启发,进行更深入的思考;尤其是参考了一部十分重要的著作《论犯罪和刑罚》,该著作由贝卡里亚于 1764 年在托斯卡纳利沃诺所写,莫尔奈神甫于 1766 年开始翻译。

从此对改革的召唤一直持续着,1770—1788 年发生了显著的变化。一方面,伏尔泰参与对抗,引发诸多令人震惊的事件,揭示对法官的难以容忍,使得批判不仅仅限于司法范围内,而扩展到了宗教和政治领域。不具有任何政治宗教色彩的十多起事件推动了先前的分析判断,把更多平民,如仆人、穷苦的农民、马贩子、士兵卷入历史舞台。有了他们的参与,对抗得以顺利进行。这些令人震惊的新事件影响巨大,公众游行就此产生,人们对司法和诉讼的信心大减,越发相信法律的原则。另一方面,大量热衷司法的人,如伏尔泰、贝卡里亚,更难能可贵的还有大法官孟德斯鸠、西尔旺、埃利·德·柏蒙和律师兰盖公开表态,发起了一场司法界真正的变动。四十多份册子从法官们如米亚尔·德·乌格朗、律师拉克泰勒手中发出,包括非此专业领域的人士如医生让-保罗·马拉、孔多塞侯爵。这是学院派的世界,诸多司法竞赛在沙隆、阿拉斯和马赛进行。在那里,众多革新者演讲宣说,如布里索、杜巴蒂、罗伯斯庇尔、特罗斯纳。[①]

改革中,从贝卡里亚到大革命前的启蒙运动革新者,提出了许多新的主题。一些人认为要从深处变革司法系统,对刑法进行全面设定,刑法要建立在个体自由、个人责任、理性之上。1784 年,罗伯斯庇尔在梅斯就"加厚罚"(peines infamantes)撰写了论文,还有马拉和他的《立法方案》,以及布里索在沙隆和伯尔尼的行动。其他人受司法部长改变行动的启发,仅满足于改变现存的司法系统。而米洛麦斯尼尔(1774—1787)、拉穆瓦尼翁(1787—1788)加强了对法庭和逮捕控制。他们还废除了审前拷问,鼓励劳动群体展开工作,支持哲学团体在杜尔哥和马勒塞布进行活动。在那里汇集了拉克泰勒、菲利宾·皮埃帕布、年轻的布歇·达尔吉、布隆代尔、弗朗索瓦丝·玛丽·维尔美。

改革主要意图在于让思想多样化,使镇压非宗教化,加强犯罪和宗教罪孽间的区分界限。所有行为人对于刑罚都持有一种只求实利的观念。就伏尔泰而言,惩罚理应服务于社会,这将缩小死刑的涉及范围。正如贝卡里亚所主张的那样:减少死刑。一些法庭的法官们已开始宣布减少死刑。然而,即便公众都愿意减少酷刑、普及刑罚,但仍然缺乏勇气和胆识,远比不上意大利岛国的那份勇气——他们于1787 年通过了里奥波得法(code Léopold),废除了死刑。最后,在诉讼程序上,改革家们迈出了最为谨慎的步伐。一些改革家仅配给被告一个律师。而除了那些要求设立陪审团的改革者如杜巴蒂之外,证人的概念基本没有提及。

总的来说,在这方面我们正处于社会评论最活跃的环境之中,但并

---

① Schnapper (B.), *Voies nouvelles en histoire du driot. La justice*, *la famille*, *la répression pénale*, *XVIe – XXe siècle*, Paris, 1991, pp. 186 – 205.

没有刑法创立者们如意大利的弗雷格雷、英国的边沁①那种革新之力。他们并没有解决左右为难的困境：究竟是应该先进行社会改革还是先进行司法改革。他们仅满足于两个主要方面：一方面用更为确定和平和的方式修正刑罚；另一方面进行社会建设，避免重犯及犯罪的蔓延扩大。改革同样应该在司法部门内部实施，使权力得以重组，司法布局更加合理。批判的宗旨在于使得审判权不再属于各自相对独立的地方司法特权，而是应具备"公众机构连续的效力"。②　与此同时，批判应该转移目标，改变规模，使其在社会中达到更好的效果和得到广泛传播，重建已受威胁的社会公约。

在这样的前景下，我们不得不承认，对适应社会做出的内在努力产生了消极影响。卡拉斯事件就是个例证。新教徒让·卡拉斯是一个富裕的地毯商，被控告谋杀其子马克·安东尼，但其子可能是自杀。然而事情真相和一连串的不幸把卡拉斯推向了车轮刑。在没有充分证据的情况下，当局和舆论倾向于坚信，卡拉斯出于恐惧、出于他已和儿子断绝关系的事实，策划谋杀了其子。但卡拉斯直到被送上绞刑架，从没有承认其罪行。这起事件沉重地展现了两个不幸的命运。

首先，在对反新教徒镇压的后期，城市里充斥着狂热和盲目。图卢兹的法官们宣判马克·安东尼为殉道者，他的遗体由教士陪伴着在庄严的仪仗队中穿过，其后尾随着巨大的人群。卡拉斯事件使公共危险出现在天主教社区，无预料的灾难、意外暴力出现在这样一个城市，这个城市对暗含的宽容漠不关心。而一旦危机来临，这种宽容再次回落。图卢兹的上层社会那时向启蒙运动者开放了它的博物院、戏院和学院。洛梅

① Schnapper（B.），*Voies nouvelles en histoire du driot. La justice*，*la famille*，*la répression pénale*，*XVIᵉ - XXᵉ siècle*，Paris，1991，pp. 202 - 203.

② Foucault（M.），*Surveiller et punir…*，*op. cit.*

尼·德·布里耶纳借此鼓吹要宽容地看待案件事实,乃至是宽容地执行法律。

卡拉斯事件引起了开明阶层的关注。这是一个时代造成的错误,此为第二个不幸之所在,使事态变得更加严重。图卢兹的审判者远没有反新教徒的那种狂热,但他们被一种精神错乱所驱使着,而英格兰战争的威胁和1761年发生的罗谢特事件使这种混乱持续着。罗谢特事件还引发了人们对造反的恐惧,对新教徒农民起义的忧虑。虽说审判者给卡拉斯定罪,但他们并不盲目狂热。这种狂热引发了对加尔文派家庭阴谋的集体报复。就如同审判巫术那样,法官们完全不会容忍虚构荒唐的事物。而在他们所担忧的对抗王室的威胁中,要他们普通的审判者愿意去抑制这种宗教狂热的高涨,是完全不可能的。图卢兹天主教舆论谴责法庭的宽恕,而法庭坚决主张与宗教犯罪做斗争。自卡拉斯案件和罗谢特事件后,宽容由积极走向了消极。从此,一个新的公民社会呼唤宗教共存:公民的团结一致亦与之紧密关联。国王的司法形象让位于舆论。如果舆论如伏尔泰在《论各民族风俗和精神》(1765)中所言,没有产生法律,那么至少舆论再次证实了法律或法律的有效性。与当局的调整压制相比,开明阶层更害怕无政府状态下的混乱专制。

所有的暴力都是疯狂的,这个观点在旧制度留存的最后几十年里显得尤为突出。大监禁(Grand refermement)的失败,新兴力量对社会群体的伤害,内部调节的失效,使得不安情绪不断上涨。国王应该保护国民,正如贝加里亚所主张的那样:这种保护同时也是一种预防和教育。如果说犯罪是种边缘现象,那么,各种加速高涨的运动,连年来持续的危机,让人对苦难和贫穷进行了反思。普通救济院和乞丐收留所无法吸收不断增多的穷人,然而,这些穷人难道不是寄附于萧条的经济之下吗?[1] 通过经济

① Hufton (O.), *The Poor of Eighteenth Century France*, *1750 - 1789*, Oxford, 1974.

学家对财富进行比较、对需求进行分析,贫困的原因显得尤为清晰:贫富差距加大,37%的人工资低于必需生活费之下!人生来就贫穷,因为贫困而死。倾尽智勇,想尽办法,为的只是能够存活下来。犯罪不过是获取所需东西的进一步升级,非法行为和变异行为的界限因此被抹去。这也正是利用人们支持的裁判团诉讼程序中所揭露的关键问题:这时的赈济、驱逐出境的诉讼再也无法遏制不良分子恶劣行径的迅猛增长;贫穷造成恐惧,同时对富人构成威胁。

　　伴随着压制的规范化而来的是救助的世俗化。通过司法特警队,司法承担着消除犯罪发生的最显著因素。渐渐地,王室和城市机构也开始进行救助,救助因此成为一项公共服务。在巴黎,救助使社会精英们被动员起来去进行一场博爱的改革。但由于缺乏办法,舆论开始质疑什一税的目的。对穷人的管理问题并没有得到解决,在贫困和苦难之间、压制和救助之间、在提高道德和修正工作之间,这种管理并没有做出选择。因而,当救助成为政府的一个工作目标时,正是机构社会和宗教社会交接之际,亦是国王退位之日。司法和救助也让人们发现了一种空洞,这种空洞与人们在君主其他主要作用中发现的空洞是一致的。

第十章　叛乱的终结

在权力关系和社会冲突中,国王及其官员较之庶民显得更加睿智。随着差异化理论在古典时期的兴起,根据知识水平和社会地位划分不同阶层,广大民众相比之下表现得更为消极。这种区别在宗教和政治言论中尤为突出。

我们知道,无论从表面或是深层关系上,两个阶级之间都互有关联,存在交流。以如何解决贫穷问题为例,社会救济的去宗教化历经了一个漫长的阶段,其间人们转变了对穷人所占社会等级的看法;它也对应着不同社会力量的崛起,而普遍的贫穷无疑在社会矛盾中首当其冲,这使得宗教宣扬的反对改革论难以立住脚跟。用来定义大众与否的界线同样适用于对个人道德品行和行为举止的界定,以判定其是否属于民众阶层。这么说是有道理的,在下文中我们会看到,平民和臣民总是存在的。假使我们愿意承认古代社会的政治生活并不仅仅以占领导地位的精英阶层的举止和思想为中心,那么问题就很清晰了,即为了理解民众形象延续性和断层现象,我们必须接受这一观点。①

18 世纪的法国给了我们一个很好的经验。在之前的 17 世纪,黑暗和暴力提供了很好的学术辩论主题,历史学家们的观点也是针锋相对,他们宣扬或取消阶级划分,或建立社会秩序,鲍里斯和罗兰·穆斯尼埃是其中的先锋人物。从争论中不难发现,从 16—17 世纪,由于民众对王

① Nicolas (J.) (éd), *Mouvements populaires et Conscience sociale*, *XVIe – XIXe siècle*, Paris, 1985.

权的不顺从,法国的王权统治始终风雨飘摇,并不稳固,在政治、军事、经济领域都有不和谐的声音出现。上百起的农民、城市居民起义都证明,当一些针对"民众阶层"的税收新政出台,三分之二的臣民暴动的直接原因都是税收问题,最经常的是因为新设了税收名目。广大不满的民众是有足够能力对其作出"反应"的。和旧制度时期一样,这种运动几乎总能将社会发展引领到广大民众预期的轨道上。[1] 正如多菲内地区一位总督所言,社会的混乱和骚动总是由处于悲惨中的民众引起的,但是其发展却由两股不同的势力共同完成,即有势力的主导阶层和作为对立面的普通百姓。

1715 年之后,大规模的叛乱貌似都已平息,但放眼法国各地,在广大的乡村和部分城市中,运动仍在延续,只是更加不连贯、更加分散。民众的反抗说明社会意识正在发生改变。统治阶级和政府当局越是团结一致,原先富有爆发力甚至会导致颠覆的舆论造势就越弱。这一现象涉及不同因素:体现民众觉悟状况的文化、大众政治思考能力、社会归属以及经济生活的融入共同发挥作用,造成了对峙,同时又给出解释。

这些起义的规模和强度各不相同。农民和市民团体尤其活跃,他们掀起广泛的反抗,打乱了古代的社会秩序、阶层和习俗,从中我们可发现社会演变和宗教改革有着相同之处。两者都旨在通过实践活动和文化现实来识别不同的社会阶层,[2]而不同的阶层对应着不同的行为(主要是口头表达方面,也不排除书写方面的差异),但都属于社会适应过程中的离经叛道之举;简单来说,它们与主流社会所宣扬的社会准则是格格不入的。社会归属和觉悟水准在这方面几乎一片混沌,而危机动乱时期

---

[1] Hincker (F.), *Les Français devant l'impôt...*, *op. cit.*, p. 68.

[2] Huard (R.), Existe-t-il une "politique populaire"? in Nicolas (J.) (éd), *Mouvements populaires...*, *op. cit.*, p. 61.

与正常生活时期也不是泾渭分明，因为动乱期总把日常生活中掩藏的秘密公布于众。大众信仰和百姓社会行为之间也存在类似问题：当时所有的言论主旨趋于统一，或含糊隐晦，或夸大其词，总之，突出的是特殊性而不是普遍性，强调的是非理性而不是理性。民众意识的形成与习俗和实践息息相关，因为社会习俗与实践活动会限制、约束民众意识。根据官方所做的一些调查，例如奥里关于"民众的能力"的调研、皇家医学协会的回忆录、各地科学院举办的竞赛等，调查结果既反映了社会现状，也提供了一份改变社会状况的计划。从社会差异化的思考中我们能窥见各阶层民众各个方面的不同习俗；而从以往相关做法出发，我们可以研究民众政治能力在传统的政治代表方式下是如何得以体现的；再者可以分析出大众的社会适应行为本身的演变过程，从而可以明确民众造反与其精神道德管理方面的深层关系。

人民及其形象

二十余年来，以"民众"为课题开展的研究不在少数，与其他一些历史课题无异，此类研究最大的困难就在于如何定义"民众"一词与它实际所包含的内容。通过查阅已有的文献资料，观察对人口税收的分析、对经济生产和物质文化的来源研究，我们看到沉默的大多数人重新被赋予历史上的一席之地，而这些"大多数人"在政治大事记、历史文献书中是不会有记载的。随着对大众阶级研究的深入，许多问题应运而生，主要归结为他们在社会历史中的定义、定位及其处事作风。

"民众"一词不同于米舍莱和饶勒斯的学说，也不同于梯也尔、泰纳的传统理论，在分类学层面上已经失去了其共同价值。与社会标准的关系、边缘化、贫穷、罪行，此等种种界限更加剧了这种衍射效应，因为分界线并非一成不变的。然而，对于"民众"的定义，其目的并不是深究一时的未定型的百姓生活现状,而是辨认并阐释为什么在 18 世纪的社会辩论中"民众"得以占据如此重要的地位。那么首先就要有在精神表现层面研究历史的理念,这样的历史是备受争议和不断变化的。文字和图像资料中的民众千姿百态,所以和政府或警察机构留下的文献一样,它们也是同样珍贵的历史资料;虽然表现方式各异,它们也向我们传达了同样的信息,使我们可以看到古代的社会状况。下等阶层的说话方式向我们描绘了民众对社会的认知系统是如何从古代演变至启蒙时期的。通过对不同时期民众的观念、隐喻、语言的比较发现,民众的观念发生了转变,与此期间的其他变化共同影响着古代社会,并在经济、社会、文化各领域都注入了新鲜血液。

传统形象,被驱逐和被接纳

　　18 世纪末,人民的主权说甚嚣尘上。如果说民众从当时的封建专制中解脱出来了,但是所谓主权只存在于政治文件和一般法令中,那么它又有什么实际意义呢？历史的主要参与者——人民貌似已理所当然地获得了以往没有的尊严和地位,可是这些理想中的所得却并未实际出现。不只是广大的城市和农民阶级,甚至发起和推进起义的新兴阶级也没能捞到什么实际的利益。所以我们必须跳出历史来思考当时的文化冲突。学者的知识和文盲的经验说、民众普遍的精神状态和统治者的政治观点,这对立的两方面如何将其思想植根于社会,都表现了当时的社会文化冲突。我们知道,人民是沉默者;换言之,他们从未使用权力阶级、上等人的语言。上述语言是广泛的文字文书写作的中坚力量,从学论演讲到神学论著,从字典文献到法律条文,从演讲到回忆录,从小说到戏剧。所以说它们是可以决定社会思想走向的主旋律,但却并未被理论化。传统独裁社会时期,当时的学院学者和贵族阶级所宣扬的文化和知识里几乎看不到人民的存在。混乱的理论使历史学家无力从大量不同的声音中找出头绪,可有一个社会状态是肯定的:人民被视为怪兽,因为其身上带有差异化的各种特点,有些自相矛盾,甚至来自别国。而在文字上,民众的重要地位却并不因此折损。①

通过对当时使用词汇的调查,反映人民文学特点的几个关键词如平民的、卑鄙的、粗俗的、乞讨的、贫穷的、野蛮的、爱凑热闹的、下等的便跃然纸上。此等形象造成人民在面对贵族、神职人员、富有者、学者等上等人士时处于被贬低、被排斥的境地;换言之,两者之间是被统治者与统治者的区别,是下里巴人与阳春白雪的不同。于是尊严的缺失、劳动的需求(尤其是低贱的脏活累活)、政治上的附属以及贫穷的威胁就构成了广大民众的主要面貌。穷人的生活空间局促不堪,危险的边缘人群应受到保护,真正的穷人与所谓的穷人应仔细地被区别对待。这就需要掌握便利的划分贫富的标准,要对穷人作出较大的让步,转变方式,比如通过教育。尤其是确保每人都有工作来协调布施、赠予、驱逐等不同对待方式的标准。于是在同一个保证社会安全与秩序的环境里,真正的穷人和所谓的穷人得到了一视同仁的待遇。②

民众的社会角色可以是积极的,比如在经济生活中其价值逐渐被肯定,因为王国的财富积累有赖于每一个人的工作;有时又是消极的,比如在以被残酷镇压的叛乱为原型的画作中人民是悲惨的,这也是为了激起他们的畏惧心理。可不论角色如何,事实上都掩盖着当时社会的真实状况,特别是其法律体系中的"三级"。传承自希腊拉丁和基督教的遗产在表面上看来有些自相矛盾:贫苦大众的尊严只应当在适当的时候,比如提醒君王及其追随者履行慈善义务时才发挥作用。解决游民问题和

① Ronzeau (P.), *Peuple et Représentation sous le règne de Louis XIX*, Aix-en-Provence, 1998.

② Sassier (Ph.), *Du bon usage des pauvres. Histoire d'un thème politique*, XVIe – XXe *siècle*, Paris, 1990, pp. 62 – 105.

帮助穷人可以采取同一道旨意:"利用那些看似没用的人。"这里,富人捐赠的钱财和穷人创造的商业收入并不会对立,这就是重商主义者从荷兰的伦理道德范本中汲取范例所得出的主要论调。他们宣扬让被驱逐者重新工作,并因此而被社会再次接纳。因此我们能够看到对民众的驱逐和接纳同时存在:一方面为了区分统治和被统治阶级,后者的工作价值被否认;而另一方面,民众的工作被承认为"整个共和国赖以存在的基础",其地位得以肯定。人民的生产活动以农民最具代表性,已经成了某种范例,能够代表基本的道德能力。依据费奈隆和拉·布鲁耶尔的理论,理想状态下的优秀耕种者和完美工人,应当同时属于统治阶层和受奴役阶层。

18 世纪中期科耶神甫在所著的《论人民的天性》一书中也得出了同样的结论。还有骑士若古在百科全书中写道:"过去,在法国,人民被视为国家里最有用、最有德行和最值得尊敬的人。"①回想希腊和罗马对于人民的传统看法可以得出两点:人民可以参与对自身的管理,但这里的人民并非指所有人,如蒂托·李维②在其著作《集会场上的贱民》里所说的,下等人并非民众。他们具备理性精神,但主要是工作的利益对此起了主导作用。

　　事情的发展似乎有些过了,以至于民众自己也开始怀疑自己的生存状态:我们是牲畜吗? 这是在大众工作中经常会出现的一个问题。我们是牲畜吗? 民众! 很有可能是吧。你,管好那群牲畜。你,和动物一起到土地上去劳作。而你们所有人

① Fabre (J.), "L'artilcle Peuple dans l'Encyclopédie et le couple Coyer-Jeaucourt", in Coulet (H.) (éd), *Images du Peuple au XVIIIe siècle*, Aix-en-Provence, 1973, pp. 11 - 24.
② 古罗马著名历史学家,《罗马史》作者。——译者注

都应该知足了,至少我们没有让你们在贫穷里自生自灭。看,这就是政治赋予你的权利和哲学家所宣称的平等了。你期待身处宫廷的哲学家们可以看到你生活的悲惨环境?回答会是这样:去向人民讲述故事愚弄他们吧,因为他们只是具有人形的生物罢了。

一般民众对传统教义依然非常信服,而一个开明的教士则受哲学思想的影响开始对之不屑,从中可见基督教徒和劳动人民所信奉的宗教美德的传承性。而事实上,古老的社会契约逐渐走向瓦解。

君主专制统治下,出于经济考虑君主们具体的执政措施可能略有不同,但这和教会的共同点是他们给予民众同样的责任和使命。不论历史出身、种族差别,高卢人、法兰克人抑或是日耳曼人,也许他们的社会地位有所差别,但作为民众,他们都已经失掉了或者说放弃了自由之身。如同波舒哀在《圣经原文中的政治》一书中所写的那样,国王身负上帝授予的权力,这就是当时的社会契约之根本。这一理论将国王视作上帝在人世间的代表,所以他必须在政治、宗教和经济的各个领域都承担起"对其民众"理应担负的责任。这里"民众"一词采用复数,即是把同质的社会对象"人"看作了政治地位各异的个体。所以,有时王权与这些个体之间也会在政治上出现分歧和对立。从"单个的人"到"民众"并非一步之遥,由此产生了民众对统治阶级的屈服和顺从。大胆放肆的人往往宣称,国王生来服务于民众而并非与之相反,如格劳秀斯、波舒哀、贝尔甚至霍布斯都持此种观点。

这就是为什么在所有的讨论和政治定义中有必要使得民众和暴徒对立起来:前者明智且顺从,后者却是叫嚣着叛乱的乌合之众。18 世纪前叶的政治学家们,诸如圣·博尼法斯、索尔兹伯里的约翰、圣·托马斯,认同柏拉图和亚里士多德对于社会机体的理解,传承了中世纪神学家的理论,将社会结构比作人类的身体。不论从生理还是机体的角度,社会的良好运作有赖于统治和被统治阶级之间的融洽。换言之,头脑和肢体的和谐配合,以及双方必须各司其职,担负其义务。如此一来,民众的不满和反抗就反映了上帝的病痛和不适,因为后者乃是灾祸和不幸的主宰。

很显然,这种思想是把民众置于劣等的低级地位上的。认为他们的特征是原始性以及兽性,其行为举止往往受天性和本能支配,就好像西塞罗的水蛇、被驯服的兽群(驴子、骡子、骆驼、公牛、绵羊或是高级一些但比较少见的如马匹、猪和家禽);抑或是凶残或令人恐惧的动物,诸如野狼和狐狸;甚至是某些不受人力控制的自然现象,比如雷电和地震。在这种理论下,王权的干预是出于对民众暴力的恐惧,更是为了给社会划分等级并给予不同的地位象征。比如在文学作品中,不同的用词就好像某种符号,代表了不同阶层的人。像民众一词就是粗野、肮脏、丑陋、出苦力的,令人联想到破旧的衣衫和粗陋的补丁。这种政治社会以及宗教结构的实现,有赖于民众对稳定的社会的向往。他们渴望接受现状以换来生活的安稳,他们惧怕动荡,更憎恶政权的更迭。底层人民的言行举止多是被鄙视的,他们的形象和艺术特征倒也与之相符,往往很不入流。但即便地位低下,民众却也有其自身存在的价值和力量,他们的非理性的共性也是可以理解的。[1]

然则,以上观点随着时间的推移有所变化。比如在政治上,出现了"道德经济"(économie morale)一说,或称之为"基督教政治经济学"(économie politique chrétienne)。王权与民众之间的维系有赖于双方互有承担的责任和义务。前者必须施行"合理的统治"以确保后者得以生存;社会不平等的阶级不应存在,除非社会财富通过慈善和赠予得以重

---

[1]　Ronzeau(P.), *op. cit.*, p. 277 sq.

新分配。而一旦民众陷入穷困难以为继,则教会的政治经济政策便宣告失败。

波舒哀、费奈隆、沃邦、吉罗德·维罗蒂埃里都对此种"道德经济"心有疑虑,他们的质疑在 18 世纪初出版的《论警察与治安》一书中得到了回应。德拉梅尔所著的此书直到路易十六时代依然极具现实意义。为了不激起民众的不满和暴乱,统治者必须确保市场上始终有充足的粮食供应。在任何社会中一旦出现了生活必需品短缺从而导致社会危机,君王便会通过暴政镇压平息不满和抗争,这就是典型的家长式统治。

所有的法规、信仰和神话维系着民众和当权者。社会个体的幸福取决于国家机制的良好运作。所以执政者采取必要措施监督生产,保证商品正常流通。所谓平等,并非给予每个人同样的物资,而是分配给他们符合其社会地位的物品。所以,作为低下的、不堪的劳动人民,虽然必须劳动生产,却依然靠慈善赠予得以生存;而统治阶级的统治则是基于控制和管理赠予的。总而言之,民众不过就是不谙世事的孩子,他们轻信、愚蠢、胆怯,他们只会用眼睛看,靠着所见之物作出判断,而观察不到隐藏在表面之下更深层次的东西,理性精神是他们所不具备的。[1] 因此,所谓教育,也就是通过宗教神学把"服从"和"顺从"植根于人民的心中和行为里。[2]

启蒙时期的人民:被排斥和被驯服

启蒙时代的初期,旧有体制下的社会现象和其宣扬的道德标准并没有立即发生变化,然而文化表现上已出现了不和谐的声音,民众的生活

---

[1] Rochefort (C. de), *Dictionnaire général*, Amsterdam, 1685.
[2] Roche (D.), *Le Peuple de Paris. Essaie sur la culture populaire*, Paris, 1981, pp. 278 - 284.

方式以及他们对工作和娱乐的观念的转变引起了革新者的困扰。宗教改革家希望道德规范由教会制定;警察寻求良好的社会治安,希望社会监管更有效率,军需给养有稳定的保证(见上文纪尧泰或关于市政警察厅的部分);至于哲学家、道德学家和经济学家,则致力于理性教化在社会底层民众间的普及,以期令其更为合理。对位于统治阶层的社会精英而言,粗俗和低贱的文化恰好与民众卑微的身份相符。不管是从身体还是社会结构的角度出发,民众就是下等人。而他们作为上等人,凭借其特权过着无序的奢侈生活,挥霍无度,滥用社会财富。他们追寻所谓自由思想,宣扬异教徒死后仍然存在引发社会动荡的言论,他们更不会安排资金,对时间和工作也毫无意识和规划。于是,不论是在哲学还是非哲学领域,我们都听到了质疑的声音,是对社会和经济生活不平等现状的质疑,例如卢梭和他的后继者雷蒂夫或梅西耶(尽管后者的平等自由的主张已经不那么激进),而政治和宗教的掌权者们对此给出的所谓辩解无力且苍白。不管怎么说,随着民众的不信任情绪的滋生和对自身命运的忧虑,曾经根深蒂固的专制统治产生了裂缝。因为民众越来越频繁地审视和质疑自己的社会形象和社会地位。长久以来的等级区分仍然存在,只是它们更加细化,也更加繁杂了。显然,有些社会阶层是民众无法融入,也是他们永远不可企及的。

18 世纪的广大作家[1]在其作品中强调民众在某些特殊的标准下被划分等级,比如虽然他们不享受劳动成果,但他们是否广泛参与生产劳动,又比如他们是否是国家的主要消费者,这一点是布瓦吉尔贝尔提出的。此外,编撰《百科全书》的骑士若古、夸耶神甫和一众二流作家如回忆录作家巴尔比耶、阿尔让松侯爵、律师马雷和梅利耶神甫在这一观点上都与卢梭不谋而合。巴黎的医生在世纪末仍是旧制度道德规范的严

---

[1] *Images du people...*, op. cit.

格观察者——这一规范区分了勤劳的、劳作的、安静的人与不受管束、游手好闲、无所事事的人——而劳苦大众的道德准则才应是正道。整个18世纪中，在功利主义思想的引导下，当权者把无用的穷人监禁起来，而1775—1780年的经济危机之后，这种思想尤为风行。正剧中描绘中产阶级和民主阶级的悲剧，抑或塞巴斯蒂安·梅西耶写的喜剧中的主人公们，都是凭借其劳动和获得的财富才得以取得一定的社会地位的。可见，工作一方面使他们成为社会上不入流的阶层，另一方面却又是他们晋升的手段。

国家的统治者和地方长官并没有否认这一社会现状。他们观察底层的贫穷民众，然后在知识分子间宣扬这样的论调：贫穷的存在并没有脱离社会规范，穷人生来就应该是工作的，他们从属于国王而且必须向君主缴纳税款。[1] 恶劣的生存环境和对幸福的向往引导人民逐渐走向团结，意识观念的转变中人们开始思索贫穷的深层原因以及摆脱贫穷的途径。社会秩序的动荡不再是由那些不顺从的、游手好闲的穷人引起的，而是人们看到了社会的不平等。他们付出劳动且遵守道德规范，但依然贫穷不幸；而富人们却是理所当然地享受着人民的劳动成果。统治阶级给穷人的些许赠予逐渐失去了原来的作用，民众无法满意，因为他们了解了即便是穷人也有有用的和无用的、创造财富的和一无是处的之分。换言之，民众不只聚集起了一定的政治能量，而且意识到在所处的社会中好吃懒做的少数人压迫着品行良好的大多数人民。这种情况下，国家不得不改变其统治方式了。

臣民的工作保证了国家机器的正常运作，随着经济地位的提升，其价值观和道德观也很有可能发生巨大的转变。布瓦吉尔贝尔和坎特龙视人民为物质财富的创造者和主要的消费者，就大胆提出诉求，认为民

---

[1] Sassier (Ph.), *Du bon usage des pauvres*, *op. cit.*, p. 127.

众经济利益和个体地位必须得到提升,因为国家稳定就是由货币和商品的正常流通保证的。此外,梅利耶和其他作家如马布利、霍尔巴赫、拉纳勒都看到了富人对穷人的普遍剥削,也都认为民众应当有所行动以凸显自己的能力。

> 紧紧握住你们双手所创造的财富吧,所有这些可观的收获都是你们的汗水换来的。把它们留给你们自己和像你们一样的穷人。不要上缴任何财富给那个无用的政权,给那些懒惰的富人、高高在上的暴君和他的奴仆们。①

同样,经济学家们的研究,即便其理论各有不同——有人着眼于价值的定义,也有人研究奢侈和消费造成的危机,归根结底都是研究社会财富的分配,讨论富人和穷人的对立以及社会阶层和等级秩序。他们认为,社会地位的确立必须由个人的有用性即社会贡献决定;参与工作并不代表低下的社会等级,恰恰相反,它体现了一个社会人的价值。杜尔哥②和卢梭在这一观点上尤其一致。与旧有体制的决裂将从民众思想逐渐向具体行为和社会关系方面扩展。

但在论战中第二个诉求也应运而生。即便促使国家合理运用权力和担负起职责,即便承认了人民的有用性和工作能力,又按照人民的意愿发配社会救济并向所有人提供工作,问题还是没有得到完全解决,因为民众仍然被区别对待。贱民——人民的等级划分即是很好的诠释。这种对立由来已久,它还曾引起旧有体制下某些人的忧虑,毕竟其模糊的定义更有助于王权对臣民的残酷的、全面的独裁。而当最终两者定义

---

① Meslier, *OEuvres*, Paris, 1970, 3 vol., t. II, pp. 152 - 153.

② Turgot, Travail, *Encyclopédie*.

的模棱两可被广泛接受后,启蒙运动的思潮却宣称民众需要一个更为精确的定义。在政治空想中,以下同义词"贱民""社会渣滓""社会流氓"都是用来形容某些民众的。这是一群被排除于社会之外并可随时被抛弃被毁灭的群体。从路易十五到路易十六,一条区分的界限逐渐明朗清晰。一方面是参与工作的、具有思考能力并且忠诚的臣民,只是他们不享受政治权利,也不具备显贵身份;另一方面则是那些不工作和无用的失败者、游民,即使是启蒙的狡猾也没能把他们引导上"正途",那是"地下启蒙运动",是失败的教化,最终可能导致暴动和骚乱。

　　对于民众的清晰定义将其与贱民加以区分,已然成为启蒙时期政治文化领域的关键成果,这在许多知名作家的理论研究和词典中都有提及,例如孔多塞、杜尔哥、狄德罗;甚至在 1774—1775 年以及 1787—1788 年这两个大事频发时期的报纸中都有强调。如果社会上的贱民数量超过良好的民众,那么社会民众将永远不会拥有自由和幸福,这是我们在一份更早期的报纸《巴黎革命》上看到的。它写道:"在独裁统治下,只有贱民的存在,却几乎找不到真正的民众。而在一个自由的国度恰恰相反,只有良好的民众,贱民难觅其踪,这贱民一词完全可以从词汇表中擦掉。"从作者的笔下我们可以读到启蒙运动带来的两个重要转变。首先是对暴乱的控制和对臣民的教育;其次还有主权的变化和专制制度将被替代。①

　　随着君主专制的式微,除了经济观念和哲学思想上的转变,一个新问题在文化共享方面显现出来。传奇故事及其主人公、画作及其传奇性,都体现了某种驯服近在眼前的、现实中的民众的强烈愿望,比如《巴

---

① Roche (D.) , " Peuple des mots, people des images. Les representations du people de l'Ancien Régime à la Révolution. Peuple, plebe, populace ", *Revue française d'histoire du livre*, 1990, pp. 15 - 32.

黎的呐喊》。当时的画作主要以保守形象为对象（63%的木刻画都取材于18世纪），各式各样的作品也慢慢吸引了广大民众的注意力，人们对某些可视文化作品的兴趣愈发浓厚：细腻精巧的木版画、骨牌上平庸的人物造型、昂贵的陶瓷制品或珐琅制品上的花纹图案，甚至是上课时词汇游戏中的图形……总之，一种对文化的热情毫无疑问正在兴起，出现了越来越多的文化领域的消费。于是，书籍爱好者的藏书更丰富了，收藏家的藏品增加了。即使是普通百姓家里或路边小酒馆的墙上也挂上了画作，变得生动多了。路边此起彼伏的小贩的叫卖声，表明城市平民的生活正在发生转变。

很显然，最初的文化作品涵盖了旧时林林总总的典型人物形象：滑稽可笑的小商贩、埋头苦干的小生产者和那些生活在"窘困中的城市人"。到了17世纪末，虽然这种同时刻画各种不同人物的艺术手法在艺术藏品和小书册中依然存在，却日渐消逝隐退。另一种类型的图画作品适时产生了，它们表现的是对身体的了解和掌控，强调形体对称的美学观念，将更多的注意力放到了个体外表上。博纳尔就支持这种美学观点。他将民众的身体特征理想化，并视之为艺术创作的灵感来源。随着演变的进程，艺术家们更加关注对城市背景的刻画，并落重笔描绘人民的服饰衣着，平民阶级劳动者的经典社会形象因此初具雏形。同样地，此类画作也很注重表现街道的布景，并借鉴文章中对平民形象的阐述和评论。①

我们并不能简单地将精心制作的版画和坊间民众的画作加以区分，认为它们分别代表知识分子或普通大众的消费特点或文化作风。事实上，不管是艺术大家的版画还是民间普通的人物画像，它们之间始终是相互借鉴的关系。比如众所周知的作品《巴黎的呐喊》，它是由许多大

---

① Milliot（V.），*Les Cris de Paris*, *le people aaprivoisé*, *op. cit.*

画家共同完成的,包括布歇、布沙东、科钦、圣-奥班,表现的就是理想化中的民众的形象。人民逐渐成了某种时兴的主题,代表了文雅的肖像(布歇、弗拉戈纳尔);而民众本身却又是粗俗的个体,经常出现在通俗的文化圈子中,比如集市上的小剧场、马戏团门口的小丑表演,或是瓦代和卡约的文章、凯吕斯爵的书本以及塔科内的喜剧里。这种艺术代表了社会中不同阶级的普罗大众,而且其形式很容易受到外界变化的影响。

但是艺术家们似乎对民众更感兴趣,视其为灵感的源泉,因为后者的形象从来不会具体化且一成不变。如果以出身、财富、教育、稳定性和知识作为衡量社会等级的标准,粗野未开化的贱民总是一有风吹草动就狂躁爆发,容易引发社会恐慌,而城市中的边缘化人群和粗人鲁莽野蛮的举止语言也引发了类似动荡和不安。在艺术作品中,我们可以看到当时存在着某种不确定因素,它冲击着社会文明,以至于社会道德观和行为准则都变得含混不清了。然而,这种不确定性——不论是在工作中或是在行为举止上——演绎成了民众日常生活中的乔装打扮,还有富人们喜欢的假面游戏。

当时社会中,基于人们性格特点的行为举止、情感特点和风俗习惯都被归纳和类型化,使得艺术家可以将民众生活戏剧化,搬上舞台。也正是基于上述的类型论,艺术家、文学家、道德家和社会革新者——虽然并不了解贵族的生活状态——却可以对他们评头论足,发表自己的观点。通过对民众日常生活的观察而对其下定义归类,帮助统治者驯服臣民们,同时顺民们又得以在阶级分明的艺术和文学作品中占据一席之地。权贵们和民众自觉地保持距离,始终高高在上,由此,下等的臣民也有机会在远离执政者的地方成为美的象征。矛盾之处在于,即便底层人民,其对自身的观点也是:画像和文章中所描绘的民众总是粗俗的、小农的。这令农民和权贵之间产生了对立。底层人民作为文化界的新鲜血液带来了种种思考,使人们认清了穷苦民众创造财富自身却身陷泥沼

的社会现实,于是变革的诉求出现了。穷人和富人间不断有新冲突,国
家金融状况糟糕,旧制度下统治者和民众间的财富捐赠变成了"全民公
债"(dette publique),底层人民唯有完全顺从才能换来一些生活救济。
总之,人民的思想正在发生彻底的转变,这种巨大的变化表现在人民对
专制制度和旧有体制下社会秩序的不满和抗议之中。

人民及其代表者

从古典时代到启蒙时期,在政治经济和文化领域,统治阶级面对民
众阶级向来抱有优越感和憎恶感;反之,后者总在适应前者的统治政策
并对其深怀敬畏感。想要对"民众"下一个明确的定义十分困难,因为
他们仅仅是一个"模糊的名词",存在感极弱。这种社会现象即使在法
国大革命之后依然存在了很长一段时期。但是,我们也不用因此就急着
下定论,完全否定民众的政治诉求和能力。

事实上,通过借鉴旧有体制所特有的社会组织结构,统治阶级以获
取经济利益为目的建立起某些过渡集团。这种体制有利于国王统治人
民的思想,抑制其个人主义意识的滋生。① 随着法国专制统治的削弱,
上述的社会结构也有所动摇,比如议会时而召开时而解散。从 17 世纪
开始,在教会占统治地位的国家里,唯有教士阶级的会议作为暂时过渡
方法始终召集,神职人员对自主权的坚持主要也是出于经济利益的考
虑。到了 18 世纪,贵族和第三阶级不再因其典型形象泾渭分明;他们只
在某些地区享有特权,其活动范围分散在全国各地,比如在各自的领地
上、在某些特定的共同体中,或乡村或城市。旧时代的社会结构的重大

---

① Lousse (E.), *L'Organisation corporative du Moyen Âge à la fin de l'Ancien Régime*, Louvain, 1943.

变化散落在市镇或农村的土地上,只有先弄明白正在发生的社会变化,看到民众观念的转变,才可能回答下面的问题:人民是否具备参与政治的能力? 教育能否教化百姓、启蒙其思想,在妥协和反抗间做出选择? 民众阶级的政治权能至关重要,决定了社会变革发生发展的可能性。

"合理的一方"的阶层

少数人(合理的一方)的才智原本不应受贬褒,但因为古老代表制下存在大量不合理之处而备受争议,如他们永久的世袭制以及他们赋予一些人以管理权而另一些人只能服从的间接管辖权。不过他们在城市和村庄中会以不同方式来体现他们这一重要角色。[1]

农村的等级关系由三方共同决定,三者有时会发生摩擦,但一般来说都能达成统一意见。首先是教区。教堂划定自己的领地,教士强调自身的权威并敛集财富;而广大的农民,只有当教区管理人和贵族们——他们掌握着教堂财产和地方财富——召唤时,才被聚集起来召开会议。在教堂,村民们可以了解发生的事件,受到教育,得到改造,因为神职人员传达新闻、管理神学院并教导民众奉行教规。同时,领主的权限也不断扩大,较之南方地区,这一现象在北方地区更为显著。领主作为"卓尔不凡的主人",拥有双重权利,他们征收税费并控制司法,在人民的日常生活中可谓无所不在。村庄就生活在这两种权利的共同领导下:它来自教士阶级的会议,同时得到领主的承认。在18世纪,农民是不拥有姓名的,村庄在法国北部乡村就无异于某个手工作坊,为创造经济利益而存在。沉重的赋税和无尽的对外战争刺激着广大农民,他们团结起来控诉社会的动荡和糟糕的国家财政。于是,村民也拥有了维护自身利益的

---

[1] Gutton (J.-P.), *La Sociabilité villageoise dans l'ancienne France*, Paris, 1979; Petit-Dutaillis(Ch.), *Les Communes françaises*, Paris, 1947.

代表。

民众提出了三个疑问。首先,面对教士、领主和王权的三重压迫,农民阶级到底有多大的自主权? 前两者都有权列席在议会中,国王更是处处加强对百姓的监管,并且严格控制财政,通过征收苛捐杂税来清偿外债。为了还债,国王将公共财产诸如森林、牧场、湖滨之类出售给贵族、地方领主和大农庄主。这样一来村庄的凝聚力就被削弱了。第三级会议的主要任务无非就是任命合适的征税员及其助手,保证农村良好的治安。这种变化在法国南部并不像西部和北部那么显著,因为在南部地区阶级代表人数众多、阶级特权更为稳固、共同体对土地和农民的控制更为稳定而有力。当地的社会关系稳固持久,确保了农村严格的阶级等级结构。

其次,社会团体的作用是什么? 村庄控制全体农民的花销,分摊税费,保证百姓正常的日常生活,其在各个方面的服务作用是毋庸置疑的。尤其是当面对外界的挑衅时,它代表的是一个团结凝聚的整体。此外,在许多事件中,它都扮演了不可缺少的重要角色,比如承担全体农民的集体责任、保卫村镇免受强盗的侵扰、领导百姓对抗自然灾害。还是村庄,组织了司法审判惩戒犯罪,卡斯当在朗格多克对此作了详细的描述。对农村里的矛盾的评估、协调和仲裁确保了良好的社会秩序。有时它也会求助于传统权威来仲裁纠纷,比如领主和神甫。但是 18 世纪的领主们忙着享乐,经常缺席,而教士介入和调停与天主教的改革不谋而合。[1]

前两个疑问导出了隐藏的第三个问题:村庄到底能在多大程度上代表广大农民阶级? 在卢梭提出的以耕地为基础的理想共和国里,众人平等,不应该存在被排斥的百姓。就像在一个大家庭里,所有的家长都应当在全体大会里占有一席之地。可事实并不如此。那些村庄里的寡

---

[1]　Castan（Y.）, *Honnêteté et Relations sociales en Languedoc*, *1715 - 1780*, Paris, 1974.

妇首先就被驱逐在第三级会议之外,自然也没有投票权。没有土地的农民、依赖于地主的佃农租户,同样不具有居民身份,无权参与会议。之后剩下的就是农村里所谓"合理的一方",他们已然取得了一定的政治地位,包括相对宽裕的农民、教区里的头面人物、大农场主和乡村资产阶级。部分第三级会议的规模不断减小,到最后只有十来个人参加,这一现象在教区里越来越普遍。农民共同体在农村生活里依然扮演着重要角色,只是它不再代表广大农民阶级的利益。尽管它有责任守护共同体中的每个成员,但实际情况显然并非如此。

吉东强调"乡村资产阶级"在农村社会生活中扮演了重要角色。从17世纪开始,在巴黎、勃艮第①、里昂、普罗旺斯和朗格多克,乡村资产阶级的形象特征越来越清晰,其势力越来越强大。这一阶层地位显赫,享有财富,在文化生活中有所作为,他们在司法领域推行标准的法语,他们甚至从领主手中夺得了部分政治权威。在法国只有比利牛斯和阿尔卑斯地区没有被迅速扩大的乡村资产阶级波及,当地的贵族通过掌握金融财政来确保其权威,②很大程度上还是代表着农民阶级的利益;此外,长期以来他们在某些方面并不完全受到中央政权的影响。而王权不得不在大部分地区承认"合理的一方"的政治权利。重农论作家杜邦·德·内穆尔1775年出版的《论市镇》中也曾提出类似的要求。事实上,1787年敕令就承认了"合理的一方"在农村居民圈中的地位,并给予他们和领主教士一样的平等地位。村镇就此完全服从于中央统治。改革引起了不同社会阶级间普遍的冲突,虽然还没来得及广泛展开,掀起狂潮,它依然在18世纪推动了社会的发展——比如洛林、阿尔萨斯和都兰

①　Saint-Jacob（P.de）, *Les Paysans de la Bourgogne du Nord*, Paris, 1963.

②　Fontaine（L.）, "Droits et stratégies: la reproduction des systèmes familiaux dans le Haut-Dauphiné（XVIIe – XVIIIe siècle）", *Annales E. S. C.*, 1992, n°6, pp. 1259 – 1277.

等地区的选举制度的改变。改革还确立了农村显贵的政治权利和村镇代表及参议员的参政地位,只是农村民众阶级和统治阶级却日渐远离,没有什么交集了。

虽然表现方式有所不同,城镇资产阶级也取得了类似的自由。城镇不动产属于市政府,当地居民也由市政府治理,而市政府主要管理金融财政和社会治安两个领域。就像某种寡头势力一样,它代表的是资产阶级和城市贵族阶级的利益。显然居民议会已将底层人民和并不富裕的某些资产阶级排除在外。王权也适时表达了对居民间商业活动的不屑与怀疑,同时给予富裕的"合理的一方"强有力的支持,强调了他们的权利。只是作为第二等级的贵族的数量是受到严格控制的,必须经国王首肯并保持在某一水平。在法兰德斯、昂热、多菲内和布列塔尼地区都是这样。1704 年和 1765 年敕令在居民数超过 4 500 的所有城市推行"自由选举"(liberté des élections),表明了王权在一定程度上的下放。可是,旧制度下的风俗习惯仍然具有很大的影响力,这给改革带来了一定难度,例如官员身份的买卖就让事情变得有些复杂。

政治活动的参与范围越来越小,广大的底层人民被驱逐于政治领域之外。在这样的社会现实下,保守派和变革派之间产生了论战:城市中的改革和传统两种势力针锋相对;而在农村,部分显贵和领主的经济剥削愈演愈烈,最终激起了广大农民的反抗。没有必要再对民众描述平等主义和只在想象中存在的理想化的农村和城市生活了。当务之急是在剑拔弩张的氛围里应对与政府、总督和领主的冲突巩固统治制度,重新定义民众的社会地位和其应得的经济利益。简言之,王权阶级必须教化民众,巩固其政治统治。

从政治到教育

旧制度时期,封建庄园里的农民也会表现出一定的政治性,只是其表现和我们想象中的大相径庭。他们并不是动不动就发起疾风暴雨般的起义来反对权贵阶级，而是想方设法地维持庄园生活的现状。当危机来临，农民们会自发讲起政治来，在节日聚会上谈论政治并为此争执不休。[1] 有时民众也会成为论辩的焦点，比如人们探讨农村暴动之所以产生的深层次的社会和文化根源。农民们在政治上很容易表现得群情激奋、因循守旧。他们和城市精英一样也看重思考和组织的能力，只是因为自身缺乏组织和相应训练而往往不得要领。

在司法领域，村庄表达出对"司法制度的需要"，可见农民在其内部对公平也有一定的要求。在司法的前提下就会有审判和惩戒，这使得村民得以和谐相处，村庄保其治安。偷鸡摸狗的、不正经的女子，抑或是欠债不还的，都是可耻的、被唾弃的和必须接受惩罚的。总之，人们已有能力制定某些法规，并在追求公平的过程中加以运用，以确保农村社会的长治久安。[2] 即便是地位显赫、手握大权的权贵，当他们稍有行差踏错、触犯法规时，同样会遭到村民或是城市平民的反抗。例如在某个巴黎郊区的封建庄园里，当地方官员违反了某条律法，民众就会诉诸首都的警察或司法机构，大声说出犯罪之人的丑行。若是当权者无动于衷，人民就会发出起义的声音以示抗议，抗议统治阶级对法律法规即某种社会契约的无视。

农民和法律之间的关系相当复杂。一些农民经常寻求司法途径解决问题；另一些农民，如奥弗涅区的农民则喜欢通过相互协商解决冲突；而在其他地方，比如法国东部、勃艮第地区、洛林地区、弗朗什-孔泰、阿尔萨斯等地，农民们主要上诉于皇家法院来仲裁他们与封建

---

[1]　Berce（Y.- M.）, *Fêtes et Révoltes, des mentalités populaires du XVIe au XVIIIe siècle*, Paris, 1976.

[2]　Journeaux（O.）, "Villageois et autorités ", *Droit et cultures*, 1990, n°19, pp. 101 - 118.

邻主之间的纠纷,主要涉及共同放牧权、拾穗权、市镇公共设施的使用权等。在勃艮第,国王甚至颁布法令任命总督直接处理领主和村民之间的争议,成为底层农民强有力的支持。每当农民们向总督诉求、指出权贵阶级的"不合法"行为时,总督都会及时与领主沟通,规劝其尊重司法,正确处理和村民间的关系。1756 年开始,发生在村庄内部的此类矛盾越来越多,而每一次的结果都是封建领主作出让步。可见,面对封建王权和广大农民的联合,封建领主已经成为防御自卫的孤立一方了。由此,农民阶级证明了自己脱离"直接领导"即大庄园主的能力,而专制阶级则得以巩固其统治。比方说推行其严苛的赋税制度。① 全体村民大会的出现,意味着农民至少获得了提出政治意见的权利。王权对于地方行政事务的介入终结了大封建主不受中央控制、独立统治其封地的时代。同时,对于深受由教权荫庇的领主深刻压迫的广大农民而言,他们找到了提出诉求的途径,并能在司法领域获得更大的公正。"国家政权的巩固不仅赋予农民阶级抗议的途径和能力,更有发出反抗的充分理由":因为他们希望王权下的仲裁可以带来某些对现实生活的改变,而不再是封建领主出于一己私利的一言堂式的管理模式。

在启蒙运动时期,不论是意识形态上还是具体行为中,农民阶级发生着转变,可以说法国大地上处处爆发着农民反抗的激情——底层人民为日常生计担心,为工作、果腹而忧虑。农民阶层的要求不再仅仅是生存,而是某种真正意义上的社会诉求。直到 18 世纪中期,"谷物税"的通过最终点燃了人民的反对情绪,掀起了暴动。这条法令的颁布是为了解决统治阶级的财政危机,它几乎就是一条凭空想象出来的税则,没有任

---

① Root (H.), "The Rural Community and the French Revolution", in Baker (H.) (éd.), *The Political Culture...*, *op. cit.*, pp. 141 – 156.

何的理论支持。所以在"人民的意愿"下，进行中的经济自由改革在税收方面作出让步。对严苛的赋税制度的抗争随着人民生存条件的逐渐恶化变得越来越激烈。与此同时，启蒙思想也逐渐传播开去，在小酒馆、手工作坊、集市和磨坊里，人们纷纷议论，口口相传。正因如此，这场农民阶级的起义进行得广泛而热烈，广大农民都积极投身于这场政治运动的洪流之中。

从空间和时间的角度来分析这场农民起义的话，首先，在地域上它是接近的——村庄、居住区和堂区；被革命的对象则有封建领主征税处的官员和工作人员。其次，在持续时间上它进行得很迅速，因为了解权贵们和政府官员的处事风格，起义农民尽量缩短了与之纠缠的时间。起义的这两个特点表现了底层民众的睿智和对以往经验的总结。统治阶级和司法机构在解决争端时总是拖沓不堪，所以只有迅疾果断的运动才能获得成功。此外，基督教的传统道德观念也有其贡献，因为教会历来宣扬平等和博爱，并捍卫为此目的而提出的诉求或自卫行动。"在某个并不缺少文字的地方，如果人们更多地通过口头交流传递信息，那么革新并不是生而就被肯定和称颂的，我们必须通过改变某些糟糕的现状以改善生存条件。而传统的社会观念，对于容易接受新生事物的精英们而言，储藏着丰富的经验和思想。就好像一个家庭总是保有着对过去的回忆、工作、村庄……"①所以说，传统的起义方式和对革新的新要求有机地结合在了一起。当然，这场起义还得益于长期的社会变化，建立在接受了思想启蒙的民众的社会意识觉醒的基础之上。从中不难发现，当所谓"贱民"和"恶棍"摇身一变成为了民众，代表了公众，他们便有能力揭竿而起发起暴动。换言之，民众在社会道德规范的传播、良好品行的教化中扮演了至关重要的角色。

①　Huard（R.），"Existe-t-il une 'politique populaire'?", *art. cit.*

应该教育人民吗?

总有那么一小部分民众通过暴力手段发起一次次的起义和抗争。在旧制度下,这些暴动被理解成走上歧途的民意的表达,表现了国民普遍的罪恶感的缺失感——例如某个被判绞刑的人,他只是反叛人群里微不足道的一个个体。不满的人民随时都有,他们或寻求司法机构的帮助或被新的哲学思想熏陶,比如最终发动一场社会变革。为了使良好的民众不再变成好斗冲动的贱民,也许应该适时给予他们一些权利。

但当时的思想家始终心怀希望:期盼对民众的教育会有效果,通过教化将新的思想带给人民。例如,孔多塞就主张,在引导人民晋升为公民的过程中,必须通过制订律法防止民众堕落,必须通过教化使他们解放思想。法国乃至整个欧洲的学者都认同,由于道德和文化方面的落后,大部分人差一点就深陷贱民引发的骚乱。民众无知且沉默,因为他们不知道该说什么,也没有表达自己要求的权利;又或者他们的思想已被导入歧途,"因为受到了某些谎言的蒙骗",例如在教会的布道中产生了迷信思想,因而很容易对新生事物带有偏见。经过繁重的体力劳动,人民根本没有能力进行自我教育。在启蒙思想家比如伏尔泰的眼中,底层民众的身上有一些共性的东西,他们缺乏理性、任性蛮横、易怒狂热。只有教育可以将其从泥沼中解救出来。1780 年,在弗雷德里克、达朗贝尔的提议下,许多学院精英在柏林学院举行了一场辩论,讨论的主题是:欺骗民众是否有用。就学者们的论文看来,他们的观点大相径庭,各执己见,难以一致。启蒙运动的核心在于,应当在开明的君主的引导下,通过教育的手段,用理性的精神启蒙愚昧的民众,而不是让民众寻找其他的方法来表现他们在政治上的权利。卢梭基本上就持以上观点。事实上,1770—1790 年间,学者们始终在针对这个问题展开讨论。

有三个理由促使大批启蒙思想家承认教育的巨大作用。[①] 首先是民众需要一个广泛的文化氛围,这和洛克的观点不谋而合,后者也强调环境和感觉的重要性。马德莱娜,一个总是不知疲倦地参加学院辩论的思想家声称,如果说自然属性的人是可以被无限塑造的,那么"只有教育才能将其造就"。其次,教育的重要性源于人们对了解自己生活的环境和世界的渴望,然后才会想改造当下的社会关系。从 1746 年开始,在鲁昂学术院,泰里斯神甫就对以下已被普遍接受的论点提出了质疑:一般认为"在当前的农村,阅读和写作已经十分普及,但一个英明的政治家应当遏制这种情况的发生。要杜绝一切使农业成为农民一种技能的事物——这些事物令他们有摆脱繁重工作的可能"。教育民众这一观点不难理解,从 17 世纪开始就有不少政治思想家提出过这种观点。但相对于当时许多社会学者声称"消除人民的蒙昧并教导他们有用的艺术和科学知识",普及最基本的学习能力,如阅读和写作似乎更加迫在眉睫。宗教教化在这里找到了用武之地。"犯罪和不公都会扰乱社会的正常秩序,而通过学习民众就不会犯这样的错误;如此一来对国家的稳定平和很有好处。"那么教育于底层人民又有哪些好处呢?首先,农民和手工业者通过看书知晓外面的世界正在发生怎样的变化,如启蒙的思想;其次,他们享受平等的社会地位,其才干和对国家的贡献被认可;最后,不论身份高低和财富多少,人们都可以从越来越多的竞争里有所得。总之,1743 年鲁昂学术院的这本书值得一看。"关于会读会写的农民于国家究竟是利是弊的一些思考"告诉人们,教育民众裨益颇多,良好的宗教道德规范、政治社会秩序都可以得到积极发展。

辩论将持续 40 年之久,漫长的过程中充满了保守和妥协的声音,而

---

① Chisick (H.), *The Limits of Reform in Enlightenment*, *Attitudes toward the Education of the Lower Classes in Eighteenth Century France*, Princeton, 1981.

思想家们的观点也各不相同。有人支持驱逐无用之徒；有人同意伏尔泰的观点，即逐步传播启蒙思想，教化蒙昧的民众；也有人主张进行快速有效的教育。思想家们各执己见，他们的理论并不主要出于实用的考虑，而是强调将反愚昧和反宗教结合起来。在这一点上，伏尔泰和卢梭的观点出现了分歧。当然，这二人的矛盾远不止在这一个问题上。但从总体上看，面对社会道德规范的败坏所引起的危机，学者精英们都同意要通过教育启迪民众，通过改革寻找良方。最后，所有有知识的文化人都承认教育至关重要，接受了教育的民众才有能力组建一个和谐稳定的社会，甚至有可能促使革命更顺利地开展。

为了能重新合理地确立民众教育的地位，就必须同时满足劳动人民的经济需求，并恢复其哲学和政治权力。另外，也能在更加公平、平等和具有流动性的社会中，维持新制定的政策与原有风俗、信仰间的平衡及功勋阶层与原有社会阶层间的平衡。启蒙思想在社会等级平等的合法性和社会救济的合法权利方面产生了分歧，所以民众教育的开展是有局限的，只能有的放矢地进行。民众教育并不是为了让他们实现自我解放，而是让他们能更有效率地工作，更顺从于社会的等级关系。也许，最终仅有哲学家孔多塞对民众教育这个问题确立了自己的启蒙思想理论，他在其著作《人类精神进步史表纲要》中这样写道：

> 我们可以告知所有国民他们每个人所需要知晓的情况，比如家庭经济、个人事务、个人技能的自由发展，让他们了解并使用自我保护的权利，履行应尽的义务责任，以自己的思维来判断自己和他人的行为，熟知那些尊重人性的最高尚的思想境界。……对受到军队不公正的偏见待遇进行自我保护和自我辩解。

至今，这方面的争辩还未结束。事实上，在 18 世纪，这种争辩是不可能有定论的。因为政治作为独立的领域突然产生，将民众排斥在外，就至少意味着政治保持了它固有的地位。为了跨越这种界限，民众就应该摆脱自己原有的形象和追求权力的方式，不然，也许这些旧的表象将继续支配并影响民众的地位。

民众的抗议和道德协调

历来统治阶级都通过各种方法向民众传达国王的形象，这显然是出于某些政治目的。[①] 前文中我们已经强调了君主制下一些规范和规矩的重要性，虽然它们的影响力已经有所减弱。当然，这也可以理解为权力阶层为了维持和加强民众对王权的忠诚而采取的某种间接迂回手段。比方说在特鲁瓦省，1788 年仍有上千本的小册子被上门兜售，这本书叫《行话和隐语》，它描绘了招摇撞骗的乞丐们语言上的诡计，利用行业术语行骗，甚至还模仿古老的行业协会建立起自己的团体；书中也提到了贵族是如何糟糕地对待粗俗的平民阶层，如何模仿人民的语言，对他们极尽嘲弄。显然这些文章主题和政治没有丝毫联系，甚至也没有涉及特鲁瓦当地的事迹。然而，民众却能够读到路易十三在拉·罗谢尔取得的胜利。书里那些爱讲隐语的主人公们不失时机地提到国王夺取了拉·罗谢尔，他们为此欢欣鼓舞并感谢上帝的保佑，希望"懒王路易"能够在主的庇护下"永远保有其王室的百合花徽纹章"。诸如此类的文章、故事、图画等数量巨大且广泛传播，充斥于民众的日常生活中。狂轰滥炸的目的就是要培养广大臣民对国王的爱戴之情，以巩固封建王权。从本

---

① Chartier（R.），*Lectures et Lecteures dans la France d'Ancien Régime*，Paris，1987，pp. 271 - 346.

质上讲,学院里的精英学者为加强民众对统治者的依附采取的差不多是同一种手段。他们积极宣传君王的威严和不可侵犯,鼓励顺从的民意。我们可以读一读下面这段话:"法国人民爱戴国王而国王亦是终日为了民众的福祉操劳。我们尊称国王为人民的父亲。这并不是过度的赞美,而是因为他本来就是。"(《特雷武词典》,1771)

　　然而平民阶层的愤怒、不满和起义分明就描绘了另一种社会现实。广大民众满腹的怨恨和克制的冲动更把所谓的"君臣友爱"击得粉碎。事实上,在当时社会里一直存在着一股隐蔽并被抑制的暴力倾向,一旦被触动,这种暴力倾向更有可能把暴力游行升级为暴力叛乱。在封建庄园盛行的年代,广大农民受领主的直接管理,远离王权和"王法"而被宗教信条教化,思想上发生了转变,连行为上都变得大胆起来。[1] 我们可以从两个方面来理解民众暴力和王权政策之间的关系:其一,统治阶级的封建专制日渐衰弱,比如权利道义经济理论日渐兴起,还有手工业行会内部开始有青年社团成立;其二,传统的抗议活动过渡到了对自由有新诉求的示威游行。他们反对地方封建地主的压迫和剥削,最后不得不参与诈骗和走私活动来确保有足够的收入养家糊口。

手工业行会,权威和暴力

　　雅克-路易·梅内塔是一个巴黎的门窗工人,在他的自传[2]中描绘了有关古老的工人联合会的情形,这对于研究当时的工业行会是很宝贵的资料。作为一个小学徒,为了成为装配玻璃的匠师,他必须经过长期的学习,并在1757—1764年长达七年的时间里在法国各地游学。据他回忆,在行会的民宿里他受到了亲切的款待;而在城市的手工作坊里,小

---

[1]　Bercd（Y.-M.），*Fêtes et Révoltes…*, *op. cit.*

[2]　Roche（D.），*Journal de ma vie…*, *op. cit.*

工业主作为"资产阶级"力量逐渐强大起来。在图尔,梅内塔被行会吸纳成为帮工,可是他对于当时仪式的描写很简略、很隐晦。无论如何,他所留下的文字十分重要;而谜一般的典礼和仪式,也许只有行会传说中的奠基人才会有清晰的了解了。比如参与修建了耶路撒冷神殿的匠师雅克;还有巴黎人比安弗尼——新行会的倡导者,他甚至改名易姓。所有这些隐秘的色彩越发引起人们对行业工会的兴趣。19世纪时一些新兴组织就曾对其作出食古不化的批评。其实这种观点还是继承了封建贵族的某些看法的;又或者行会的"神秘"、费解在当时的社会关系中激发了某些人的无限幻想,认为它造就了一个黄金年代。无论如何,这对于理解社会变化进程中旧事物的被打破,以及集体传统观念和个人主义思想的相互关系,还是颇有帮助的。

　　手工业同业公会吸收同一行业的年轻人进行集会并在私下组成联盟,这在当时是受到同业公会和负责监管集会的警察机构默许的。工会里的帮工分布在各自行当的劳动者协会作为"临时雇佣工"参与工作,而行会则确保其安全和提供必要的帮助。与其说行会的神秘性造就了行会的成功和力量,倒不如说得益于组织有能力保证"游学"在全国各地的学徒得到相对稳定的生活,并且在古老的手工业行当里成功建立起了青年人联盟,使得各种职业的年轻人都有了依靠的"组织"。有些职业人员虽没有形成行会、不要求学徒进行全国范围内的游学,却也组成一些协会社团,比如说印刷工人。① 到了19世纪,行业工会的分工更为细化,它们之间的交集也越来越少,这反映了当时手工业行当的工作特性。行会内部的人员之间自然有传统的社会交流,"游学"亦使年轻人

---

① Minard (Ph.), *La Fin de l'inspection des manufactures. Premières hypothèses sur le dérèglement d'une institutions de commerce. États, finances et économie pendant la Révolution française*, Paris, 1989, pp. 295 – 303.

的流动性非常大。这起到了两个重要的作用：第一是由政治阶级向行会组织内部等级的价值观转变；第二是对暴力行径的控制。

手工业行会并不是一个具有反抗精神的组织。它的形成和发展始终是为了守护其成员的经济利益，也和大环境下的法律法规不发生任何冲突。虽然自身地位已得到统治阶级的承认，换言之具备了合法性，可是行会坚持神秘性，不希望被外界了解其内部运作，这实际上是出于对宗教势力、警察机构和大商人资本家的戒备之心。自我防御意识和谨慎的举措令行会在各方面都有些特立独行、与众不同。无论如何，行会的第一目的是要确保其经济收益。只要某个地方需要劳动力，行会就会协调内部工人派人前往。所以数以万计的行会成员分散在国家各个角落。虽然他们是流动的，但是这种流动性保证他们有活儿干，有稳定的收入和生活。同时，严密的等级制度也存在于同业公会中，就好像每一个身体都是由头脑来控制躯干，工会也分匠师和帮工、熟练工和学徒，他们的权利不同。这种内部结构就和每个家庭都需要家长来当家作主是一个道理。再进一步，它和维护贵族特权的基督教的体系也很相似。当行会里的利益分配或悬殊地位引起纠纷，导致行会的守望相助原则遭到破坏时，成员之间便会自我调节，解决矛盾。他们重新合理分配利益，安抚弱势的一方。为了巩固行业内部的结构稳定，有时还会提供一些技能培训并将其纳入新的行会——这完全有可能实现，因为非单一的合作市场往往意味着更广阔的市场范围，提供更多的就业岗位。

最终，在七年的"游学"结束后，梅内塔已经彻底掌握了门窗工人的职业技能，同时也对行会的内部运作了然于心，比如内部阶层之分和守望相助的原则。通过他的日记，我们也解开了心中的疑问：原来为了成为行会的匠师必须经过一个漫长的过程——从拜师成为学徒，到帮工参加"游学"，再到"匠师"被行会正式接纳，其间必须承担各个时期的义务并严格遵守行会的规范和惯例。正是这种理想下的模式保证了行会长期存在和发展。最后，虽然内部不同的等级共存，可行会在各方面的规定都体现了某种互助的精神，所以即使有时青年人有些暴力行为，大资产阶级和警察机构也并未多加干涉。因为一般来说，行会都可以维持其内部正常良好的运作，不会出现什么"麻烦"，这也确保了良好的社会秩序。

　　每当民众发起暴动要求改革时，统治阶级总是习惯性地表现出惊讶和意外。然而，实际上人民在光天化日下揭竿而起的举动体现了当权者在社会、司法和教育教化领域的限制，更体现了人民已被无尽的压迫和剥削逼得走投无路，所以暴力的起义才会比比皆是。在迁徙、活动或娱乐中，个人或集体之间都有可能导致暴力冲突。在梅内塔的日记里向我们描绘了乡村法院里的情形，在那里青年人和流动人群是械斗事件的主要制造者。他指出，问题在于，从根本上来说，农民离"温和的品行和美德"还有一段距离。知识分子也持相同的观点，而且他们为把民众导向这种"美德"而不懈努力着。

　　从某个角度来看，"斗殴"很像节日的庆典活动，扮演着双重角色。它不但体现了行会会员对抗议活动和权力的崇拜，由此加强了相互间的团结，也展示了暴力最终如何被疏导。梅内塔并没有详细地描写到处可见的械斗，而是在这些事件的共性上花了更多的笔触。激烈的斗殴无疑时有发生，我们的门窗小学徒描绘了十件左右，而警察局的文档里则是以数百计的。一般来说，年轻人之间发生冲突后就会各自集结干上一架，而敌对的社团或组织也以武力一决高下。在游学中时有发生的不同行会之间的暴力事件令人不禁回忆起和统治阶级战斗的岁月，以及对抗所谓正统社会的道德规范的过往。资产阶级、民兵、骑警对此持放任的态度，因为他们觉得无产者之间的暴力并不会引发什么大危险。当争斗结束，骑警才不紧不慢地去追赶走远了的挑起事端的双方。神甫看到尸体就帮忙埋了；行会的帮工们还有可能救下一些受伤的人，甚至将尸体藏匿。或许作者的文字有些夸大其词,但当时的人们确实有通过暴力手段征服和控制对手的观念。在和平环境下,暴力活动和残酷的争斗都是不同的社会阶层证明其社会存在感的方式,就其功用来讲十分相似。而富人和权贵则是通过权力和财富获得崇高地位的。

到了 18 世纪,随着资本主义经济的发展、经济模式的转变,家庭作坊的小农经济显然受到了强烈的冲击,内部垄断的同业行会同样受到了影响。行会之间停止了内斗,它们互相扶助,通过不同性别成员间的分享以及对其行为的进一步规范和对暴力事件的控制,行业工会里的各个社团再一次建立起政治上相对自治并强调集体义务重要性的小团体。这种组织结构和家族系谱十分类似,家族里的每个成员都各就其位,各司其职。行会身处两个阶层之间,代表将来的新兴的资产阶级企业和维护旧有体制下特权阶级的一方。行会帮工和企业主出于共同的利益考虑联起手来,获得人身自由和稳定的生活。

如果你认为手工业行会教育模式下的手工业者都缺乏独立思考的能力,那就大错特错了。梅内塔在《打工日记》一书中就指出,即便是在行会这样一个传统思想占主导地位的社团里,依然会有许多和旧时道德价值观截然不同的东西,比如说批判精神又或者对新政的支持。梅内塔本人就是一个很好的例子,一方面他既是国王忠诚的臣民,对旧制度心存敬畏;另一方面他又对当时的警察机器、行政司法、工会和教会并不信任,充满怀疑。"对许多人而言,他们从内心深处不希望自己的日常生活和专制的王权有什么交集,对人身自由和独立的强烈意愿就很好地体现了这一点。"①门窗小帮工用自己的笔写下了人们的心声。民众依附于王权,忠诚于君主,表现得被动且顺从,他们的忠诚无可置疑。只是当统

---

① Chartier（R.），"Culture populaire et culture politique dans l'Ancien Régime", in Baker（K.）（éd.），*The Political Culture... op. cit.*, pp. 243 - 260.

治阶级和特权阶级无穷尽的监管和惩戒、限制和规矩使得人民的生活愈加贫困时,人身自由也受到限制,那么,对政权的怀疑就不难理解了。事实证明,民众并非只会逆来顺受而无计可施,他们会避难,更会反抗。只要意识到了作为个体的独立自主性,民众就从旧时代的附庸地位中被解放出来了;在这种新的道德观和价值观的指引下,工人们就敢于发动罢工来捍卫自己应得的经济收益。

《三个阿勒坎》一文就表达了梅内塔的想法,其主要内容体现了民众不信任掌权者,质疑封建专制,却对自我逐渐产生信心,并且追求众人平等。文中的主人公阿勒坎戴上了面具,演绎各种不同阶级的民众的故事。第一个阿勒坎是法庭的刽子手,他的任务是惩戒失败者和犯法者。第二个阿勒坎是巴黎的大主教,象征着教廷大权并将民众玩弄于股掌之间。第三个阿勒坎是卡兰一个集市上的演员,他的工作就是逗乐观众。《三个阿勒坎》告诉人们,他们如何在遵守旧制度的同时避免遭到愚弄,教导民众如何生存在当下的政治体系中。可以说,这已经是民众参与政治的表现之一了。

叛乱和走私

起义在一定程度上表现了民众的政治力量。从 17—18 世纪,底层阶级反抗封建专制统治的方法和他们的反抗目的从不是单一的,而可以说是各式各样的。在伟大时代中,各种叛乱几乎都是出于对严苛的赋税制度的抗议。虽然叛乱的形式不同,但它们的特点都在选定起义领袖的过程中体现出来。这些领袖们或多或少与税务机构有直接或间接的联系。叛乱体现了全体民众的团结一致,使得村庄的所有成员都牵连其中,没有例外。教士和贵族站在了人民的对立面,因为后者抗议的正是他们可以世袭的既得权益。最后,从地域上来看,15—17 世纪间,暴动多分布在新加入法国版图的地区,卡佩王朝时期的法兰西大地相对平静，但特权阶级、免税的显贵们的封地却未能幸免。

到了 18 世纪初，轰轰烈烈的反赋税运动逐渐平息了下来。只有当个别地区的农民无法得到足够的粮食而陷入生存危机，或是过于沉重的税收政策激起民怨时，才会发生小范围的零星叛乱。尤其要指出的是，此时的叛乱对象、地域和方法都发生了很大改变，暴动针对的是封建领主，主要发生在历史上相对平静的东部地区；而且在起义前，民众都会先寻求统治者的审判，提出对平等的诉求，只有当审判无果时才会诉诸最后的暴力。可见，农村也开始被政治思想武装。农民反对旧制度及其社会秩序，而当时各统治阶级却各怀鬼胎，它们之间的结盟非常薄弱，甚至是缺失的。出于对国家政治和经济政策的不满，人们在农村、在城市、在行会中发出了反抗的声音。无尽的压迫和愈演愈烈的剥削最终激怒了民众，他们行动起来了。农民抗争领主的新法令；巴黎的市民反抗企业主的改革措施；行业工会的成员质疑郊区工人圣安东尼提出的"有用的自由贸易"，后者认为贸易的开放和自由化有利于良性竞争和市场的形成。反抗和罢工促使企业主联合起来保卫自己，他们力图重新确立行会制度以确保自身的社会地位。在巴黎，金融危机把社会关系逐渐瓦解的现实摆到了人们眼前："工作必能带来繁荣的经济"不再有任何说服力。人们不能肯定他们所怀念的那个美好时代是否真的存在过，但重要的是，至少在危机之中民众可以想念一下"当年的美好生活"。18 世纪末的民众经过思想的启蒙已经改头换面，今非昔比了。①

不满的情绪被压制，叛乱被镇压。1750 年巴黎的儿童绑架事件，由面粉引起的战争危机，维瓦莱地区"戴面具的士兵"引起的抗争（位于朗格多克的维瓦莱已经发生了极大的社会转变。完善的法律体系，没有社

---

① Kaplan（S.），"Réflexions sur la police du monde du travail, 1700 - 1815", *Revue historique*, 1979, n°61, pp. 297 - 331.

会倒置,没有宗教上的千禧年说,也没有无休止的暴动,因为人民关注的焦点是福祉①),勃艮第和诺曼底高地发生的战斗,普罗旺斯或是弗朗什-孔泰的叛乱,无不反映日渐紧张的社会关系。广泛的人民斗争是迅疾且属于人民的,它反映了民众在当前的等级制下无法找到属于自己的立足之处。在抗争中,广大的人民得以打碎现有的等级枷锁,结束混乱的社会关系。他们通过暴力提醒当权者遵守游戏规则,有时甚至可以拥有话语权,获得更多的权利。比如 1750 年,愤怒的巴黎市民就曾攻陷警察局。

市民的情绪越来越激动,谣言就像一个脓肿般逐渐扩散,最终演变成一场没有起因的暴动——虽然市民的愤怒源于王室诱拐孩童的传言,但所谓用孩童的鲜血来医治国王的麻风病不过只是谣言罢了。就这样,年轻人和老人、企业主和行会帮工、小资产阶级及其仆役都参与到这场暴动中去。1750 年的这场叛乱中,人民主动拉开了和王权之间的紧密联系,他们不再爱戴曾经那么拥护的国王了。人们痛恨统治阶级动不动就对起义施加残酷的镇压,于是处死了血腥镇压的负责人和造谣者,但却放过了警察。至于贵族们,他们不再参与叛乱,不再听信谣言,也不再反对封建专制的统治。一时间,人民孤军作战。

这就解释了走私在法国农村和城市的盛行。走私是沉重不堪的税收政策下的产物,它既是个人的,又是集体的。之所以称其为个人行为,因为走私的人常出于个人经济利益的考虑才铤而走险。但它同时也是集体现象,因为这种活动实在是太过广泛,甚至可以说无处不在——在18 世纪的法国,到处都有关卡和税卡,比如财政大区之间、村庄乡下、盐

---

① Sabatier (G.), "De la révolte du Roure (1670) aux masques armés (1789), la mutation du phénomène contestataire en Vivarec", in Nicolas (J.) (éd.), *Mouvements populaires...*, *op. cit.*, pp. 121 – 148.

税缴纳地区、领主封地、外省以及城市。① 在巴黎，即便是包税人建立的城墙，也没能阻止走私，反而将之激化。1787—1788 年，人们甚至不再统计在关卡中发生的走私和骚动事件了。

　　盐和烟草的走私最为猖獗。索缪尔委员会（Commission de Saumur）保存的数据②帮助我们了解了当时的真实情况，当然还有兰斯委员会（Commission de Reims）、瓦朗斯委员会（Commission de Valence）的文献资料。在领地的大盐税地区，每天都可以在边境地区看到贩私盐的人。全国范围内，烟草和盐走私几乎成为普遍现象：在包税所比如庇卡底、苏瓦松、香槟，在北部的"免税领地"例如阿图瓦、康布尔、弗兰德、埃诺，还有东部的几个大省洛林、弗朗什-孔泰、莱特鲁瓦塞-韦谢。包税农场深受其害，只好求助于司法机构，所以地方上的特别法庭每年都要审判数百件关于走私的案件，罪行严重的将被判处到征战的战船上划桨的刑罚。索缪尔的法官在 1777—1789 年间审理了千余件走私案。还有几个数据，如在兰斯，1740—1742 年有 300 件，1786—1789 年有 400 件，走私犯多是男性，其中三分之二都不超过 40 岁。

　　很显然，人民从事走私只是将其看作某种"兼职"，但是走私活动却涉及几乎所有民众。既然是"非全职"工作③，民众进行走私活动主

---

① Hincker（F.），*Les Français devant l'impôt sous l'Ancien Régime*, *op. cit.*

② Huvert（M.），*Gabelous et Faux Sauniers en France à la fin de l'Ancien Régime*, *essai statistique et sociologique sur le faux saunage dans le ressort de la commission de Saumur*, *1764 - 1789*, thèse Rennes-II, 1975, ex. dactyl., 2 vol., p. 509; Savoie（Ph.），*Contrebande et Contebandiers dans l'Ouest et le Centre de la France au XVIIIe siècle*; *les archives de la Commission de Saumur*, *1742 - 1789*, mémoire de maîrise, Paris-VII, 1975, ex. dactyl.

③ Schapira（N.），*Contrebande et Contebandiers dans le Nord et l'Est de la France*, *1740 - 1789*, *les archives de la Commission de Reims*, *mémoire de maîtrise*, Paris-I, 1991, ex. dactyl.

要是为了增加一些收入。即使有个别"职业走私者"，他们也并不完全以走私收入为生。一年中有好几个月，他们和别的农民一样留在村庄里参与集体劳动，他们同样也得到村庄的庇护。走私活动在法国的东部、西部和东南部同样很猖獗。规模相对较大的走私很容易被一网打尽，而小打小闹的走私者却往往能够逃出生天。其实走私最首要的意义就在于为贫穷的民众提供更加丰富的物资。同时，村庄农民悲惨的生活状态也为走私提供了滋养的土壤，扩大了参与人群：大量的、越来越贫穷的农民（20%的乞丐生活在索缪尔，1%在兰斯，更为富有的大省）、临时短工、收入微薄的耕作者、村庄手工业者和商人们。最后，参与走私的人群同时也是被抽税的盐和烟草的主要消费人群（这里并不包括城市"资产阶级"）。巨大的市场需求衍生了走私活动的进一步扩大和发展，广泛的参与也使得走私活动频繁发生，难以禁绝。贩私盐是季节性的，在经济危机时期比较盛行，因为人们没有足够的货币通过正常渠道购买，只好通过走私扩大其"地下"供应量。

　　于是，包税税所为了维护自身利益就要竭尽所能，用各种办法和走私下的非法消费进行抗争。如何实施监管呢？它们的办法就是控制土地，制定法律法规。当然，这一切都不会以广大民众的利益为先，或为农民设想的。包税税所的策略在于依靠司法机构，认为通过审判和惩戒至少可以达成两个目的：首先是对罪犯实施严厉的刑罚，通过威吓控制走私的进一步蔓延；其次是针对一众从事小规模走私的民众，对他们收取罚款来弥补走私给自己造成的经济损失。虽然对走私做出了轻罚和重惩的不同处理，但就总体而言进行残酷的镇压是毋庸置疑的。农村合作社虽然反抗税收，但他们并不轻易诉诸暴力。对农民而言，所谓的法律就是有钱阶级的帮凶，所以村民们都很痛恨吹毛求疵的检查、官员时不时的家访和他们那副挖地三尺想搜出私盐的嘴脸。总而言之，走私表现了某种精神。在地方对中央的抗争中,我们可以看到一种文化和一种精神:广泛的民众和专制的国家的对立,比如通过走私对财富重新进行合理的分配。

芒德兰是一个走私贩,他很少涉足私盐,主要走私烟草和布料,在奥弗涅、普罗旺斯和萨瓦、勃艮第都有他的足迹,1755 年受车轮刑而丧命。不同于一般的走私,他组织起强盗团队实施"社会抢劫"。他们甚至有能力对抗警察、军队。凭借自身的强大势力,芒德兰强盗团队频繁活动在守卫相对薄弱的边境地区,有时甚至会占领整个城市。这一切都极大地触动了穷人们的神经,点燃了他们对抗富人的意愿。对于民众而言,若要在"土匪"和"税收制度"间选择其一的话,他们肯定更倾向于"芒德兰"。前者至少给他们带来生活物资,确保其生计;而后者只知道不断地收税,盘剥民众,使社会关系日益紧张。芒德兰通过走私为大家所认识,甚至有人开始模仿他(科蒙骑士,1754 年因走私被审判,后来成功越狱再无踪影)。从以下两个方面我们可以看到,走私经济愈演愈烈,日渐猖獗。首先是大规模和大范围的司法介入,甚至已经达到了全国各个角落。其次是走私贩大胆到在光天化日下干坏事了。大部分时候,当权者们会对眼前的走私贩装作没看到,就连收税的见到他们也要绕着走。事实上,是走私集团的武装力量让前者不敢与之正面冲突。充满暴力的走私者令人生畏,而他们在需要时亦会抱作一团,使得力量更为强大。走私集团就好像处在冰山的顶峰,风头一时无二;但同时还有数以千计的小走私分子们挣扎在混乱的社会之中,农场主和贵族对他们的压榨使走私愈演愈烈。税收的对立和双方的冲突,这在当时的文学作品中都有体现。①

---

① Savoie (Ph.), *Contrebande et Contebandiers...*, *op. cit.*; Schapira (N.), *Contrebande et Contebandiers...*, *op. cit.*

　　芒德兰在走私史上相当重要,人们通过通俗文学、民歌、诗歌、歌曲等方式对其加以称颂或极尽鞭挞。平民文学受众广泛,于是这个"著名的恶棍"就此"流芳千古"了。事实上,文学作品里芒德兰的形象往往有着天壤之别。有时他是活该上脚手架的匪徒(这是从法律和司法的角度来看);有时他又是个英雄,是个卓越的历史人物。这种对违抗社会规范的"罪犯"的赞誉和崇拜,无疑体现了陈旧的社会秩序已有被颠覆的征兆了。①

　　当时有些观察社会的学者研究芒德兰的事迹并肯定了其行为在国家内部造成的巨大地震,阿尔让松侯爵就是其中之一。

　　　　国家的不幸在于他的人民竟然跑去支持这些暴动和叛乱,仅仅因为大胆的走私者们去挑衅大农场主,因为他们卖给农民的商品更为便宜。而被牵连其中的官员畏惧其势力,只好违背良心,最多也就是发发牢骚……

　　走私的大规模爆发就好像在国家内部发动了一场战争。广大民众反抗领主的压迫和裁判官的独裁,纷纷同情走私者,"所有国民都在支持那些走私者"。芒德兰被处决后,大量的文学作品、报刊文章都颂扬他的事迹,将其描绘成一个英雄。与此同时,也有一些书籍的作者发表了不同观点。其中一本是《路易·芒德兰的一生:细述残暴、走私最后招致酷刑的芒德兰》(1755 年出版,共 9 卷 140 页,3 卷藏于蓝色图书馆)。这本书就从捍卫法律的尊严和维护传统社会秩序的角度出发,鞭笞了芒德兰,将其视作危害王权的恶棍。

---

① Luzebrink (H.-J.), "Images et représentations sociales de la criminalité au *XVIIIe* siècle, Mandrin", *Revue d'histoire moderne et contemporaine*, 1979, pp. 345－364.

那些走私贩根本就不应该在历史中留名。我们责怪萨吕斯特向我们宣传了罗马的凯特琳娜。似乎所有强盗领袖都可以通过他们的恶行获得成功。然而,最终等待他们的仍将是严酷的刑罚。卡图什在路上悲惨死去,芒德兰的命运也好不到哪儿去。看到了吧,那些杀人放火的强盗恶棍必定得到这样的结局。我们从来就不曾看到有哪个罪犯可以尽享荣华而不必为其罪行付出代价的。

在《路易·芒德兰的一生》一书中,作者将作乱的恶棍孤立,不同于当时大量对走私者大唱赞歌的文章。它要维护的显然是司法的庄严和力量以及正统的道德规范。

《路易·芒德兰的葬礼悼词》、《路易·芒德兰未完成的理想、义匪组织的扩大和普及》(这是芒德兰本人在狱中所著)、《芒德兰的精神——写给芒德兰的支持者们的英雄诗歌》、悲喜剧《芒德兰之死》,还有不少的民间歌曲,所有这些文学作品传递给我们的具体形象虽然不是很清晰,但都是一个"受人喜爱的英雄"芒德兰。可见,关于芒德兰的作品有两个相互对立的趋势:表现对当时社会的反抗或对旧的道德规范的维护,给予主人公英雄般的赞誉或痛斥其罪行,表达对强盗的欣赏、赞许或生怕它危害王权的统治。当时甚至还有些作者把强盗首领和历史上的战争英雄相提并论,比如博米耶夫人的《查理十二、瑞典国王和芒德兰之间的对话》,再比如弗朗索瓦·谢弗里耶的《普鲁士国王的讽刺短诗》和《回忆我们身处的时代》。

就这样,芒德兰成为一个神话,大量以他为主题的文章都反映了当时民众的思想意识。不论文体和观点如何,那些文字都是规范的,没有什么反叛的字眼。可同时它又确确实实激起了人民广泛的对时局不满的情绪,因为芒德兰就代表了民众,作者们通过主人公的所作所为质疑权力阶级。细细分析围绕孟德尔所引发的讨论和事件,不难发现,广大人民的愿望和思想家精英们之间存在差距。在更高层次的文学作品中,对芒德兰事件很少提及,即便有也是一个模糊的形象或一笔带过。这种沉默并不是漠不关心,而是启蒙思想家们很难真正走近底层阶级的平民大众,探究其行为,了解其想法。最后,农民和城市的底层人民唯有在敢于反抗英雄的文艺形象里找到自己的影子,敢于对反抗的人物给予同情、表达赞誉,这也许已经是他们所能展现的最大的政治力量了。事实上,最底层的民众并不热衷于用轰轰烈烈的暴动来推翻王权的统治,他们更期待的是良好的政治体系、合理的司法结构。换言之,他们更期待的是一个开明君主控制下的稳定的国家。

国王面对"合理的一方"的诉求做出了让步,剥夺了贵族阶级的部分特权。那么,贵族们是真的就此交出大权了,还是继续多多少少享有"主宰者"的地位呢? 我们可以从普罗旺斯和一些省会的发展中找到答案。① 此外,国王的"让步"实在很有限,不禁让人怀疑,旧制度下森严的等级制度和不平等的道德规范真的不会再卷土重来了吗? 毕竟,面对沉冗古老的政治体系,我们很难期待它会有多大的活力和变革的能动性。

---

① Emmanuelli(F.‐X.), *Pouvoir royal et Vie régionale en Provence au decline de la Monarchie*, *psychologie*, *pratique administrative*, *défrancisation de l'intendance d'Aix*, *1745‐1790*, Lille, 1974, 3 vol.

第十一章　上帝　国王　教会

把握法国君主政体与宗教之间的关系,对于了解旧的社会是必不可少的。两者的关系并非仅仅等同于国家与教会间的关系。一般来讲,教会被看作是一种强大的组织、一个教徒的团体。然而,面对整个社会力量的共同发展,面对各种文化的不断转变,宗教机构在新的浪潮运动中逐渐力量不支,最终几乎整个屈服于政治和社会因素的压力之下。[①] 与此同时,国家已物色到合适的信条:统治,即说服别人信仰自己。在这一点上,国家仿佛同样置身于由其精心挑选的教会,并且根据时势控制其主要机构。这种时势演变始于16世纪,终于路易十四时代。一切都建立在旧的社会运作过程中施加的保护和极其特殊的控制间平衡的基础上;同时也依靠两者的交流,包括互相影响及互相服务,使得"两个权力"永葆活力。但是,同教会一样,国家存在于启蒙运动的崛起之前。当时,它只需要根据功利性目的、按照其自身的政治改良处理同宗教的关系。国王加冕礼具体反映了这一逐步改变的过程。

由古老的敷圣油和加冕仪式可以看出,在18世纪由两种力量组成的紧密联盟能够将王权合法化:一种是基于人民承认的政治力量;另一种是超越一切的宗教力量。登基仪式不仅在万众瞩目之下证明了这个联盟的存在,而且通过报纸报道和形象宣传同样将联盟的存在公之于

---

① Certeau (M. DE), *La formalité des pratiques*, *du système religieux à l'éthique des Lumières*, *La Societa* religiosa nell età moderna, Naples, 1973, pp. 447 – 509; *L'écriture de l'Histoire*, Paris, 1975; *La Fable mystique*, Paris, 1982.

众。两种力量联合起来,将国王塑造成一位偶像,一个神圣不可侵犯之人。一方面是公开的宗教礼拜仪式;一方面则是浩大的典礼盛会,而此种盛会活动表现出仪式的政治性,尤其在路易十六加冕时占据非常特殊的地位。

宗教方面,我们在梅南的《法兰西国王与王后加冕礼历史风俗》(1723)或法学家居约继 1775 年出版《路易十六的加冕礼》后撰写的《论支配权与特许权》一书中,都可以读到对于礼节的描写:加冕用的神奇的圣油瓶,兰斯大主教迎接国王、为其加冕并听取他的庄严宣誓,敷油礼用到的传说中珍贵的抹油,赐福国王的手套、权杖、公正之手和象征王权的指环,教会贵族,宣告君主不朽——Vivat rex in aeternum,歌唱基督颂歌,还有日后通过法国国王触摸治愈的瘰疬。由此可见,加冕仪式具有公开的宗教性质。

政治方面,我们可以找到其他一些特征,例如:古时将国王及其王国联系起来的重要性,1775 年参加加冕仪式的世俗贵族均由嫡系王子组成以表王族之家的荣耀,一些使我们联想到选举的行为如贵族使团迎接国王,君主起床前的预加冕仪式;还有对路易十四的太阳系符号象征崇拜行为的继承,国王在去教堂宣誓和对其王国宣誓之间需莅临集会,佩戴象征王权的指环,以及登基结束后公众进入大教堂等。

一些评论作家如皮当萨·德·麦罗贝尔在他的《英国间谍》以及一位佚名作者在《国王加冕仪式,或经承认确定的法兰西国家权力》一书中开始用解释性手法描述加冕仪式。这种手法使得仪式中的宗教部分相对化,颂扬了仪式中的世俗因素;这些因素能够证明典礼仪式更倾向于一种政治活动,而非一种将国王与教会联系起来用以向人民推出一位神圣不可侵犯的人物的宗教活动。国家君主对于符合建立在伦理之上的完整的权力象征契约持认可态度。国王的形象符合启蒙时代要求的新话语,即它失掉一部分神秘,但却通过一种将君主与臣民像身体与灵魂一样联系起来的传统模式传递着契约精神和否认抽象、神化君王代表地位的主权在民思想。正如《百科全书》中所说的,加冕仪式中的各种关系证实了新旧的媾和。作为不平等的等级社会礼仪的加冕礼被描绘成"家庭节日",其中包含各种相反的价值观如"平等"。私人个体之间的关系是澄清透明的:"人人血统不同,人人都是公民。"①

　　在神圣宗教价值观和世俗政治价值观的碰撞交流过程中,基于两个方面产生的两者的相互关系贯穿了整个法国大革命前君主政体的旧制度,诸多困难由此产生。一方面,波舒哀在他的《圣经原文中的政治:论统一教会的布道》和1682年《四教义宣言》中阐明了"两种权力理论"(théorie des deux puissances),解决了将王权与教会联系在一起的问题。理论认为:国王是世俗之王,而教会则在国王的保护之下管辖精神世界。另一方面,作为此种"无条件馈赠"的回报,教会居于社会的第一等级,国王应当尊重其豁免权及其他特权。如此一来,两者的权限便泾渭分明地划分开来。然而,同一切事物一样,这些界限不断变化。随着界限不断变化,神职人员的权力不断受到限制:或者他可以庄严地遵守其原则,但不得触动王国和臣民的活动;或者他可以供职于国家。如此,"两种权力"间的关系以及信徒的宗教活动更趋形式化。

　　这样,教会便开始以一种新面目出现在社会生活中。君主专制下的教会组织和教会组织中的君主专制,更加突出了融合性与排他性因素的重要性。这两种因素影响着法兰西王国,正如古语所言:"一种信仰,一位国王,一条律令。"然而,一种与传统观念冲突的状况随之出现。其中詹森教派运动处于问题之首,这完完全全地展示了在一场毫无希望的对话中的政治因素与经济因素。最后,当教会进入启蒙时代、当宗教遭遇

----

① 　Valensise, "La sacre du roi: stratégie symbolique et doctrine politique de la Monarchie française", *Annales E. S. C*, 1986, n°3, pp. 543 – 577.

到新的价值观,教士文化及教徒思想必定有所更改和变化。

也许令人捉摸不透的"抛弃基督教信仰"只是世界世俗化过程中的一步,然而在寻找抛弃基督教信仰迹象之前,首先应该清楚在一个纯粹天主教的法国,在一个罗马教廷享受过度特权,享受理论上一致认可的、毫无争议的、不容置疑的地位的法国,如何能够觉察到宗教体制和政治制度的衰败。这种衰败预示着知识和内心精神的没落,预示着天主教在启蒙时代试图应时而变的失败。

教会力量:权力意识与排斥异己意识

"两种权力"理论支配着君主专制与教会组织之间的关系,处于法国教会的自主论(高卢主义)和神学理论的核心。前者在17世纪得到确认,后者则在18世纪用于神学院教授课程,例如在都奈利编写的基督教神学理论教科书。在此我们回顾一下其主要内容。

君主的权力由上帝直接授予,此后他们立刻即位行使权力。从世俗意义上讲,他们不需要遵循任何教会的要求,更无须按照教会绝对权力者的主张听命于教宗。神授君权后,所有神职人员、在俗教徒均服从王权,无论他们自身权力多大都须忠于君权,不得反抗。当然,在精神方面教会权力至高无上,国王——被看作"会外主教"——应当保证在不介入教义教规的情况下为教会组织提供保护。国王不能以个人"好恶"左右对神职人员的审判,但应该执行得到的指示。根据高卢主义神学论,两种权力互不从属,都是"自主的、独立的、在各自领域内绝对的,各自拥有与其组织机构相适应的权力,双方应通过和谐适宜的途径互相协助。当然,这种协助不应通过附属依赖的手段实现"①。

---

① Assemblée du clergé, 1765; *Actes sur la religion*, p. 205.

君主政权和罗马教廷之争不断造成冲突,其中建立起的平衡产生了一种政治关系状态。这种政治关系在确认了"教中有国,国中有教"现象的同时,也确认了一个真正的高卢主义的主教统辖制,作为教会运作基础及与国王建立关系的方式。针对自命不凡的罗马教廷和受教规制约的普通修士,主教需要维护他们的等级权威;针对其他神职人员,他们要巩固自己的职权力量。因此,出于行政和功利目的考虑,他们制定了更加强硬的高卢主义神学论。与此同时,无论是在政治世界还是宗教世界,他们用以排除异教徒、新教徒和犹太教徒的旧的界限都受到质疑。在由此引发的争论中,教会代表成为内外对手攻击的靶子。这些对手反对主教统辖制,责难"基督教体系"。宗教开始成为社会话题和研究课题。①

教中有国,国中有教

选择任命主教和管理控制教士俸禄,构成两种权力间沟通的主要活动。自 1516 年起,政治武器用以保证强势贵族对王权的忠诚,并在宫廷社会中扮演十分重要的角色。政治武器的运用不仅有利于贵族独占主教地位,而且便利了大修道院和大寺院的收益在几个望族之间的流通。这些望族的名称常见于皇家年鉴,如罗昂、德斯特雷、拉·罗什福科、孟德斯鸠、布依、夏邦涅、范迪米尔,他们都是宫廷权贵。除了这些争取到的领俸禄的忠臣——不要忘记主教在教区俸禄之外还兼赚好几个修道院的薪金,国王还可以通过他的主教来管理低层教士修士的生活方式,治理偶尔的骚乱;同时也可以控制他的臣民的整个生活,因为他们生活在各个教区并深受教士们宣讲的各种宗教文献的影响。

培养、管理教士并使其统一化,导致产生了处于高卢主义政治核心

---

① Certeau（M.DE）, *La formalité des pratiques*, *op. cit.*, p. 38.

地位的两项原则：一是教士完全从属主教团，二是教徒恪守教规。这两项原则是对正统观念的过分庇护，用以对抗其他各种各样的风潮。严格按教规从事宗教活动是以服务政治秩序为目的践行宗教信仰，正是这一点将天主教徒与新教徒区分开来，尽管遭到镇压的新教徒遵守同样的戒律。两种看似对立的宗教却置身于相同的发展道路。两者自此都只能在由君主专制规定的政治空间内活动。可以看出，皇家法官加强了对宗教事务的控制。国家介入教规问题，国王采取措施进一步确认主教控制普通教士的权力，并通过"教士委员会"将权力纳入手中。

1766—1781 年间，针对杂乱不堪的寺院和修道院，"教士委员会"采取"合并而不取缔"的手段着手整理规划了宗教世界，并制定各种规章制度，整饬修道生活。委员会记录了由国王经手部分解除的僧侣的职责。维埃纳大主教让·乔治·勒弗朗·德·佩皮洋宣称，在职的主教"不再自命为使徒的继任者，不再自诩为耶稣基督指定的宗教领袖，他们只享有国王赋予的权力"。这位启蒙时代颇有远见卓识的对手就是这样承认了宗教领域社会功利主义的抬头，同时也承认需要维持两种权力的联盟。处于国王的保护伞下，不仅教会的某些侵犯行为可免受谴责，而且不再受最高法院管制的主教和指导神甫同样有巨大的利益可图。如果说国王的保护造成了教会附属于国家的局面，那么同时，由于国王的保护，修道生活的一些规范甚至准则、愿心的构想和精神权威也都随之改变。这种衰落只不过是特权的丧失及教会内等级权力加强的一个借口罢了。

从属于国家还是独立于国家？教会下的赌注之一便是得到豁免权及保留教会财产。长久以来，国家一直觊觎教会巨大的土地和不动产（约占全国土地面积的 10%）。这些财产来自什一税的提高和古代不可计数的各种遗产和专款。第一等级在这一点上从未停止过保卫他们的特权。僧侣大会仍旧鼓吹道："我们的豁免权可以上溯到我们最初财产的祝圣、用途和自主。我们的财产禁止买卖,是商业用途之外的神圣不可分割的领域。"当然,君主专制的王国的观点与之完全相反。最终出现了一种经济参与方式的协定。以下是克洛德·米肖对自16世纪起直至18世纪此协定的社会运行机制的描述:教士每年交付300万至400万的"无条件馈赠",数目占他们收入的1%—3%;与此同时,教士需要保证诸如学校、医院、救助等服务(很难计算这些服务的花销,但是花费肯定不少)以及尊重捐献的自愿性质;此项工作由一个独立稳定的政府机构——教士税务局和定期召开的全体大会负责。①

　　教士是唯一拥有独立"话语讲坛"的等级。他们利用这个讲坛在愈演愈烈的斗争中、在教会债台高筑的情况下捍卫自己的自由,重申第一等级不需服从正常纳税途径的权利。1750年,当国王又一次试图强制教会纳税时,请看教士是如何利用他们的"话语权"的。看看这些迷恋旧的社会、反对改变的教士代表的绝妙陈词:"我们的信仰和我们的尊严不允许我们眼睁睁地看着本该用于表达我们对众圣之爱的供品成为国家的捐税。"这种言论不仅能够在1780年的审议中听到,在权贵大会上听到,在对卡洛纳和布里耶纳提议的反对声中听到,在1788年集会的抗议中也照样能够听到。笼罩在教士头上的依旧是从前的以及今后的没收财产的威胁。为了更好地记起这一情况,以约瑟夫二世为例。最后一次集会规定了18世纪数目最低的"无条件馈赠"(180万古币),断然拒绝任何改革。正是根据百年一见的团结与反抗政策,关于世俗、财产、捐赠等的冲突成为这场总辩论的一个内容。与最高法院希望的不同,这些集会不仅仅是经济会议,而且还是在职的教士身体力行地与国王进行辩论的话语平台。他们重申政治方面仍然存在不可分割的旧的关系这一

---

① Michaud（C.）, *L'Église et l'Argent sous l'Ancien Régime. Les receveurs du clergé de France au XVI‑XVII siècle*, Paris, 1991.

事实,话题涉及政治、社会和宗教,并调动公众参与舆论争辩。

这样一来,教士集会成为君主专制制度下的一个行政机构,一个愿心、信息和命令传播的有效管理中心,一个为主教团完全控制的事物,一个定期发起关于神圣和世界、关于教士参与崭新关系的政治、社会和经济机构的讨论场所。一种独立的力量不断显现出来,但这种力量不可能独自发挥效应,①它的效力与王权紧密联系在一起。自 1750 年始,"两种权力理论"开始解体,教会与国家的神圣同盟不复存在。

先举一个例子:不顾教士的直言劝进,君主执意制定实施自己的学校政策。耶稣会教士被驱逐后,教学领域一片空白。自 1762 年始,主教纷纷申明他们作为改革先驱者的义不容辞的责任。他们反对 1763 年国王诏书。诏书规定:委托当地权贵设专局进行重组工作,主教在专局中的权利非常明确——与其他人一样只有一票之权。如此一来,针对教育政策出现了两种截然不同的想法。根据中央和地方政府及议会的意见,学校的管理权由世俗权力机构掌握,主教只在宗教方面拥有监督权。主教这一方依据他们"对于青年人教育的主要监察"特权呼吁废止诏令。诏令一旦生效,在新的政策下主教们空有其名,或者只能在专局中施加微乎其微的所谓的影响。

再举一个例子:关于"不良之书"传播散布的政策。每次集会教士都会再三表达他们对这一问题的不安与警惕,而国王则再三敷衍推诿不予明确回答。实际上,国王同样感到担心,只是他认为事情还未严重到需要颁布新律令的程度;况且人们对于官员以自己的方式监督控制出版业的能力毫不质疑。1780 年后,遭冷落的教士阶层起草了一份法令,准备取消颁发学士学位。他们声称:"哲学的声音甚至在卑微的手工作坊

---

① Peronnet (M.), *Les Evêques de l'Ancienne France*, Lille, 1997, 2 vol., t. II, pp. 721 – 847.

和下层农民的房梁上空回响……"解决这个问题有两个办法：重新建立对神学家的审核机制并强化图书政策,加强对出版商、书店、售书亭的严格监控等。事实上,长久以来,国家机关对上述措施一直持怀疑态度,教士因此未得到任何答复。

相反,王权对教士的依赖日渐削弱,以下几起接连发生危机可证明这一点：1752—1754 年间拒绝圣事仪式,增强对议会的干涉;1761—1764 年间驱赶耶稣会教士。几乎在每种情况下,王权抛弃了它维护两个对立集团间平衡的传统仲裁角色,转而进行唯利是图的裁判。即使这样,国王仍声称教士集会具有"主教会议功能",尽管他拒绝承认其治疗宗教上精神痛苦的不可或缺的地位。这是因为,一方面国王不愿破坏与罗马教廷的关系,罗马教廷也颇满足于一个少有王权色彩的高卢主义,因此法国国王与教宗的关系对君主专制制度是有利的。此外,国王在与詹森教派的斗争中还需要教宗的支持,他更不能与罗马教廷擅动干戈。另一方面,君主政权也希望看到教士中有一两个他的政府官员,有能力而且与民众关系亲近。

教士不再管顾他们的职责,这必然导致功利主义的后果。教会以放弃古老神圣使命为代价,在新的社会政治等级中为自己谋到一个位置。得益于国家的帮助,教会获取了一个既普度众生又分享共同利益的折中的社会角色。政治道德最终压倒一切,正如勒弗朗·德·佩皮洋在他的《致主教大人的一封信》(1802 年出版)[1]中所言："宗教以其力量造就了真正的美德并使其有益于社会,而具有美德的公民以其勇敢造就了一个有力量的国家。"由于一切都建立在对主教团权力丧失和事实上归附君主宗教政治的补偿上,在各教区内和教士集会中,主教团在这次演变里

---

[1]　Julia (D.), "Les deux puissances, chronique d'une séparation de corps", in Baker(K.), *The Political culture…*, pp. 293 - 310.

扮演了重要的角色。

主教权力：主教团的政治权利

始于 17 世纪的主教团改革，虽未使所有主教皆以诲人不倦为己任，但也确在各个教区建立了一些体制机构用以修正教士的行为，约束信徒的宗教生活。[①] 这次改革是开明君主专制形式的权力带来的。借助佩罗奈[②]和斯卡尔神甫[③]的著作，我们可以了解到当时的社会文化面貌。主教集团共有附属于高卢派教会的主教 176 位，其中握有实权发挥作用的有 166 位，他们之间有着非常严格的等级。等级划分或者按照在任的权威和资历（大主教辖区、主教辖区），或者按照头衔（1789 年有五位红衣主教），或者按照教区的重要性及价值（以收入和人口情况为标准，有破烂不堪的低级教区和富有魅力的高级教区，前者主要位于王国南部，如赛内士、格朗代弗；后者主要是大都市，如巴黎、里昂、斯塔斯堡、贝尚松、鲁昂、波尔多、埃克斯、图卢兹）。

自此，主教在贵族中产生，而国王也根据出身情况进行两种选择。当然，国王的选择受到“宗教信仰委员会”“财政部”及他的忏悔神甫的影响。选择过程中“财政部”所承受的巨大压力和其中的阴谋手段可想而知。首选在整个世纪以来控制大教堂的 30 多个家族中进行。譬如独占斯塔斯堡、舒瓦瑟尔岛和西塞的罗昂家族。自叔父任用到侄儿、自近亲任用再到远亲，出于私心和朝廷的考虑，在主教团的任命过程中必然存在任人唯亲现象。第二种选择照顾了弱势贵族的子嗣，通过承担责任、遵守教规、享受利益逐渐获得成就。第一种人生而拥有一切；而第二

---

① Queniart（J.），*Les Hommes*，*l'Eglise et Dieu dans la France du XVIIIᵉ*，Paris，1978.

② Peronnet（M.），*Les Evêques*，*op. cit.*

③ Sicard（A.），*L'Ancien Clergé de France*，Paris，1905，3 vol.

种人则需要建功立业赢得一切,同时还需要得到权威高级教士比如宫廷大神甫或埃克斯岛布瓦斯热兰家族大主教等的扶持。有了家族策略的支持,再加上个人的运气就足够了。拉·法尔家族或塔列朗-佩里戈尔家族的人的功成名就很好地说明了这一点。

这些主教常常为他们谦谦君子的气质而自豪不已。确实,绅士风度是能力强、修养好之人需要具备的重要品质。他们大约40岁左右才加官晋爵,30岁以下的绝少见。此时,他们已经过很长时间的磨练,积累了许多经验,大部分人都拥有卓越的学识。1788年主教的平均年龄为60岁。主教团中发挥实际作用的大约在四五十岁。据贝丝顿神甫和莫尔莱神甫分别在他们的回忆录中记载,主教需要经过很长时间的知识积累和圣职培训,其中最优秀的是圣絮尔皮斯神学院(Saint-Sulpice)和索邦神学院(Sorbonne)的进修。总之,作为一个紧密协调的团体,虽然一直以来存在的诸如违背义务、亵渎教所、混淆教会权和领主权等问题没有完全消失,但在一直以来的管控之下已经不再严重。负责人机制和教育结构,修道院,神学会议,代理主教及长老的管理等级,高级教士及其代表定期主教访问,从上述情况可以看出一种持续的能力。而影响力和稳定性更加强了这种能力。有例为证:37名主教擢升2—3次,大部分在主教位任职15—20年,其中三分之一甚至超过25年。总之,主教们在位期间的功绩不妨碍他们追名逐利,而他们对上帝的虔诚也丝毫阻止不了他们沽名钓誉。他们的生活内容丰富多彩。他们超凡脱俗而又矫揉造作,琢磨待人接物的艺术,参加各种当地讲排场的博雅活动。高级教士可谓集特权于一身:出身高贵,家财万贯,学识渊博。

同时,他们还负责管理教区宗教和世俗的行政事务。开明教士由此变身为行政官员,并组成影响国家政策或公众舆论的社会经济压力集团。一方面,他们要求君主重建旧秩序;另一方面,他们顺应启蒙时代的要求,参与公众事务,致力于改造社会,表现出对非宗教事务的热心。莫尔莱神甫如此评论洛梅尼·德·布里耶纳（奉命就职于主教团），说他"雄心勃勃地管理他的主教辖地，虽然像朗格多克这样的主教辖地内存在好几种行政机构。此外，他还想要弄明白所有的政府工作"。像这样的主教在三级会议行省（pays d'État）都处于第一等级。他们通常是改良主义者，鼓励发展公共事业，针对税务改革和农业发展问题争论不休。足足有 60 个主教通过这种方式在社会上实现了他们的"入世"政策，其中不乏出类拔萃者，如朗格多克的狄龙、埃克斯的布瓦热兰、雷恩的巴洛·德日哈克和由勃艮第三级议会选举出来的奥顿主教马尔波夫。几乎在所有地区，他们都热心于经济活动，热衷于将救济金以功利主义分发的"有创造性的"慈善事业。他们关心教育以造就基督教徒，然而事与愿违，这种教育却改变了世上人与人的关系。作为教会财产的管理人，作为土地所有者，作为教士集会的成员，他们负有许多职责。这些改变也将他们记录其中：他们进入各种学会，有 58 位名誉庇护高级教士，56 位发挥着实际作用的成员，20 多位工程合伙人，加起来共占教士委员会 1 300 多名总数目的 10%。

他们神圣的力量促使其担当起传统的卫道士角色，然而，他们的学识修养和所采取的立场又令其加入对传统的质疑与批判中。一个主教团的观点很有可能倾向于两个阵营，即使双方间明显存在互为印证、互为参照的情形以及转变或放弃观点的情况。关于这一点，只需想到拉·法尔和他的朋友兼对手塔列朗就可以得到证实。1781—1783 年，一本抨击性的小册子在神学世界流传。除此之外，《与 XX 侯爵先生关于宗教和教士现状密札》（一般认为此密札为莫里或布瓦斯蒙所作，总之是反对热衷政治的高级教士，反对由布里耶纳、马尔波夫和布瓦热兰组成的三雄执政之人所作）明确表达了对这种现象的反对。《密札》中写道："热衷于成为政客是一种疾病，这种疾病摧毁了最优秀的头脑。今天主教团所关心的事务已染上了政治的色彩。看起来对我们的高级教士来说,福音书的来源竟变得陌生了⋯⋯"一方以"三雄"为代表,另一方以勒弗朗·德·佩皮洋、克里斯多夫·德·博蒙、勒莱克·德·如尼为代表。前者妄图将教会卷入运动之中,而后者则不信任所谓的"经济狂热",并希望教会更应该以"为灵魂赐福"为责任。

若说"地区行政官"和"主持圣事者"这两种传统发生冲突的话,那么其未来和过去则在对国王的恳求上达成一致。高层教士大力传播"王权崇拜"观点,参与共同阴谋(对君主专制政体的行政体系来讲,这是必不可少的)。罗昂、狄龙、布瓦热兰等人还热衷于政治竞争,其中像杜博、弗勒里、唐散、拜尼和晚期的布里艾等人都取得了成功。这样一来,主教团最重要的特征可能就是,无力在捍卫特权绝不妥协和功利主义政策之间做出抉择。自那时起,不论是主教的世俗活动还是教会管理都带有这种必然联系,即公益性和为君主服务性。尤利娅指出,从这个角度来看,1770—1775 年间教士集会对教徒的庄严训告是意味深长的。他们不想与不信教之人讨论宗教的真实性,而是坦诚地告诉人们信仰基督教能够给人带来的好处。从一本"亲切的福音书"中,人们自能得到利于建设世俗社会公共秩序的有用的东西。[1]

排斥异教势力的衰退

王权对新教徒和犹太教徒逐步的宗教宽容政策,对此教会不能提出反对。对于新教徒而言,整个 18 世纪,由于 1685 年颁布的废止清教法令,他们只能进行地下活动,遭受迫害,有的不得已只得或者诚心归顺正统教派,或者言不由衷地声称要归顺。所谓的"宗教改革"获得的相对平静始终受到驱逐法律支持的持续威胁,一直拖到 1770—1780 年间法令才得以废止。之前,新教徒集会常常遭受宗教迫害或被其他事

---

① Julia (D.), "Les deux puissances", *op. cit.*, p. 307.

件搅乱，并造成巨大的困难。最令人厌恶的迫害要算教士和在俗教徒的狂热，在法国北部引发了若干地区事件。但是，在1717、1726、1745、1748和1756年间，王权在新教徒集团活动密集和"独自祷告"形式盛行之地定期出台一些大规模的措施，以致来自日内瓦的牧师为教徒布道都要冒着生命危险。每一时期都少不了大肆镇压、逮捕、处决。然而这些残酷的方式越来越受到宗教改革者和开明舆论的质疑。

　　新教徒竭尽全力反抗压迫，主要是为争取维持新教家庭式的结构和单独祷告的形式。他们顺应了形势并通过公众圣会团结一致。牧师布道也由最初流动的方式变为固定的方式。被动抵抗取得了一些成果：新教徒数量仍占人口总数的2%，历史悠久的南方比起北方地区更少受到因镇压造成的新教徒大批死亡的影响。至于开明公众，我们能在其中听到启蒙运动的脚步，听到宗教宽容和反教权压迫活动的呼吁，听到舆论觉悟的声音，听到宗教改革的号召，甚至看到改革教会与推行不宽容政策的国家之间的联系。伏尔泰曾经为自然的、人道的宽容政策实行的必要性进行过辩护。在出版于1763年的《论宽容》一书中，他谴责强加于新教徒的极不公平的法律，譬如以苦役刑罚为威胁禁止其做礼拜，剥夺其公民身份，以及其他各种非难。伏尔泰的提议并未苛求权利的完全平等，他只是要求实现宗教宽容。尽管如此，他在1763年提出的这一卑微的请求是在当时教会与国家达成团结的制度下可被理解的唯一要求：

　　　我们知道，若干族长在国外积聚了大量财富之后，纷纷准备回到他们的祖国。他们只要求得到自然法的保护，承认他们婚姻的合法性，给予他们儿孙确定的身份，保证他们的继承权，维护他们的言论自由。他们不需要设立任何公共寺庙，不要求市镇政府给予任何保险，甚至不要求别人对他们尊重……更不奢望得到巨大的特权、稳定的宗派地位（像《南特赦令》所做的那样）。作为一个和平的民族，他们只希望得到生存的权利；希望诏令如果有必要颁布的话，也不要那么严酷。实际上，已经完全没有再颁布诏令的必要了……

论战促成了 1787 年诏令的颁发。此诏令虽然没有承认宗教的多元化，但已经承认了世俗婚姻的合法性。

国家的世俗化进程并没有因为主教团及教士集会的反对而放慢脚步。直到 1770 年，他们还一直在坚决要求制定实施镇压的法律。然而，主教团的强硬遭遇了宗教宽容政策。前者滋生了宗教狂热，对民众生活安全造成威胁；后者的颁布实施结束了教会根据天命为公民划分等级的历史。两者不能相容，加冕礼上国王的宣誓被弃置一旁，宗教改革者与君主制度拥趸者开始串通一气。教士的反新教言论是出于政治考虑——宗教信仰不统一乃不和、纠纷之源，但这种观点的变迁本身就证实了"一种信仰，一条律令，一位国王"原则正逐渐瓦解。尤其从对犹太民族和对权力的态度中可以非常明显地看出这种演变。

这里应该强调根植于从前记忆和传统习俗中的敌意和偏见的力量。这种偏见尤其从教会和笃信宗教之人的身上体现出来，而行吟文学对"流浪的犹太人"的描写及对他们的轻蔑态度更是加深了偏见，尽管人们并未亲眼见到犹太团体。其实这个团体大约有 40 000 人，根据出身的不同和习俗的差异划分开来，主要分布于法国东部（阿尔萨斯和洛林）、西南部和东南部。正是那些诋毁、蔑视他们的人造成了犹太民族今天的局面。比如梅内塔到达卡旁塔之前，职业反犹太已成为传统，伏尔泰也揭露人们对《圣经》的狂热崇拜。启蒙运动得到犹太教信奉者与其他人民的支持，因为无论谁都无法躲开偏见，无法逃避幻想的衰落。正因为如此，各种学会，例如在梅兹，都在讨论犹人民族的延续和自由。1787 年底，在颁布诏令赋予新教徒公民身份之后，路易十六命令马尔泽尔布研究法兰西王国内犹太人的情况。一场从自由到同化的运动开展起来,梅兹学会发挥起中转站的作用,服务于运动。于是,君主政体、教会、神圣事物的古老关系中又一个缺口正待打开。

宗教宽容政策的实施,预示着宗教自由即将实现,根本的歧视行将消失,两种结果同时产生:一是发展演变终于完成,国家握有对公共集体的公民和行政统一的最高权力;二是等级制度的衰落,等级虽然仍合法,但自此已是岌岌可危。此种分离尤其在政治方面产生了巨大影响,从前的统一的宗教分裂了,国王与子民共同做礼拜的不可分割的宗教不复存在,个人祷告形式得到允许,个人与上帝能够直接交流。无论在詹森教派中,还是在詹森教派引发的合作与冲突中,甚至在它提倡的人的转变中,都有这种分裂的影子。

詹森教派与共同利益的衰减

17 世纪以来几十年的论战与争执赋予了詹森派思想成为一种思潮的力量,成为法国宗教思想结构的表达形式,18 世纪继承了这种形式。我们很难理解导致如此巨大冲突的两个不断变化的原因:其一是教皇的介入(1705 年颁布基督教法谕旨,1713 年颁布上帝唯一之子谕旨);其二是王权的介入,结束了教会和王国中存在的最终采取统一"立场"的论争。无论在 17 世纪还是 18 世纪,都不存在统一的一个詹森派,而是不同的时期有数种力量站出来表达观点。

无论怎样,1775 年后,当王港修道院先生们的神学史诗撼动了知识界和宗教生活时,教理主义失去了鼎盛地位,伟大时刻和伟大人物如阿尔诺、帕斯卡、撒西、拉辛、安琪莉嬷嬷亦不复存在。18 世纪把这一切当作一种由神话、历史、回忆(公共运动的和用以开启精神及世俗选择的钥匙的回忆)激发的根本需要来继承。这里,我们可以看到对由灵魂归宿预定论和个人祷告祈福组成的奥古斯丁论题的重新思考。这些论题鼓动了一小撮精英教士和信徒以政治争论的方式进行思考讨论。一些坚持信仰、冥顽不化之人无视国家法律、教会教规,他们指出了一条新的裂缝是如何在支配旧世界的统一原则之中出现的。一股真正反对王国及其宗教政策的反对力量诞生了,这股力量在伟大世纪(17 世纪)冲突发生的时刻更显出它的威力与反响。从 18 世纪前三分之一个世纪的主教的詹森主义到议会法学家、神甫和民众的詹森主义,其音调与语气和教理原则相比不断变化;毫无疑问,后者被所有人认为是最基础的部分。这种变化可能是运动最重要的特点之一,它提出了一种不同的神学理论和信仰的牧师神学,在某种意义上更加民主。总之,更有利于对基督教信徒的干预。

从历史到行动:主教派詹森教

　　1715 年,詹森主义看起来已经完全被路易十四和教宗共同策划的行动置于死地。王港被摧毁,教宗颁布上帝唯一之子谕旨,这似乎表明国王和教宗克莱芒十一世同时达到了他们的目的:倚仗高卢派主教团成员和罗马教宗的统一,宗教和平统一得以重现。面对这场终极危机,詹森派看来无法存活下去:它的代表遭到当局追捕,它的教理遭到两种权力禁止。然而,事实上,主教间意见一致是不存在的。八位主教曾大胆向教宗要求辩护,而 1714 年记录下教宗谕旨的国王在驾崩之前还未来得及命议会宣布让所有主教公布谕旨,也未来得及迎谕旨入教士集会,未来得及罢免大法官德·诺瓦耶的职位——他是巴黎大主教,一个公认的反对派。于是,反抗自然出乎人们意料。那么,反抗的赌注是什么? 反抗的步骤又该如何规划?

　　教宗颁布谕旨斥责巴斯克·吉奈尔的著作《法译〈新约〉及为方便初学者阅读与冥想而对经文每一节做的道德思考》,旨在否定神学反对

意见的同时重申天主教改革的教学原则。从一本有 40 年历史的于
1712 年经审核通过后再版的著作中,罗马书籍检察官挑出了 101 处异端
邪说。据此,他们希望做一个综述,阐明关于圣恩、灵魂归宿预定论、文
献与信仰的角色、对《圣经》的理解、教会的行为及其精神和参加宗教仪
式等方面异教在精神和教理上的错误观点。争论声势浩大,因为要炮制
统一的教理概论,一定要突出强调异教存在的令人难以接受的特点,比
如说吉奈尔对圣恩力量的过分夸张以至于个人自由丧失殆尽;他信奉高
卢主义,对罗马教廷宣称的经书绝无错误的观点抱敌对态度;力挺高卢
教会运动,即支持它所讲的神甫在教区政府的角色,而这一角色与“辉
煌”的主教团主义针锋相对,等等。然而,在突出其令人难以接受的特点
的同时,还对被奥古斯丁派甚至詹森派接受的圣事建议和道德观点大肆
批判。作风朴素清苦,拒绝入世使个人境界升华,意识到自己被挑选出
来,这一切使得詹森派各界成为阶级社会中与当时完美定义的宗教生活
形式完全不同的一个世界。运动的历史和回忆很快便将这些原则束之
高阁,不然就将其变成对洋洋得意的专制主义的公开反对。

　　接受教宗谕旨的危机证明了一个深刻事实: 高卢主义和詹森主义
联合反对神权与教宗绝对权力无误主义,反对政治和宗教的专制主义。
这样,詹森主义在它的含糊其辞中亮出了藏在危机暴力后的赌注。詹森
主义处于两个世界的交界处: 其一是将自然与超自然紧密联系起来的
旧的秩序;其二是从长远看,两种权力理论统一下的现实与精神的分离。
詹森主义为一个有机的社会引入了个人自主的自省权以及强烈的个人
主义。为了得到上帝的真谛,个人应首先找到适应自身的标准、理性和
秉性。①

---

① Dupront (A.), "Vie et creation religieuse dans la France moderne (XIV – XVIII
siècle)", in Francois (M.) (éd.), *La France et les Français*, Paris, 1972.

　　1715—1730 年的危机显示出在过去的世纪中知识和精神努力取得的成就。有了这些努力,修养较好的教士、一小部分精英、世俗贵族及官员已经能够理解教理的各种问题;而工厂印制、书店出售的神甫的训诫及田园牧歌式著作更是扩大了成就。王港被毁后,詹森派教徒主要集中在巴黎。勒卡西教廷大使于 1739 年研究过他们活动的教区。在他看来,这些形迹可疑的教区集中了多种圣物和改宗"异教"的教徒、教士。圣-西朗的圣体葬于圣雅克杜奥巴地区,帕斯卡、拉辛和勒麦斯特·德·撒西葬于圣艾蒂安-杜蒙地区,圣梅达尔地区则拥有尼古拉的圣体。17 世纪,在王港的支持下这些中心很快进入角色。詹森派教徒不是孤立的,因为除了一个明确的教理联盟之外,他们同时联合了高卢派;而高卢派只承认教宗有决定教会重大问题的权力,并且这些问题只能纳入主教会议而不能由教士集会解决。这些高卢派与议会关系亲近,在下层教士、中产阶级和民众中人数众多。运动中他们致力于宗教的普及推广甚至民主化。通过流动商贩、政论作者和书店的传播,通过献身事业的不同宗派的成员的鼓吹,通过发放小册子、主教训谕,通过咨询律师、征求神学家的意见,通过图片、雕刻作品甚至歌曲小调,论战已经几乎尽人皆知。1714 年,有关教宗谕旨的书籍著作有 180 多本,而詹森派的出版物约占违禁搜查出版物的 60%。詹森派神学家选择采用推广教育法的方式,他们出版有助于保卫其事业的书籍和利于争取皈依教徒的宣传材料。这些材料在证明了吉奈尔的正统观念的同时,也证实了罗马教廷只根据字眼下判决的错误性。[1]

　　这里有两种最基本的观点。首先,承认教会学,教会学赋予二级教

[1]　Julia (D.), " Le catholicisme, religion du royaume, 1715 – 1789 "; " Lumières et religions"; " La déchristianisation, pesée d'un phénomène, des indicateurs de longue durée"; " Jansénisme et déchristianisation", in Le siècle, Paris, 1991, t. III, pp. 11 – 49, pp. 145 – 155, pp. 183 – 207, pp. 249 – 262.

士教授真理的权利。以兰斯议事司铎胖子尼古拉的《论高卢教会推翻自由》（1716）一书为例。自由，是重新给予教士和司铎曾被主教剥夺的话语权；也是反对罗马教廷的强势，接受其他特殊的教会组织。其次是"象征理论"。由于能在《旧约》中看出《新约》，这种理论将宗教权威给予符号和标志的所指。永恒的信仰属于只有"一个小指节"般的神甫和信徒，正是他们见证了真理。圣马格鲁瓦修道院长在他出版于1714年的《见证真理》一书中写道："这虽是一个'小指节'般的小数目，算不上奇迹，但却是圣体自然可见的征兆。"更有甚者，因其言论带有历史的末世论观点，从而反对主教用力更深。这些言论凭借对《圣经》的象征性阅读自我辩护：迫害所指之处，正是真理受托之人；反抗是正当合法的，并能从对"早期基督教"的重构中找到前例，然而这种重构常成为论战焦点。如此看来，反对已等同于一种传统。然而，"力量所在"有时可能也化为"薄弱之处"，这确实是一个真理。如果说高卢派与詹森派求助于广大民主时是携手并进的话，那么，当决定是否要向罗马教廷采取绥靖政策时，两派便分道扬镳了。

起初，当摄政王奥尔良公爵任命诺阿耶就职宗教信仰委员会时，众人希望两者互相和解，运动趋于平息。巴黎到处传唱：

> 灵验的圣恩获胜啦！
> 依纳斯的孩子不用忏悔啦！
> 他们溜进河里，
> 扑通扑通啦！
> 他们溜进河里，
> 啊！他们快活啦！

主教被召入教义教规评议会，公众舆论对此颇为兴奋，他们看到了高卢派联合的可能。号召者的数目不断增加：1717—1728 年间，最多时达到 7 000 人，占总人数的 5%。同主教团一样，这一小部分人内部同样也四分五裂。运动的分布区域性很明显：有巴黎、巴黎盆地避难教区、沙隆、图尔和奥克塞尔；尽管有像蒙彼利埃的柯尔贝尔或索阿南这样有影响力的主教，运动仍很少波及南方。实际上，詹森派教士阶层主要是由愈渐增多的学会和招收的普通教士维持，35% 的参与者中又以本笃会修士、议事司铎和祈祷神甫居多。支持号召教士的詹森派运动由教士组成，他们通过所扮演的智者的角色、相互之间的联系及与法院、教士议院和民众保持的社会关系，在社会上享有重要的地位和影响力。虽然如此，由于神学理论学会的逐步建立（自 1729 年索邦大学始），宗教等级与国王的强行联合，以及主教对日渐衰老的教士及司铎的压力，他们渐渐失掉曾经的地位。

　　主教团内部的斗争伴随着权力斗争。出于宗教和政治原因，弗勒里①对詹森派相对抱较少敌意；詹森派制造混乱，而费勒里却希望国家内外处于和平状态。弗勒里攻击詹森的手段更多的是压制个人，而非采取笼统的针对教派的措施。正是如此，弗勒里因诺阿耶背叛帮派孤立他，并以昂布兰教义教理评议会上对索阿南的判决威胁他，最后，随着年龄的增长，诺阿耶终于投降。1727 年，"昂博罕抢劫"中出现殉教者，大主教的放弃最终敲响了主教团詹森主义的丧钟。主教团接受教宗训谕，所有派别的活跃力量都遭到镇压。由于基督教法训谕成为王国法令，1730 年 5 月 24 日的国王宣告依赖于主教的地区行动。任何负隅顽抗的教士均遭除名，议会不愿再介入此事，教区纯洁化行动大步进行。差不多 1740 年的时候，詹森派在教士斗争中败北。

---

① 　Fleury（1653—1743），法国枢机主教、政治家和法兰西学术院院士，路易十五时代的首席大臣，曾稳定了法国货币，平息了詹森派教徒的反抗。——译者注

然而王权与主教团的联合胜利,是由于对宗教论战在教徒身心所产生的实际影响缺乏了解。传闻扩大了论战规模,民众对神甫的依赖加剧了论战程度,高级教士遭到迫害强化了人数众多的"情义联盟"。如此一来,路易十五背上了新尼禄的骂名,他抛弃了"早期基督教"神学家们依仗的共同利益。[1] 皮埃尔·巴哈勒在他的《国王义务箴言》和《君主教科书》中写道:

> 爱护臣民,保障公共利益,追求社会总福利,是君主应遵守的普遍且永不改变的律法。该律法乃自然本身所定,先于其他所有契约。

上帝委任君主为世俗大家庭的父亲,他有责任使这个大家庭和睦安乐;不应违背与上帝的这一约定,追求宗教纪律的有条不紊而陷入暴君式的专制主义。同时,詹森主义在政治方面失去了控制权,但它仍然竭尽全力提出各种基督教经济政治的观点。[2]

最高法院詹森派、大众詹森派:政策和奇迹

弗勒里击败了主教团詹森主义,然而詹森运动却得到了法官们的支持,尽管是微不足道的支持。他们有着高卢主义者的易怒性格,在听到基督教法成为王国法律的宣告时猛然惊醒。同时,1725 年在巴黎圣安

---

[1]　Cottret (M.), *L'idée de la primitive Église au XVIIIe siècle*, *thèse*, Paris X, 1979, ex. Dactyl, 2 vol.

[2]　Julia (D.), "Le catholicisme, religion du royaume, 1715 - 1789"; "Lumières et religions"; "Ladéchristianisation, pesée d'un phénomène, des indicateurs de longues durée"; "Jansénisme et déchristianisation", in Le Goff (J.) et Remond (R.) (éd), *Histoire de la France religieuse*.

托尼郊区圣迹来临时发生了一种显著的变化。当然,圣迹仍在圣马塞尔区继续。在首都巴黎,因酷爱美食而著名的万迪密耶取代诺阿耶成为大法官,一些恶作剧之人给他起了"千肚"的绰号。人们还在他的门上贴布告,上书"圣安托尼(诺阿耶大法官)被他的同伴———一头传说中的猪———所取代"。其实,万迪密耶是一个和蔼且有节制的高级教士,但他追随弗勒里的政策。1743 年后,弗勒里的继任者,掌管教区财政部的米合波主教布瓦耶,继续过度狂热且极不谨慎地采取同样的政策。布赛尔参议员领导的议会反对 1730 年 5 月 24 日的诏令。有这样一首家喻户晓的歌谣:

> 红衣主教弗勒里和他的追随者,
>
> 把好神甫布赛尔赶出巴黎,
>
> 人民开始怒吼,
>
> 小姐们开始歌唱,
>
> 姑娘我们在浅滩等你,
>
> 姑娘我们在等你。

看得出法官的声望极高。反对派因此变本加厉地采取了严酷的措施,大量传发监禁令,大批流放人员。然而形势并未转好,负责抓捕的警察面对斥责和诡辩陷入了困境。实际上,自 1730 年始,詹森派意识到他们的孤立,转而求助公众舆论。带国王封印的监禁令尚且使教派中迫害和殉教思想得以维持,更何况如此严酷的手段反而为圣会的纯洁打了无与伦比的广告。许多普通家庭、法官和教士参与进来,事端频频发生。所以,若说镇压政策削弱了詹森派的话,它同时也增强了其力量。因为在迫害和圣迹不断发生的过程中,最虔诚的教徒看到了上帝对号召教士的圣恩。

　　1727 年,兰斯教区阿瓦奈司铎吉拉尔·胡斯墓发生圣迹。反对朗格·德·吉尔日和柯尔贝尔大人的论战爆发,后者在 1727 年 2 月 5 日信中发表了《帕斯卡思想录中至今未发表的关于圣迹的言论》。1730年,圣迹又在圣梅达尔墓地的帕里斯助祭墓前发生。墓主人是纯粹的詹森教徒,虽出身高贵却隐遁于世,成为助祭。严肃而朴素的作风、"令人敬佩、无法模仿"的善行,使他成为闻名的圣人,受到所有穷人和詹森教士的崇敬。他的葬礼刚过,就传闻圣迹发生,疾病神奇地治愈。诺阿耶讲述了这一情况,人们纷纷到墓地祷告。

　　这是巴黎的一个臭名昭著、偏僻危险的街区。如同泥泞肮脏、阴冷灰暗的洞穴,秋天一到,人们便得在污泥中行走。在这个工人区里,人们染布、配制啤酒麦芽汁,工人、教士、学生、资产阶级生活在莫弗塔街和圣日内瓦山中学之间。当圣迹不断在墓间出现时,病人们拥向墓地,看热闹的人也紧随其后。荫蔽墓地的栗树被锯下当作圣物,墓地里的泥土被装入小袋当作灵丹妙药,墓地里的椅子如同剧院椅子一样被出租。① 很快,这种现象震惊了教士们。1731 年 8 月 13 日,24 位教区神甫展开调查。他们发现患病的人和残疾的人渐渐都拥进圣梅达尔墓地,朝圣者被吸引来此瞻仰,还有不信教者也希望在墓地骚乱的场面中获得消遣。警察关注并记录下了这场闹剧的参与者和旁观者。詹森教派加大宣传,增加了《帕里斯,真福者的生活》的印刷数量;30 个传播者与圣图销售者被抓进巴士底狱。麦尔和玛毕雅②收集研究的圣迹状况,描述了狂热的扩展。当国王和弗勒里决定封闭墓地时,墓地已成为丑闻之地。1732 年1 月 30 日,有人在墓地大门上张贴写道:"国王禁止上帝于此地显现

---

① Maire（C. - L.）, *Les Convulsionnaires de Saint-Médard*, *miracles*, *convulsions et prophéties à Paris au XVIIIe siècle*, Paris, 1985.

② Mabillat（C.）, *Les Convulsionnaires*, thèse, Paris-I, 1982, ex. dactyl.

圣迹。"

骚乱转移了地点,公众秘密聚到一些特殊的集会继续进行那些在我们看来怪诞荒谬的行为。在破烂的住所和地下室里,狂热之风日盛。为了放松紧张的身体,为了以更多的苦痛平息痛苦,患病者发明了各种奇怪的酷刑工具,请求周围的人为其实行越来越残忍暴力的"帮助"。劈柴木和短粗棍,刺透肋部的利剑,拉伸皮肤和舌头的钳子,刺穿耳朵的尖针,吞下滚烫的煤块,咽下尿液与粪便合成的浓汤,这些就是所谓善意的观众看到的由护士兼刽子手提供的半是刑罚半是妙药的令人惊异的"帮助"。这些鲜为人知的赤裸裸的方式,企图使人同耶稣一样受难于十字架上,有些狂热者竟以此为特长。他们之中女性居多,追随"上帝的使命"。所有人都把自己看作追求真理的殉道者,承受的酷刑则是使命精准选择的证明。

这种现象已经不再公开出现,存活很久的宗派团体在镇压下逐渐解体。然而,事件产生了不可估量的社会影响,以致被国家和教会看成是真正的威胁。巴赫比统计 1734 年有 5 000 人参加了这次鬼神活动,阿尔让松统计 1750 年有 2 000 人。警察逮捕监禁了 300 人。在身份确定的监禁者中,70%的妇女(尤其是平民阶层)、30%的教徒、40%的贵族及官员和 30%的资产阶级及平民。异教势力并不处于社会边缘,而是活动在国家和教会的城市甚至机构的中心。狂热的詹森派教徒传播的平均主义观点使异教更加令人恐慌。"兄弟姐妹"的关系抹去了社会阶层差异,梦想建立一个早期基督教式的社会团体,被挑选出来的特权人反对和善的人。这个现象显然不能被忽视。它首先揭示了在朝着悲惨境遇发展的秘密状态下,教徒知道如何发现并利用詹森派深层的虔敬的趋向。在他们的苦修和抽象的沉思下,掩藏着真正的对圣迹的信仰。圣迹接连不断发生,每次都会留下圣物(由 1656 年圣戴比肇始),证明神对教理的支持。王港数名圣人的死亡引得群情激愤,表明在限制过于讲究的宗教仪式的背后人们对征兆的需求。

圣梅达尔和大骚乱这一系列狂热行为通过大量救赎作品、书籍以及图像展现出来。1743 年，阿德烈·勒拜日发现身边有 358 个《流血的基督》。这是一件流传很广的雕刻作品，是关于帕里斯助祭和他的顾问兄弟跪拜在奇迹般浴血的十字架下的。死亡萦绕在民众心头，他们情绪激动，被压抑的虔敬之心终于爆发。这些是不能为上层教士和哲学家所理解的。这群以医生为首的人，只要俯身狂热的詹森派教徒的床头，就能立刻读到关于圣迹的作品。他们意识到目睹了一个伟大的场景，在这个场景里，政治和宗教在卑贱者的话语权时而混合时而分开。对詹森派的镇压使普通民众到神甫都受到极大伤害。传统的标志纠结到一起，说服他人的狂热占了上风。论战反对像路易·加里这样的拥护者，他们断言民众的见证只可能是骗人的。反对者揭露蒙日龙①的这些人的胡言乱语。毫无疑问，重要的是如此多的卑贱平民能够投身运动，捍卫一些深奥难懂的原则，相信一些模糊不清的主张，追随那些被国王和主教召见参加主教会议的人。他们是新任巴黎大主教克里斯多夫·德·博蒙 1746 年造成的"忏悔券危机"的见证者。人们讥讽新任大主教的强硬作风：

> 上帝望他行善，
> 撒旦却把他变为犟驴。
> 他利用假慈悲，
> 掩盖不宽容的真恶。

新任大主教命令神甫拒绝接受未持"忏悔券"的教徒的忏悔。这桩

---

① 蒙日龙，法国城镇。——译者注

丑闻一经曝光,法院便传讯审判了大主教。当克里斯多夫·德·博蒙以良心道德发誓时,黎塞留公爵回击道:"您的良心如同一盏阴暗的灯,只能照亮您自己。"国王遣散了最高法院,放逐了大主教。这次事件有两个转折点。

第一个转折点再一次显示了两种权力同盟的分裂。当教士等待着国王对不遵从教宗训谕者下达镇压命令时,国王却只打算给他们空头许诺,实际上容忍了"越权呼吁"而举行的议会式活动。从中我们可以看出 1761—1764 年大危机中的关键:当法院开始攻击耶稣团体时,论战立即彻底转变成政治斗争。国王或者主动过问,或者不闻不问。这样,对耶稣会组织的检查也就预示着对教会豁免权的过问。正因如此,教会于 1765 年发表了一份关于宗教力量权利的激烈宣言,谴责批判卢梭的著作和《百科全书》,重申教会在习俗和原则方面的绝对无误性。国王欣赏它的热情,但不理会它的呼吁。国王征服了王国内部的信仰领域,与教会一刀两断,但却要冒着后者卷土重来的危险——他的行动可能恰恰招致对自己的批判。

詹森派运动证明了思想观点秘密传播的力量,危险越发清晰可辨。这便是第二个转折点。国王将涉及基督教法训谕的著作列为禁书,詹森派的一部分思想遭到摒弃。这些思想进入了地下思想联络网中。这张有机构成的联络网只有内行人士通过密码和化名才可见。正是通过这些隐蔽的途径,詹森主义思想得以在地理环境和社会情况不断转换中发展。自 1728—1789 年,《新教会论》一直在出版却从未被查禁,这段历史很好地说明了始终逍遥法外的宣传的成功。詹森主义在洛林①的宣传展示了巴黎、外省、联合省以及大小修道院、豪华城堡和破旧旅馆之间的关系链是如何运作的。詹森派从中获得了一些财富,但同时它也屈

---

① Tavenaux(R.), *Le Jansénisme en Lorraine, 1640-1789*, Paris, 1960.

从于政治与世俗之间的妥协。报纸和联络网通过它们的影响致力于制造批评性舆论，反对控制信仰的专制主义，传播某种反教权主义思想。在一个节制教宗权力、选择主教方式发生变化、世俗的启蒙运动蓬勃发展的时代，詹森主义被迫退出了社会第一行列，但它仍在宗派运动和理查派①关注的问题中不断出现，并在下层教士中不断传播。这些内容在莫尔托的《神甫守则》和高卢主义世俗圣人的著作中都已有规定。自此，下层教士和平民的教会法规为世界带来了宗教思想，甚至宗教仪式。②

启蒙运动与天主教教义：宗教与社会

在教会与国王的关系中，第三种力量日渐强盛，这便是启蒙运动的力量。他们的雄心之一是批判偏见，表达我行我素、不受拘束的愿望。"'偏见'这个词是'自由'这个词毫不含糊的论战对象，而自由承载着更多的意义"，列奥·施特劳斯如是说。偏见是一种无事实依据的评论，因此在质疑宗教及其权威时首先批判的就是偏见。启蒙运动异乎寻常的激进，旨在反抗《圣经》及教会对它的教条式解读：古书的价值不是一成不变的，其真实性取决于能够为其带来理性的可信度；神学和历史学自17世纪始就在宗教思想和宗教仪式中运用"理性"这一口号。到了18世纪，理性已经直接与组织宗教仪式的力量结合在一起，人们根据理性在合理性与实用性方面选择态度，区分观点、思想、迷信和成见。宗教表现力在这个领域内占据十分重要的地位，无论是社会还是政权都试图

---

① 高卢派神学家埃德蒙·理查的支持者。——译者注

② Preclin（E.），*Les Jansénistes du XVIIIᵉ siècle et la constitution civile du clergé*, Paris, 1929.

在自己的秩序下将理性纳入政策,并试图以利益为名用力量控制并产生它。就是这样,从城市文明开始,从新的学术权威开始,新的社会共同文化形成了,并从迷信不开化的平民甚至迷信狂热的教士阶层本身中脱颖而出。①

　　社会形势基本确定,但是问题却不能因此简单地得到解决。还需要明白的是为何对偏见的批判没有达到极致,没有取得像在法国知识界那样的成就,如思想自由、无神主义等。这种批判不及英国,更不及德国。德国的贤哲在承认基督教的"真实偏见"的基础上,从同样的精神前提出发,发展了自己的历史哲学。在前,在罗曼思想中能找到其某些痕迹。批判起点相同,终点迥异。因为在"回到古代"的标志下,也就是回到简朴的耕作生活,回到自然中,回到据出身而分的社会阶级,回到基督教国家的联盟,回到中世纪。因此,我们可以自问,为什么法国及其教士没有进行同样的介入,而是选择停留在冲突中?对孟德斯鸠在《波斯人信札》第86封信中所写的"所有宗教都包含对社会有用的原则"唯命是从?这可以从三个方面来解读:其一是将批判与宗教的关系汇集起来,其二是展示新教士模式本身的力量,其三是卫道的失败。②

理性和宗教:效用含混不清

　　如果说掷地有声的理性质疑信仰和宗教体制的话,它并没有以同样的方式对宗教文化的所有层次进行干涉。被经院哲学控制的神学体系在法国遭到了猛烈抨击;而在别的国家,情况稍好。为评估这个新关系的建立,我们需要考虑三个论题:运用具有批判精神的理性;尝试定义

① Certeau (M.DE), *La formalité des pratiques*, *op. cit.*, pp. 65, 66.
② Gadamer (H.-G.), *Vérité et méthode...*, *op. cit.*, pp. 110-112.

理性宗教;最后,拒绝极力保持冲突和差距的边缘化。

　　哲学家们大都是"博学的自由思想者",是培尔读者,他们不再对"迷信"——邪教的特征和本位主义排他的证明(宗教改革是世界主义的)——和天启宗教的"神秘"作传统的区分。一开始,信仰与批判之间没有任何明显的对立,正是信徒、虔诚的基督教徒和谨慎小心的神甫擦亮理性怀疑的武器准备战斗。比如梯也尔神甫,他是著名的异教信仰批判者,著有《论迷信》一书。"以智慧学识理性为名义的纯洁化在摆脱歪曲信仰的迷信的意愿中得到反响。要摆脱迷信,就要求助于文本、教条和理性本身。"①无论是对于信仰还是科学,都需要打破错误的结构体系。相对主义因此成为批判分析的草图,怀疑从而产生。"上帝是遭最后一次折磨而死? 这想法真欠揍!"伏尔泰大声疾呼。这种怀疑主义在一些头脑单纯却不乏敏锐的文学人物身上体现出来,比如孟德斯鸠笔下的波斯人、伏尔泰笔下的天真汉和狄德罗笔下的雅克。这些人物都在寻求真理,他们从平庸的信仰中解放出来,听从虚荣心,讨论未知事物。批判的力量正是来自宗教政策本身,来自宗教冲突、詹森-耶稣派斗争、废除诏令、迫害,来自一个世纪的宗教改革——抱定必胜信念的、适应社会文化的——之后的神学思想的过热。总体上,启蒙运动鼓励批判宗教不宽容,鼓励抛弃奥义,且将灵性与宗教道德区分开来。在《风俗论》中,伏尔泰写道:

　　　　每个国家都因神学争论血染断头台,500年来几乎从未间断过。这巨大的灾难只因人们总是忽视信条的伦理而持续如此之久……

———————————

① Goulemot (J.‐M.), *Démons, merveilles et philosophie à l'âge classique*; *Annales* E. S. C., n°6, pp. 1223‐1250.

哲学家与基督徒在涉及社会利益的"宗教仪式形式"方面再次相遇。启蒙运动的道德扎根于古老的分歧中,这种分歧与国家文化和功利主义文化联系在一起,将世俗与政治社会中的行为与宗教生活分开。在伦理异化的基督教丧失的地盘上,许多经验正在形成:与神圣的关系的经验,对否定的妥协的经验,所有通过"众人醒悟"或多或少取得的经验。

首先是各种理神论。它们从反基督教主义中获得力量,将自然与生活的秩序与神圣的事物作比较。"理神论"这个术语从未有过确切的定义,然而通过变化多样的阐述,它拥有了共同的基础:其中可以有一种容易理解的理性的宗教;理神论将空间宗教和信仰中的"共同人类"普遍化与历史基督教对立起来;它也要求一种可能产生的自然宗教,这种宗教摆脱了仪式和神秘,去掉神圣化,神性与自然法则在其中融为一体。伏尔泰的导师、英国理神论者如托兰德、柯林斯和廷代尔很早就表达了这些对宗教的态度:认为社会关系位于灵性之前,申明了讨论宗教内容的世俗权利。它们修正了政治权力与宗教权力之间的界限。上帝退后消失,宗教礼仪与教会也随之远去。对于伏尔泰来说,上帝作为永恒的几何学家,是人道主义宗教团体的基础;而理神论则是共同道德的宗教感情。正如波莫所指出的,理神论最终通向"有神论"是一次失败的宗教改革,但它也是一种清晰明白的研究:为使宗教不离开现实生活,不放弃人类的社会。这一公共诺言获得了普遍的反响。尤其在共济会的尝试中,基督教在其中只被保留最重要的作用,即它是一种社会纽带,不是为获得永福而是为解释和谐社会的必要认同,尊重已经建立的信仰和大胆深奥的研究。共济会坚持要求兄弟化、道德化,它广泛的教导能够适应宗教普遍的因循守旧。

没有什么比无神论和唯物主义者的根本质疑离有神论者的世界更远了。他们毫不在乎斯宾诺莎,尽管他向所有人提出看法并在秘密的、完全不同的神学阐释中大放异彩。韦尼埃尔[1]十分敬佩地表示:"将上帝等同于自然并绕开天启和创世,这是泛神论的创举。"尽管教会禁了他的书,但仍有人偷偷阅读。他因此将不信教的观念灌输给社会。唯物论者大声疾呼,要以此证明他们不像人们所想的那样粗鲁。在令教士惊骇的两种理论——理神论和无神论——之间,通过对恶的拒绝、否定宗教的言论和以物质规律代替创始者的必要性联系起来。这些我们都曾经读到过,没有任何新颖之处。但在由无神论发展到唯物论的过程中,新的"人类"定义的出现——人是教育和社会的产物——和对人的天赋的颂扬留下了深深的印迹。现代唯物主义的根基即在其中,因为霍尔巴赫、爱尔维修、拉·梅特里和狄德罗都倡导人类活动的自主性,能以自己为榜样的人方能统治自然。

启蒙运动时代的理性主义在此向所有旧的力量发出挑战。要从问题中抽身只有两种方式:一是讲俏皮话(胖男爵霍尔巴赫的唯物主义),一是保持沉默(大胆的解释不可能有任何回应)。重要哲学论著得到一点传播,问题在社会深刻变革的分析中被发现,但是这里涉及的是启蒙运动理性和它的对立面维持必要关系的问题。政治道德获胜意味着,其与拥有自身原则和要求的教会所揭露的尘世生活和解。在教会的社会运行过程中,它全力投入捍卫以神甫及其特殊的离群索居生活为标志的神圣领域。整个世纪以来,教会始终企图在与对手的对峙中——也就是说在超出了教会涉及范围的斗争中——使众人听到它自身的传统的语言。[2] 无论在哪种情况下,教会语言都趋向终止,宗教仪式和争辩逐渐形式化;最终,信仰的面貌在伦理和卫道、宗教信仰和灵性之间分裂。

---

[1] Vernieres (P.), *Spinoza et la Pensée française avant la Révolution*, Paris, 1959.

[2] Lefebvre (Ph.), *Les pouvoirs de la parole*, *l'Église et Rousseau*, 1762 – 1848, Paris 1992, p. 10.

1760—1790 年的感受危机揭示了非理性的前逻辑持久性,而教士与哲学家们的理性击退了这种持久性。被教会责难的卢梭向前者表明他不信教的一面:他是良心的揭露者,是真理言语的象征。

18 世纪的好神甫:神学与授职

多米尼克·米莉娅指出了神学表现是如何影响历史上的这些机构的,以及教士的政治和文化状况又是如何反过来改变神学文化的。这个问题之所以有意义,是因为自 17 世纪以来,教会改革主要依靠对神甫的改革——从主教团到本堂神甫,从本堂神甫到所有教士;并且自那时起,由于排他政策的实施,所有教士已经完全确定。[①]他们神圣特征的三个标记表明了其与世俗活动的分离:着装(教士长袍和古板严肃的黑教士服证明了对外表的注重)、品行(举止与众不同,对丑闻唯恐避之不及)和独身。这些苛刻的要求塑造了一种典范,神学在社会中的功能以及社会期望神学具有的功能都在这种典范中体现出来。在这种一来一回中出现了两种对立的形象:其一是所谓的"高尚神甫",他们追求精神生活、宗教要求和在世上处事行为的完美;其二是教会人员,因其教会背景和教养而被吸收入贵族阶层,并进行公共服务以保证社会利益。

宗教改革运动将基督教政策与国家行为联系起来,它逐渐强化了一种圣事神学。这种神学强调圣职祭品特征,承认等级制度;并且面对越来越世俗化的社会,将教会定义为教士的独立世界。正是神甫建立起世俗与神圣的界限,也正是他们的美德、他们作为榜样的力量形成了教徒仿效的圣洁的模范。招募教士过程的变革从不迅速,改革理论也遭遇了

---

① Julia(D.),"Le prêtre au XVIIIᵉ siècle", *Recherche de sciences religieuses*, 1970, n°58, p. 522.

各种世俗现实困境。于是,在 18 世纪,受惠体系和个人公职受惠原则依然构成职业的基础,包括选择标准(例如对职业发展的期望)和变动标准(顺从与恩惠、交换)。这些标准限制了主教团的行动,抑制了改革者的影响。不同地区有独特的教士招募方式,教士的分布密度也不尽相同,我们可以对其影响加以衡量。例如,在布列塔尼,普通教士仍处于无产者地位;在教士关系颇为友爱的鲁埃尔格有许多十分不同的改革后的教区,这些教区里,由教长、神甫和副本堂神甫组成的教士团体在教堂财产领域有着很高的威信。教科书可以帮我们记起准则规范。比如塞瓦在《教士的义务》(1763)中指出,在确定的要求中有需要完成变革的必要性,但却不常有取得的成果。同样,神学院提供的教育无论在时间还是空间上都有很多类型。起初是逐步,后来是全面推崇修业年限和关于品行道德的课程。①

　　神甫对文学的严肃态度使其知识渊博,而基于知识储备对神甫的进行选拔的标准也越来越严格。如果说一些低层次的神学院——比如普罗旺斯的马诺斯科或奥什教区的日蒙——的教育远不如在巴黎、圣絮尔皮斯、圣玛格卢瓦的教育优秀的话,那么,教育的性质至少是相同的。教育完全不提学者和哲学家进行的历史批判,它以精神道德启发为理念传播圣经知识,对于日后神甫布道很有用处。这种教育摒弃了共同的高卢主义,摒弃了严肃苛刻的作风,越来越反詹森主义,反映了伦理神学的优势地位。高尚的教士需要努力达到司铎不断提出的要求,这些要求延长了他们在"教士会议"的学业时间,提升了整个团体的道德觉悟。关于这一点,请重新读贝尔纳的回忆录。神甫成为积极的诵经员,但大部分或完全是——除了在城市——专业的诵经员:西部城市图书馆中有

---

① Julia (D.), "Le prêtre au XVIIIᵉ siècle", *Recherche de sciences religieuses*, 1970, n°58, p. 528.

80%的宗教书籍。神甫通过应用神学理论被选拔出来之后，便在隐蔽绝世的条件下生活。同样，他们的精神文化生活也是与世隔绝的。所有反宗教的书籍一概被扫除，只供上层学者阅读；或者仅限于已经不太像教士的宫廷神甫，他们频繁出入巴黎，很少出现在其他地方。他们坚持发表统一的演说，脚踏教会与国家，成为服务宗教思想意识形态的官吏。也就是说，他们将所有争议冲突都限制在没有标记的陡壁间，而他们的文化孤独感也导致了其他分离的后果。

他们就职于政府机关，对宗教信仰保持缄默，跻身上流社会，通过对风俗习惯的改变促进变革。他们厉行天主训谕，反对节日聚会，摒弃"有伤风化的""迷信的"宗教仪式活动。神甫的巡视拜访表现出双重意义：一方面，神甫以其权力削减、与从前不同为由，不给信徒抱怨的机会；同时，他们又虔诚热情地在社团中扮演中间人的角色：贵族与领主的中介者、教育者、公共卫生监察的副手、未成年人争执的仲裁人（我们在朗格多克已经见识过）。但是，当把宗教行为落实到宗教仪式上时，神甫与主教将官方的透明可见性、教规风俗的统一性和基督教的经验统一到了一起。这样，一位神甫达到了专业化，甚至职业化：1775年的教士会议针对功绩与恩惠问题争执不休。当然，如果高卢主义神学运动观点再一次吸引了教士的话，那并不是偶然的，因为它的理论掩盖了一个平均主义的政治请求，并要求加强他们角色的世俗化。对伏尔泰、杜尔哥和卢梭而言，还有必要提醒说一个高尚的教士也是一种社会必要吗？"教士的暴动"记录了詹森主义斗争中的冲突。比高尚的神甫要更强大的宗教权威并不试图介入教区的世俗事务，因为那里没有一致统一，启蒙运动思想可能也无法渗入这个封闭社会。这里提到阿登省的埃特雷帕尼的神甫让·梅利耶并不是没有意义的，他毕业于最好的神学院之一，但他选择沉默一生，留一个无神论者的致命的宗教信仰声明在身后。教士的隐退，僵硬的宗教演讲中引用的启蒙时代知识革命的困难所带来的停滞，最终导致了沉默与秘密的暴力。①

教会的教育学：护教论的局限

上帝发号施令，人类唯命是从。通过神学著作和布道训诫传播的教会言论，限制了变革行动。教会内部进行着双重斗争。反对教会本身的斗争会在与严苛的奥古斯丁主义拥护者的冲突中初见端倪，而不仅仅在与詹森派的斗争中显现来。而反对世界的标志就是与哲学的斗争。于是，一切赋予社会的重负实际上源于教士的清规戒律，对教士的抛弃则构成了西方世俗化的一个最重要的原因。② 弗朗什-孔泰的贝尔日神甫流亡到凡尔赛，他在那里为王族家庭进行基督教教义启蒙。他在与欧尔南斯神甫约瑟夫·图耶的通信中指出，甚至在教会内部，教规教义以及奥古斯丁的首席主教都是可以质疑的。通过图耶惊慌的反应也可以看出美好信仰的卫道者的孤独处境，"害怕在教会内部引起骚乱"。因此，教会在两种价值方面遭到质疑：经济与话语权。

教会和经济价值

关于财富和劳动的宗教思想如此沉重，因为从根本上说，它们是一种忏悔补赎和一种通过捐赠再分配的方式。如此一来，人类接受这样一种情况：劳动使其生活调整到与圣化活动守则相符；积聚财富只有通过对积聚的否定才有意义。尽管如此，与原则相比，这两个方向都使得行为发生了转向。

---

① Julia（D.），"Le prêtre au XVIIIe siècle", *Recherche de sciences religieuses*, 1970, n°58, pp. 521 - 534; Le Catholicisme ..., *op. cit.*, pp.387 - 389.

② Delumeau（J.），*Le Péché et la Peur*, *la culpabilisation en Occident*, *XIIIe - XVIIIe siècle*, Paris, 1983.

一方面,正像格罗图森所著的读者不多的《法国资产阶级精神起源》(1927)中所写,劳动的价值区隔了屈从于日常食粮法则的生产、平民阶层和被教会重命名为"Otium"(即休息享乐的时间)的为美德、金钱与权力所统治的贵族或教士特权阶层。就美德而言,教会对形式——也就是说规律性,远离游手好闲的诱惑的机会——比对结果更加注重。教会主张体现了对世界和对具体存在的双重解读:下等与上等的对立,富人与穷人的对立。这些紧张的关系支配着权利与义务、责任与爱德。在权力与财富之间,理想的稳定世界消除了"富人就是富人,就是上帝财产的分配者"这种说法的含混不清,彼世的投资有助于补偿人间的成功,爱德在善事的光芒中产生。如此一来,财富直接归于由它而来的身份与自由:贵族的财富是合法的;贸易、高利贷、银行、商业总是靠得住的。告解神甫在书中谴责功利思想,斥责18世纪各种形式的竞争,拒绝金钱的生产力,强迫商人遵守刻意制定的规定以免违犯禁令规定。对于商人来说,理想的标准就是"诚信的中庸"。社会阶级并没有被劳动和富足的价值所质疑,因为这些价值的存在不是为了扰乱世界,而是为了使之维持下去。①

另一方面,宗教主张的第二个改变是使金钱角色的加强与社会中财富力量间的关系更加紧密。大商人、船主、银行家、大农场主都可以封爵,他们为商业和农业创造动力,提供资金支持。通过资本力量,他们可以取得"净产品"。新思想可能损坏整个社会组织体系,正如普里让神甫在他的《对趋向利益的观察》(1783)中写道:

> 城市幸福的中庸可以在种地的农民中找到,然而,人们却一直徒劳地在商业城市中寻找。说是徒劳,想想我们能在城市

---

① Queniart (J.), *Les Hommes ...*, *op. cit.*, pp. 154 – 178.

里看到什么？我们看到在富得流油的富人身旁,就是一群衣衫褴褛、在作坊中挤成一团的手工业者。

那么,如何将教会与发展统一起来呢？商业只不过是发展的苗头,它最终将导致城市社会取代旧的农业王国,进而占据主导地位。公众利益使得神学家们的立场发生动摇:

> 银行家们所获的利益之所以是合法的,其真正原因是他们履行了国家规定的义务并且这个国家是有效用的、具有权威的。社会承认的利益也是合法的,因为即使最高智慧也不可能将事物的等级与道德准则对立起来。①

尽管得到了认同,资本主义和教会发展之间的隔阂仍然很深。太多的声音在宣告利益的合法、劳动的用处、资本积累的必要性,并且言之凿凿,声势渐隆。如同在其他领域一样,在这个领域中教会组织减少了功利性和劝谕性的说教。一个新式的人能反对教会,因为他可以给出证明,展现力量,甚至能在旧的社会的阴影下建立他自己的世界。

教会　权威　教士神学

我们发现,在卫道行为中,经济不过是令宗教语言式微的一个方面。卫道行为迫使教会进入到陌生领域,与陌生人发起斗争,如唯物主义者和无神论者,他们都是局限在自身思维中、缺乏伦理道德的奇怪的存在。卫道士对他们的攻击毫不客气,却并不试着弄明白他们产生及兴盛的原因。相反,自然神论者却没有被严肃对待:自然神论者的生活揭穿了他

---

① *La Théorie de l'intérêt de l'argent*, Paris, 1780.

们的话语,他们抽象的上帝与具体的活生生的上帝毫无瓜葛。在教会与他们最胆小软弱的对手之间无其可言。[①] 这就是为什么传道者在揭露丑恶,揭露信徒心中可能存在的怀疑,揭露对解读的损害,揭露应该提防的"不良之书"的力量时,亵渎宗教形象是必不可少的手段,不信宗教也是被说教者利用的标志性形象。卫道的危害是双重的:它偏离了基督教的空间,而且为进入不信教者的心丧失了审慎原则,不顾遭无神信念焚毁的危险。不信教者不是一个对话者,而是一个教会内部言论中的反面形象:他没有权利参与直接对话,而只能被谴责,遭禁止。这就是主教向国王所要求的,也是建立神学院保卫正统观念的原因。教士集会中卫道的声音在书籍煽动的动荡中逐渐提高。这些自 1760 年由詹森教徒、新教徒和哲学家所著的书籍揭示了一个阴谋:"一群作家结盟,反对天主,反对耶稣,他们宣战了。"在这个领域里,期望国家能帮它打点一切的教会得到的只能是失望。

这就是为什么当王权拒绝镇压时,教会更坚定了它的要求,也是为什么在最后四分之一世纪中,关于卫道的言论在禁令与传教士守则之间发展。首先,应在传道词里加入必要的分析,以驳斥在它的地盘上不信教思想;然后,应允许以明确的禁令代替集体法律行为和权威话语。在教会修辞学中,应该采用辩论、说服的方式。世俗禁令证明王权与教会间旧的关系仍然存在,并逐渐消灭了卫道行为;教会禁令则使卫道行为成为必不可少的,正如教士集会的警告所阐明的那样,卫道行为确定了感化基督教公众的必要性。无数的作家尽己之力:超过 500 种作品通过对《圣经》等宗教经典的大量注释鼓励神学理性主义,作为皈依的表示。著有《理神论的自我驳斥》的贝尔日神甫,因其"公正、明确、深奥、

---

① Lefebvre(Ph.), *Les Pouvoirs de la parole*, *l'Église et Rousseau*, *1762 - 1848*, Paris, 1992, p. 11.

简洁"而扮演了重要角色,但他不久即将退休。他的一大功绩便是确立了卢梭真正的地位。卢梭是最优秀的推理家,与其他不信神者相比,此人尤其具有雄辩才能。卫道士为了征服受过良好教育的读者,更积极地投入斗争之中。反对派的文章只是为了感化基督教徒这些真正的公众,并"回归宗教的静谧圣地"。之所以说卢梭是特殊的对手,是因为他的著作——《爱弥儿》《社会契约论》——要求行动,传播一种令教会甚至在宗教信仰和"上帝体现"方面都忐忑不安的变革思想。对教会内部的争论,卢梭能够直驱而入。这一点无人能及,因为他质问的是信仰。

既然宗教无论如何不可能有新颖性了,卫道言论只能确保其稳定性、确定性和真实性,这些是哲学家所不及的。教会因此不能忽视无神思想,但它却从不与不信教者对话。因此,所有利益的价值观念都可能钻进宣传的著作中。以大法官让·乔治·勒弗朗·德·佩皮洋为例:他是启蒙时代教会的高级神职人员,但也是主教团对"公共事务"过分干预的反对者;他是中庸的调停者,但宗教受到威胁时他又成了狂热的保卫者。这种宣传著作不是"中庸的推理者"所著,而是如同莫诺所说的"教育程度低下的学者"所写,①揭露了主教对其反对者的想法。莫诺举了一个功利且理想化的卫道例子。② 从《关于怀疑的各种问题》(1751)到《论被怀疑论报复的宗教》(1773),揭示了一种转变:自此,卫道者不再理性地阐释基督教真理,展示逻辑,而是试图阐明它们的用处。这一根本转变发生在哲学言论的领域内,后者是强行将之纳入其中的。用比较的方法可以看出,它以其特有的方式纳入了新的言论,在其附属关系中找到自己的位置。里瓦罗尔如此揭露道:

---

① Monod (A.), *L'Apologétique en France au XVIIIe siècle*, Paris, 1916.

② Robert (O.), *Le France de Pompignan et l'apologétique au siècle des lumières*, thèse, Paris I, 1983, ex. dactyl., 2 vol.

通过某种不可解释的荒唐行为，哲学家们设下圈套，要求神甫向他们论证宗教，而神甫们则避免掉进圈套。哲学家们要求证明，神甫们就给他们证明。大革命开始时丑闻和疯狂已经登峰造极。神甫和哲学家将宗教看作是一个需解决的问题，然而一方认为要布道，另一方认为要敬畏。①

法国式天主教的启蒙运动在两种权力的旧联盟的瓦解和拒绝改变——既不强制，也不论证，更不说教——中以失败告终。

---

① Rivarol, *De l'homme intellecturel et moral*, Paris, 1791.

第十二章　精英与贵族

专制国家在扩大其干预范围、发展奴仆与管理者网络的同时，必须保持并改变一些原有的社会力量。税收的压力和行政行为展示了国家的两张面孔：既压制又进步。而不同政见的争论则显示，君主制的扩张并未成功地彻底打破或者粉碎行会和社团的世界。

30 年前，对这场变革的原因，历史学家们有很大的分歧。一场关于"等级或阶级"的争论试图阐明这种可能并非完全学术性的对立。争论的意义在于，通过各个社会自我思考的方式来理解社会变革的能力。因此，从 18 世纪的社会也可以看出当今对于自我选择社会的大讨论：一些人在阶级和阶级斗争中看到了一种建立世界规则以及更加公正平等的关系形态的方式，另一些人则在等级和群体的社会中找到了必须稳定的理由、对动乱的拒绝，乃至对十诫的遵循。[①] 此两者互相对立。这种争论就算没有失去意识形态的尖锐性，至少也丧失了启发作用。另外，它还偏离了本意，在这种意义上，它倒是保留了某种新鲜感。它甚至也是必要的——提供了一种理解这个社会中社会和政治干涉以及社会关系游戏的方法。该社会被稳定性和等级制原则统治，却又受到变革和可变性的烦扰。

相比之下，这并不是质疑社会性质。"等级社会"或"阶级社会"，我们不该否认那些指引过去的社会理论家（法学家、神学家、公证人、研究

---

① Mousnier（R.），*Fureurs paysannes，les paysans dans les révoltes，XVIᵉ - XVIIᵉ siècle*，Paris，1967.

公文和礼仪习俗的人士)思考的准则——这些准则可能也引导着公众的世界观,从而影响人们的行为和社会关系——而更应该自问,为什么社会进行自我思考,并且有时会感到需要改变那些使之思考的规则。换句话说,应该用多重疑问来替代唯一的解释原则,而这是有着理论和历史原因的。社会群体既有它们对自身认知的一面,同时也包括它们无法认知的一面。一个时代的人通过旧有的人群分类法,了解他们的社会;而对于这种分类的研究和基于现代标准之上的社会分析完全是相互补充的,并不对立。从历史原因看,同一个社会可以同时从不同角度解读,例如等级的划分、财富的分级、经济角色的分配,或是社会行为的多样性。因此,任何一种旧有的分类法都不能仅凭自身就指出社会结构的关键。为了重建完整的复杂社会组织,对某一时代进行多重分类而产生的交叉,以及对人口进行量化分析才可能得出的必要的划分结果,都是必要条件。

历史学家的工作并不因此就简化了,因为此时他应该探究阶级划分的原因。如果有多种社会等级的话,最根本的是要了解为什么这些等级会出现、消失,以及他们的生活方式如何;我们为他们定义的存在期限;他们在这里或那里、在城市或乡村,为了国库或教会,为了领主或平民而工作的原因。同时,应该理解社会等级的精神以及他们引发或可能引发的效应。成功的论证能够说明这些选择产生的原因。如果说18世纪包含了多种等级,而且今日的历史学家必须采用多重分类法的话,那是因为在对社会的描述和理解方面出现了新的需求,出现了与财富和行为、城市空间的改造、可变性的增长,以及那些撼动了效忠关系与传统纵向联系的变化相关的新问题。

因此,等级、阶级、类别、群体可以被分别或同时考量,唯一的条件就是不能把质量与数量对立起来。在旧有的等级制度下,出于对规则中细微差别的尊重,后者所占的分量可能比前者更重。我们可以试着将社会舞台上的活跃角色(特别是贵族和资产阶级)与先前数据、确定政治社会秩序的传统主张,以及那些能够大致清楚说明社会模式并支配人们行为的话语两相对照。这样,我们就能重新解读传统社会与新世界之间的对立。在此,等级与阶级共存,社会群体的相交可能伴随着冲突;而这些冲突显示旧式的不平等仍很顽固,就像试图根据某种社会伦理规定新的协调性一样。

精英还是贵族? 这种争论并非空无意义,因为如今人们在一些重大问题上仍有分歧。出身和特权、功勋、财富起到了什么作用? 这就是争论的实质:理解可变性进程如何在社会组织中被世界拒绝或接受。

等级与特权:想象中的现实

路易·杜蒙①指出,不能自我封闭在社会分层(stratification sociale)的模式中,因为它只有与我们这个时代的价值观和文化空间联系起来才有意义;而在我们的时代,本质的关系是平等主义。为了不把现实与具体、想象与象征对立起来,这是必须听取的忠告。"人不仅思考,也有行动。不仅有思想,还有价值观。接纳一种价值,就是建立等级制度;而对于社会生活来说,就价值观达成某种共识,对思想、事物和人建立某种等级制度是不可或缺的。这与自然产生的不平等以及权力分配完全无关。"②

要解读18世纪的法国社会,首先必须考虑推动它发展的"母体思想",并确认生活在这种等级与特权体系中的各个等级的价值。由于这些价值随着个人主义在当时的普及迎来了定义个人与世界关系的新观

---

① Dumont (L.), *Homo hierarchicus...*, *op. cit.*
② *Ibid.*, p. 34.

念,那就更应如此了。个人主义将在浪漫主义的世纪——19 世纪占据统治地位。

开明专制主义中的三个等级

必须承认,从 17 世纪到 18 世纪,法学家的解释传递了社会准则。所谓等级,即根据各人在社会中所发挥的特殊功能,社会被割裂、区分、划成不同等级的社会群体。等级由中世纪的行会(universitas)发展而来,包含着个人的作用;它为每个人各司其职,给总体秩序做出贡献提供了一种途径。"司法的作用在于使社会功能在整体中的比例达到协调。"僧侣(这里就不谈他们的最高地位及其引发的问题了)、贵族和第三等级,即祷告的人、战斗的人和劳动的人,组成了"三个等级"——或夏尔·卢瓦索在《等级契约与普通的尊严》(1610)中所称的"王国的三个等级"。它们在天堂与人世之间达成了平衡、完美的格局,并作为世界的理想解读方式和运转方法被接受。每种事物都应该"稳固地守在自己的行列中",因为人间世界的秩序处于宇宙的总体结构之中。

我们可以提出异议。这些老旧的守则已经不再完全对应实际的等级状况,这一点当然得承认。但在社会构造中,这些原则仍然发挥着作用,或是为出现的历史变化提供参考,或是强加一些实际行为、为具体事件的发生提供理由。伏尔泰受到了杖责,[1]优先权引发的那些或大或小的冲突由此可见一斑。社会观点、尊严、地位、个人和团体的荣誉确定了通过内婚制维系并由特殊符号表现的等级制:教士的长袍和剃发,贵族的武器和长剑,荣誉的特权和优先权。由此可以发现对第三等级一种有意义的定性,因为它是由被剥夺的事物来进行否定式定义的:并不一定

---

① 1726 年,伏尔泰与贵族罗昂骑士(Rohan-Chabot)进行论战。随后,他被罗昂的仆人杖责,并被投入巴士底狱。——译者注

是特权(它本身就由一系列特权构成),而是蓝血①、出身以及对上帝的侍奉。② 直到旧制度结束,在第三等级的象征与现实的代表性及其他两个等级之间仍横亘着一条鸿沟。人们发觉,旧有体制的解释性价值与实际力量在村庄里更加明显,那里的社会金字塔结构清晰可见;而在城市中,劳动的社会分工以及社会关系的复杂性产生了一些更加灵活的规则,也提出了一些新问题。

传统仍焕发着生机,但从 17 世纪起人们就开始怀疑,它能否完全表现一个已经改变的社会。正是由于这种并存的情况,人们可以根据所选择参照的分类原则同时讨论等级或阶级。③ 对所有人来说,我们还可以在字典之外听到它的声音。打开费勒蒂埃的作品,我们能够查看到 18 世纪前夕"等级"这个词语汇集的各种意思:

> 事物按照与其性质或功能相匹配的状态、地位和行列而存在。造物主按照适宜的秩序安置了宇宙万物。其他一系列次要原因是一种神意建立的秩序。人类群体的秩序或经济一旦受到扰乱,人类就该灭亡……

因此,等级的自然概念也是功能性的。它对应的是一种准则、一种方向、一种必须的顺从。这种安排支配着人间天上的一切事物,规定着天使的等级和人的等级,同时为那些仍处于一片混沌的地方指出了组织的方法:它是一种原则,也是一种方法。作为原则,"在集会和仪式中,

---

① le sang bleu,代表贵族。——译者注
② Richet (D.), *De la Réforme à la Révolution*, *études sur la France moderne*, Paris, 1991, p. 391.
③ Mousnier (R.), *Les Hiérarchies sociales de 1450 à nos jours*, Paris, 1974, p. 39.

它会对人和某一等级中的各团体进行区分。法国由'三个等级'组成，教会、贵族和第三等级。教会又分为两个等级，第一等级包括红衣主教、大主教、主教，第二等级则是修道院院长、教长、议事司铎以及其他教士。罗马人的等级分为元老院议员、骑士和民众；作为方法，当自然产生的优先权不足以被事物或人接受时，它能够创造秩序，"参议员们根据名单顺序依次出席"，也就是按照年龄和功绩论资排辈。

除了我们一直着重强调的法律意义，等级制也是对世界的一种双重解读：它表达了上帝希望人们归属于某种组织链的意愿，显示了人们拥有定义其行为框架的自由，也表现了那些能够保证这种控制力的规则。在各种等级制中，有一种原则和成效的统一体是非暴力不能打破的。它规定了纪律（卢瓦索业已指出其中的主要影响之一是社会分工），它要求进行再分级（每个等级都分为不同类别），它允许进行象征物和符号的把戏。边界就这样划定了，随之而来的是各种篡位、丧失贵族资格的行为。这些特例使得等级制能够通过非暴力方式整饬混乱局势。

在《百科全书》中，若古骑士遵循着从事物秩序的形而上学到社会结构的物理学的发展过程。在对这种在"神圣秩序"之林中制定规则并安排"第六件圣事"的法规进行长篇累牍的分析时，他介绍了多样化的形态；在讲述民法和习俗时，他显示了作为法学家的高超技艺；他还化身为"宗教和军事秩序"的历史学家，甚至"战争秩序"的谋略家。总之，涉及从自然到文化中使事物各就各位的所有规则。在法令（ordonnance）、纵坐标（ordonnée）、奥陶维斯部落（Ordovice）、奥杜纳（西班牙城市）和垃圾（ordure）之间，等级（ordre）这个词及围绕它而组织的内容让人经历了整整15页的漫游，其中"政治权力（droit politigue）"这一栏有力地证实了一个共同观点：

一个国家的等级，不同阶级和人群有着不同的权力和特权。只要人们的精神和特质仍扎根于其血统的纯洁性和生命力中,就不可能毁灭或从根本上改变一个国家的等级。但如果人们失去了这种精神和特质,就有可能发生根本性变化。比起等级的完全消失,它的这种变化一定更能导致失去自由。①

旧的社会继续存在,但一些力量的存在迫使它不断演化。等级制变化的背后体现的是对血统的逐渐远离、城市和贸易的兴起、国家权力的上升而必然导致的自由权的改变。

等级的现状 等级划分的多样性

等级拥有一种实在性,但它们已失去了普遍的政治力量:不再有团体会议(僧侣除外),不再有贵族代表(除了在那些"合理的一方"占优势的王国和城镇),在 1788 年的承诺和 1789 年的争辩之前也不再召开三级会议。从路易十四到路易十六,等级的力量既表现为它那能够显示"自由"的模棱两可的能力,也在于它能够战胜权力等级制。首先,请听 1776 年 3 月 2 日巴黎最高法院做出的谏诤书:

> 陛下,从它的设立来看,法兰西君主政体就是由几个不同的、分离的等级构成。这种对环境和人的区分要追溯到国家的起源。国家的诞生伴随着它的道德风尚,它是连接君主与臣民的宝贵通道。正如我们最高明的一位作家所说,如果不对人的状态加以区分,就只会出现无序与混乱。我们不能在平等的条件下生存,一部分人指挥、其他人服从是必要的。君主总是向天下发号施令,指挥高爵位贵族;而高爵位贵族指挥低爵位贵

---

① Ordre, *Encyclopédie*, t. XI, pp. 595 - 616.

族,低爵位贵族指挥人民。在这些不同等级的集合中,您王国
中的所有人都是您的臣民,所有人都必须为国家的需求而贡
献。但在这种贡献本身,等级与和谐永远共存。

　　在这段雄辩的序言(关于权利与义务、服务的本质,从而推出特权的
三项辩护性功能的传统定义)之后,最高法院拒绝了征收徭役税的敕令,
因为前者废除了继承下来的古老传统。总之,"在向贵族征收徭役税之
后,谁能向他们保证接下来不会让他们缴纳人头税呢"?① 参照卢瓦索
的观点,作者挑明了真相:自诩为"公共利益"捍卫者的巴黎最高法院为
将社会分成不同等级而辩护,因此也维护了特权,从而维护了封建政体,
以及行政君主制勉强接受的领主优先特权。从高到低的社会基本架构
并未进行调整,富人可以进入领主阶层,但地位并不稳固。② 这是社会
组织的组成部分之一,而18世纪80年代的冲突将充分展现这种力量。
　　在城市大事记中,它显得更加确凿了。那份被罗伯特·达恩顿视为
资产阶级文化宣言的文件,虽然可能只是一份按照总督问询进行的调查
的答卷,就是这样描绘了1768年的蒙彼利埃市。③ 在《国家与描述》的
作者看来,这座城市是等级与阶层的组合。他首先描写了主教和教士,
然后是市政府、税务法庭的法官,在他们之前的是总督,后面是初级法庭
的官吏,随后是勋位较低的要人、行政人员、手艺人和行会、普通人。作
者着重强调的是在表面秩序下不断增加的复杂性。在注意到权力、地位
和财富的显著差距的同时,他指出对社会的这种体制式视点如何夸大了

---

① Flammermont (J.), *Les Remontrances du Parlement de Paris au XVIII siècle*, Paris,
1888–1898, 3 vol., t. III, pp. 287–291.

② Zinc (A.), *Azereix, une communauté rurale à la fin du XVIII siècle*, Paris, 1969.

③ Darnton (R.), *Le Grand Massacre des chats, attitudes et croyances dans l'ancienne
France*, Paris, 1985, pp. 101–135.

基本线条以及所遵守的等级制度,却忽略或排除了在现实中同样起着重要作用的其他一些标准。于是,法国国库官员比间接税法庭的推事付更多捐税,受到的敬重却较少,排位在后面;僧侣的排位靠前,但作者并未掩饰他们在他眼中并没有什么尊严。蒙彼利埃是一个商业城市,公民们敬重财富,但体制将批发商、商人、厂主、手艺人、店主以及职业人员视为无足轻重的人;相反,那里的穷人数量很多,而且受到尊敬。

因此,这些描述并不是社会结构的反映,而是主导价值观的表达:一个人的品质由其等级和作用规定,而不是由个人品质或才能决定的。于是,这位旁观者记录下了传统的三个等级如何在体制的核心处结合。这是因为,庇护圣体的华盖由 6 名行政官支撑,而他们是城市与政体的代表。这样,基督的活体化身将教廷及其最高代表(主教和主教会议)与"合理的一方"即高尚行业者、靠年金生活的人、各行业的显要人物联系在一起。社会秩序在旁观者的眼中展开,就像将其组织起来的贵族世代接替一样,有着鲜明的等级区分、财富区分和排他性。因此,当作者再次描述城市的机制与分类时,他改变了等级的顺序,将具有各种组成成分的贵族,以及拥有公众职务或从事工商业的资产阶级置于首位。于是,金钱和起着根本性作用的社会功能淡化了对头衔的描述。

这份文本强调了三个特定因素:政治是一个通过团体代表进行的协商问题;社会的多变性和封爵为整体的运转提供了保障;最令人担忧的是划分第三等级与某种"第四等级"的界限,后者是一个大众化、野蛮、无纪律且危险的等级。因此,作者主要担心的是要找到对必需的差别进行调和的艺术。文化习惯圈和服饰之类的象征性标志物在这里起着主要作用,它们都具有统一性,是财富与教育的结果。等级头衔、等级的财富及效能、日常生活场景,组成了解读社会的三种模式:一种是传统的方言,一种是功能性的实用语言,还有一种是将城市精英与贵族的生活方式统一起来的话语。

　　三种分类方式最为普遍：其一是以等级区分，它顽固地存在着，但以它进行分类只是为了标志最基本的因素，即区分庶民与贵族；其二是以状态和资源区分；最后，以在经济界的地位区分。[①] 首先，贵族头衔可以世袭；其次，可以购买；还可以通过行政转归以及"诏书授爵"得到。预先调查显示了对申请人的要求：首先，普遍同意，这使得受封者不只是因为个人的杰出，更是因为整个领域的杰出，如这些绅士和总管所代言的财政区；其次，在职业中的杰出表现，一流的交易商，在市场上的名誉；最后，对联姻和财富有不同程度的考虑（两者并存：婚姻带来的遗产继承，靠联姻得到的收入）。简言之，佩罗说得极是：需要各种因素才能建立起一种等级，而"贵族是一种总结了社会评判的沉淀物。它是一条足迹，是过去在现实的反映"。这种象征物的力量完全施加在家庭历史上。当它让人回忆起上古时代、黑暗时光和伟大的系谱时，它的意义就更加完满。但它只在受封者身上才起根本性作用："它总是涉及社会的记忆与文化。"

　　在官僚作风的君主制下，建立了新的阶级体制，因为征收财税必须知悉社会等级并推动了对此展开的调查。从 1695 年起，社会将根据国民应有的资源进行区分。一时间，等级被遗忘了。第一次征收人头税得到了提倡税收平等性的法学家或寻求解决方案的经济学家的认可，例如多马或沃邦。在社会体系思想中多马代表着一个重要标杆，因为在他的设想中，社会受庇于国家，而且适应国家的精神和世俗方面的需要。多马的"等级"体现了这种功利主义思想，并宣告了一种根据能力区分等级的新世界的建立。这首次征收的税项只有僧侣能够免缴，但它也为日后更好地进行税收工作打开了经验之门：约翰·劳推行的国库收入、帕里斯·迪韦奈的皇家什一税、各种什一税和二十分之一税、按比例征收

<hr>

① Perrot（J.-C.），*Genèse d'une ville moderne*，*op. cit.*，t. I，pp. 243 - 249.

或规定税率的人头税,其中就暗含了第一、第二等级税收特权的减弱。

无论如何,虽然有人这样认为,但 1695 年的税并不能给出"旧法国真正的社会分级情况"[1]。它揭示了王室统治如何看待财税,以及如何从实利角度对其进行组织安排。这种虚拟性的等级划分产生了真实性。通过一些选择,它建立起一种最早的社会职业有效分类,并因而突出了对金钱的参考作用。但是,这场革命全凭经验,并且依赖对可见的实物进行估值:前 20 个等级与职务、职位和收入相关,而不是以无法估价的祖产计算。在每个等级内部则是以地位、职务,乃至更退一步以难以混为一体的行业和工种概念将整个大类加以细分:22 个等级,569 种地位。在每个等级中又出现了三级制:军人、行政官员、财富的生产者,各种贵族和平民有混淆在一起的倾向。因此,这里将行政与财税两方面的考量相结合,并通过与国家的关系远近以及军人、行政官员和法官的角色对社会进行解读。社会的旧秩序没有改变,却转向其他方向;而国家则以社会主要统一者的形象出现。在某一等级中,功利主义又将那些由于职业、地位、品质、财富而拥有最多收益的人列出。那些得到国家认可、在这个组织世界中具有重要性的人群有着更精确的身份,其他人的分类则较模糊。此外,等级划分引起了一些调整、一些延伸到其他领域的现象(如 1722—1749 年间接税的税率),甚至一些关于进行修正和建立新型费率表的讨论(1781 年内克尔和乔利·德·弗勒里的提议)。

总之,对社会进行等级划分当然是政治上的考量,但在某种意义上也揭示了随着理性和抽象方法的普及而展开的一种认知过程。[2] 在汇总财税收入时,王室政权对现状进行了梳理,但并未指定一种特定的标

---

[1] Bluche (F.), Solnon (J.-F.), *La Véritable Hiérarchie sociale de l'ancienne France. Le tarif de la première capitation* (1695), Genève, 1983.

[2] Guéry (A.), "État, classification sociale et compromis sous Louis XIV, la capitation de 1695", *Annales E.S.C.*, 1986, pp. 1041-1060.

准,因为从社会的视角不允许这样做。与此同时,它也建立了揭示社会转型的图表。

社会的转型通过各种思想流派显现出来,这些流派引入了对经济分级的思考,并且或明言或暗指地承认财富的帝国主义。杜尔哥在他的《关于财富的形成和分配的思考》(1788)中提出将人分为三个等级:生产者(农民)、有技巧的等级(商人和工匠)以及可利用的人(资本家)。魁奈在他的《经济表》、米拉波侯爵在《人类之友》第七部分也以其他语汇重提了这种分级方式。这些划分法可以很好地让人理解财富的生产、交换和流通,但也并非完美无缺。不精确性,这使得杜尔哥进行了更细的划分(例如商人包括从街头商贩到批发商);重叠性,资本家可以根据其财产的用途或财富来源分属不同等级。"简言之,经济学家最出色之处在于定义了啤酒工,即马克思所称的无产阶级的前身。他在生产周期中仅提供了每日的劳作,也只得到维持生活所必需的工资。"[1]

所有这些等级分类的尝试体现了(对社会)进行描述和理解的新需求。它们对社会有了新的想象,同时也产生了新认识。它们和无数次分类尝试一样,努力调和新标准与旧标准、传统与礼节、对风俗的遵守以及职业或地位的等级。法学家达罗在《司法秩序中有关不公正待遇的条款》(1775)中提出遵照头衔、刑罚的顺序,损害赔偿要参照言论、殴打、侮辱、属物原则和属人原则的综合影响。为了弄清楚巴黎人口构成,塞巴斯蒂安·梅西耶根据社会功能、寄生性和文化行为[2]定义了八个阶级。雷蒂夫·德·拉·布雷东纳在《对我们当代女性的细分》(1783—1785)中提出了一种建立在细微差别之上的适当分类法:有头衔的女性

① Perrot (J.-C.), *Cours sur les finances et les institutions financières au XVIIIe siècle*, *inédit*, 1992; *Une histoire intellectuelle...*, *op. cit.*, pp. 31-50.

② Mercier (S.), *Tableau de Paris*, *op. cit.*, t. XI.

位于平民之前,而平民又有着无数种细微的区别,体现在服装、生活、交际和经济状况上,甚至连那些"寄生美人"也被细致地区分为"男性的正式情人、女皮条客、照顾独身者的女管家、由情人供养的女人、妓女"。

　　等级和阶级有着真实的一面。等级制受到法律保护,一向公开存在;通过财富(卡尔·马克思)或地位(马克斯·韦伯)指示的阶级则具有隐蔽性。正因为如此,在对社会现象进行清点的同时,也应该明示冲突与争端的历史、在文本中可以读到的因揭示现实而产生的效果以及事实。这些都是密不可分的。它们既涉及群体以及使之更新的可变性,也涉及普遍代表性与根本性的鸿沟。

贵族与自由

　　　迫使贵族缴纳税费以赎回徭役,有损于不征人头税的人就不可征徭役这一准则,也就决定了他们像平民一样可征徭役……这样,那些将陛下的祖先扶上王位或支持过其王权的古老骑士的后代,他们贫困而正直的子孙数百年来为了发扬、捍卫王权抛洒热血,却疏于料理自己的财产,经常消耗殆尽,为的是全心全意地保护公共利益;一些世袭贵族的收入仅限于父辈遗产的微薄产出,他们亲手种植,通常没有仆人,而只有自己的孩子帮忙。一句话,如果强迫他们服徭役,这些绅士会遭受奇耻大辱。

　　在1776年的这份谏书中,每个字都至关重要。其目的是摧毁那些"不公正的计划",那些"新花样"。它们将把君主制拖入一条尚不知终点的道路,但方向却是税收特权的消失。为此,谏书追忆往昔——王朝及其起源的往昔(知识分子对此仍有争议)、贵族自身的往昔,他们在历史上以献身于"公众利益"（该词语义强烈。在有机论的概念中，它触及了本质，即国王的义务以及用来平衡利益的等级的三重功用）而著称。最后，谏书构造了一个想象中的故事，即贫困而勤劳的贵族，因奉献而破产。当然，历史学家很难找到实证，因为除了个案，并没有真正的贫困贵族，至少从平民的标准看来是如此。

于是，在这个决定性时刻，历史、法律、故事都被运用在一个关键问题上——道路政策，变更的象征——以终止一项具有震撼性的政策。对这些论据的动用揭示了一条关键信息：触碰贵族及其特权就等于质疑"潜规则"；贵族的自由是所有人的自由；可以通过古老程度、功用、财富和文化衡量的多样化贵族逐渐变为一个整体；那些跨越贵族与平民界限的争端以及在等级内部爆发的争端都消失了。

从贵族身份到贵族阶层

如果想要阐明那场标志着 18 世纪的社会变革，就必须理解这个有争议的群体的独特性。这场变革就是从一个要求并接受贵族至高优越性的世界过渡到一个平等的社会——在这里，贵族的要求仅仅是一种虚荣的表现。

贵族的社会力量来源于对其特权的确认，而这些特权大致可分为四类：税收豁免权，封建利益（但长期以来贵族并不独享此特权），权力的标志——配合其自恋心态的谄媚者（有一些被新领主占据了），专为他们保留的职务。当时的争论突出了贵族得到这些特权所存在的不平等性。争论也聚焦于在赋税面前的不平等，因为威胁是真实存在的。但是，即使贵族不必缴纳赋税（平民的标志），但三个特例使这条规则失效：它在南方并不适用，那里根据土地缴纳人头税，因此贵族要为其庶民的土地支付税款；从 1695 年起，国王规定贵族必须缴纳人头税；最后，贵族（和僧侣一样）远非唯一免税的群体，保留职务这种过时的习俗也是如此。在陆军和海军中,迟来的规章制度完全限制了平民的前途。而在教会中,最高的职位和最好的俸禄由国王指定给古老的家族。在宫廷里,国王——贵族中的贵族——将最好的职务、侍从职位(至少需要200年的贵族家史才有机会得到)、公职,甚至声誉显赫的学术机构的职位(有140年家族史的贵族小姐才能进入圣西尔学校,与国王的亲疏程度在四级之内的人才有权进入军校、炮兵及工兵部队)赐给对他忠诚的贵族。

对这些特权的列举突出了情况的多样性。这是因为,如果说所有的贵族拥有共同的特权资本,那么所有贵族享有平等这种想法则是不严肃的臆测。这也显示了一种引起争议的情势。作为一种防御性的要求,最低微的小贵族(不管他多么粗俗)和最晚获得爵位的人都意识到应与最高贵的领主享有同一古老的文化遗产。"所有贵族的联盟是一种建立在对立原则之上的要求:一些人以传统的名义提出要求,另一些则假以启蒙、哲学的名义。"①贵族联盟掩盖了支配着第二等级的深刻不平等性,同时通过对平等性的确认、对建立在出身和家世之上的等级制提出的质疑(如果不是拒绝的话)、风俗的变换以及在上流社会内部铸成的联盟,表现出其意识形态的影响。贵族不再是过去的贵族了。事实上,争论揭示了两点:出身的差异对"纯正血统"这种偏见提出了质疑;贵族们要求以另一种方式,即传统与功勋来定义第二等级的界限。

出身的偏见　等级的冲突

在程式化的等级制中,一些原则规定着优先权,体现了对一些古老的社会现实的依赖:刀剑优先于公职礼服,礼服优先于金钱。这就将那种古老的贵族与现代的贵族对立起来,并由此强调了等级与金钱作为分

---

① Chaussinand-Nogaret (G.), *La Noblesse au XVIIIe siècle, de la féodalité aux Lumières*, Paris, 1976, p. 68.

辨因素的作用。两者的定义相互影响，因为随着时间推移，家族中会出现从一个圈子进入另一个圈子的现象，例如在各地高等法院。

　　在古老家族的一方，久远历史的原则与"纯正血统"的继承占据着统治地位。这一点完美地体现在"大贵族"中。贵族院议员、王室至亲、高级教士，可能共 100 多个这样的家族。大贵族享有可观的财富，这与君主的恩宠相关，因为他们收入的一大部分取决于职位与年金。孔代家族、孔蒂家族、庞提耶夫家族、贵族院议员就是这样的。在 18 世纪，这些财富又因土地收益和合理投资的飞速增长而巩固，但也因生活方式而被削弱：高级贵族的债务使其从属性增加，而破产丑闻（如罗昂-盖梅内家族的破产）损害了廷臣的声誉。而且，出于共同商议（consilium）①的原则，这些高级贵族并不掩饰其政治意图。大贵族从未接受过绝对王权，部长的权力和官僚的崛起。由于这种古老理念，他们要求进入议会（国王从不将他们驱逐出去，在 18 世纪他们在议会的位置无可争议），通过享有行政权庇护人民（通常在外省任总督），掌握军队指挥权（尽管存在不称职和年龄问题，除了几个特例之外，这一点从未被质疑过），拒绝任何减税计划。因此，我们发现，通过各种特权与利益的累积，他们处于一些核心问题的焦点；此外还有他们无可置疑的文化力量。

　　或多或少由于财富的原因，乡绅和外省有头衔的贵族具有第一条原则的特性。相对于人数而言，他们在地方上的优越性更是通过其作用得到体现：他们在乡村和城市（越来越多人在城市拥有临时或永久性住宅）间维系着贸易和产品交流。在巅峰时期，我们在布列塔尼②和南方③看到他们融入了城市文化，而且作为土地的"优秀管理者"为城市的发展提供了

---

①　拉丁词，法语中对应"conseil"。——译者注

②　Meyer（J.），*La Noblesse bretonne au XVIIIe siècle*，Paris，1966，2 vol.

③　Forster（R.），*The House of Saulx Tavanes, Versailles and Burgundy. 1700－1830*，Baltimore，1971.

农产品的交易（酒、小麦、纺织作物、皮革，但都是私下进行）。于是他们抵御了凡尔赛的诱惑，专注于自身的特权，例如作为领主对产业的经营。阿瑟·扬认为他们身上隐约闪现着英国绅士的影子。对他们来说，清楚的账户和联盟最重要，因为经营和婚姻政策能够确保他们的生活方式、儿女的未来、职业的选择——刀剑、礼服、教会。在 G.肖锡南-诺加雷划出的标准之下（他给出的界限是收入低于 4 000 利弗尔，几十利弗尔的人头税），50%—60% 的法国贵族处于拮据的边缘，有时滑向农民式的生活。贵族的平凡性由多重原因造成——负债、不适应、习俗的负担产生了许多贫穷的后代；但最重要的是，它在两方面坚持着传统要求：抵制新事物及崇拜武力。这些处于王国核心的乡村和城市贵族对变革的贡献不如反对多，因为他们不信任变革。严格甚至经常不容侵犯地行使自身权利使他们对社会起了反作用，人们的热情都凝聚在这种作用周围。

在这两个世界之间，一种顽固的无稽之谈经常将所谓的"高等法院资产阶级"排斥在外。而在 18 世纪的多数省份中，掌控法庭的是古老的大贵族。梅耶尔①证明了布列塔尼的这种情况，库韦利斯②则是普罗旺斯，布吕什③是巴黎，杜瓦勒④为波尔多，格雷塞⑤是贝尚松，埃格雷⑥是格勒诺布尔。礼服与刀剑的对峙毫无意义，各处都是一小部分高级贵族

① Meyer（J.），*La Noblesse bretonne…*，*op*，*cit.*

② Cubells（M.），*La Provence des Lumières*，*les parlementaires d'Aix au XVIIIe siècle*，Paris，1984.

③ Bluche（F.），*Les Magistrats du Parlement de Paris au XVIIIe siècle*，*1715–1771*，Paris，1960.

④ Doyle（W.），*The Parliament of Bordeaux and the End of the Old Regime*，*1771–1790*，Londres，1974.

⑤ Gresset（M.），*Gens de justice à Besançon*，*1674–1709*，Paris，1978，2 vol.

⑥ Egret（J.），*Le Parlement de Dauphiné et les affaires publiques dans la deuxième moitié du XVIIIe siècle*，Grenoble，1970.

独占司法权。在巴黎,1771 年以前,590 个家族中的大部分是在 1715 年得到授爵的,只有 13% 是平民;在布列塔尼,1660 年后没有一个平民进入高等法院;在埃克斯,贵族化的趋势很明显,1715 年贵族(四等贵族)占 42%,1789 年则达 61%!贵族变得古老是源于世代相继的自然因素以及高涨的不妥协情绪,只有当家族或整个部门中所有人员达成一致时才会有所软化。从北到南,由东至西,法庭的特征是严重的内婚制,稳固具有封建性、领主性、来自土地的财富。他们的财富通过严酷、有效而贪婪的经营得到加固,从而允许他们在城市进行投资,维持生活方式、装饰和文化。如果说雷恩不是巴黎的话,布列塔尼的情况则明确地揭示了对特权的依恋、捍卫特权的意愿,以及对利益和为维护地位必须进行的变革所持的模棱两可态度;与此同时,他们对革新保持着不信任态度,特别是来自国家并触及地位的革新。

这是因为,三个世纪以来,法国君主制引入了对贵族的另一种定义,某些古老家系最初从中获益,却成为争议的主题。事实上,这种"只有国王一人能够封爵新贵族"的原则在贵族社会中引发了一系列争论和诉求:"国王只能封爵,不能任命贵族职务。"这种心态的关键在于,君主制国家控制着司法、行政,甚至军事官员,并且为此而承认社会可变性——加入"天生贵族"这个圈子的渴望激励着富裕的平民。出身仍可作为贵族体系的动力核心,因为新近获封的人在法律上已经成为贵族,也有了生育贵族的能力。"贵族就是精液",而在这个等级内部,关键区别仍在于这些"精液"取得效力的日期,从而出现了对家系的狂热以及将这种社会诞生日尽量往前推算的必要性。因此,对界限的维护有赖于推定日期以及控制获封方式的准则。国王为希望晋级的候选人提供了两种通行证:"职务封爵",人数远超另一种方式,通过宫廷、司法、财政或军事(城市)职位或快或慢地加入第二等级;"书面封爵",都是个例,人数更少,可能每百年有 1 000 多例,极少免费。18 世纪巴黎间接税法庭记录的

500 多个样本显示，书面封爵的有大商人和金融家（67 例）、行政官员（40 例）、有经验的军人（76 例）、公职和文化人员的代表。封爵渐渐成为对才能和功绩的承认，但也需要宫廷的恩宠以及财富和地方声誉的支持。

对传统价值的参考逐渐退却，从中获益的是对经济活动、工业经营、文学艺术等学术作品的颂扬。1760 年后，封爵贵族汇聚了那些拥有"构成贵族特征和根基的道德与感情"的人。这样，除了出身之外，也给予才能一席之地，但并未结束继承制这一主导原则。如果要实现这一目标，君主制必须拥有另一种能量来战胜反对力量以推行社会区分的新原则，调和功绩与财富，并在维持不平等性的同时使得另一种平等性占据优势。而事实上，它部分是由于财政需要，部分是由于向迫切需要承认的平民阶层让步；它仅仅顺应了"背叛资产阶级"机制的压力，也就是等级制观点的机制。财富总是通往贵族化的，而贵族也无法离开财富。这台社会水车不间断地运转，显示了贵族蕴含的声望和理想。我们可以引用古贝尔的话，它是"资产阶级的最终阶段"，但同时也是法国君主制对贵族边界的守护。"贵族调查"可能引起一部分资产阶级的诉求，因为这些调查尽量限制（如果谈不上禁止的话）商人、平民官员、法官、非贵族军人和人才进入最高等的世俗阶层。在这些运动后我们可以说，如果说资产阶级逐渐贵族化，那么贵族则资产阶级化了。这里出现的问题在于，这些机制无法组成一个统一的领导阶级并避免冲突。

贵族意识与启蒙思想

各种藐视态度充斥着第二等级的秩序。高级贵族享有至上地位，但等级纠纷始终存在：王室血亲对贵族院成员、宫廷侍从及公爵，议会所谓的"政治贵族"对议会以外人员，宫廷党对其他贵族。在任何时刻，信誉和皇室的恩宠都可以撼动资历、名声、公务、已占据的和所转让的职位的平衡。公职人员无法忍受自己低于军人的地位——他们的妻子不能受到引荐,除非破例。从最高法院推事弗雷奥维尔在 1701 年出版的《公袍的特权》开始,他们就要求更高级的地位,要像罗马一样高于武力(让武器臣服于长袍),以及将道德的杰出作为贵族联盟决定性的特定原则。1784—1786 年,第二等级的法学家《系统百科全书》中编录的条目"贵族"和"等级"也复述了这一要求。简言之,联盟势在必行,特别是为了质疑路易十四以来的王权。伟大的国王撕毁了在君主制初期缔结的默认约定,将大贵族排除在议会之外,限制有代表性的智慧的解读。因此,对他的权力可以被质疑。摄政王在一次最高法院会议中允许撤销路易十四最后的意愿,从而许可了对传统的质疑,以及对贵族在君主制中地位的彻底思考。贵族是国家的一个组成部分;作为交换,它在宫廷的大戏中扮演角色,其中最杰出以及最接近皇恩的成员能够得到满意回报。国家应该保证使贵族得到足够的工作并维持特权。

第一种思潮(来自费奈隆、谢弗勒斯、博韦利耶、圣·西门等人组成的圈子的作品)将为一部分政治性思考提供材料。它要求在贵族君主制框架下,让最优秀的人分享权力。当功勋与高贵相结合时,贵族可以也应该受到优待;这样,他们可以抵制专断。法律只能作为权力的守则,因为它是加给君主专断独行的界石,也是防止民众胆大妄为的刹车。费奈隆在 1711 年的《政府计划》中强调的这种理论推动了一种观点,即在权力面前贵族是建筑国家的必需步骤;它所定义的自由和权利将被哲学家们在自己的时代重新运用。如果像布兰维里耶所说的"贵族的建立与权利都不受恩于王权",那么它在某个时刻就能体现一种权利的确认和自治的原则;通过对历史的参照,也许可以证明分享权力的合法性——一种新型合法性。

孟德斯鸠代表的第二种思潮综合了 17、18 世纪法学家的思考成果,例如阿格索大法官。对集权主义的批判摆脱了对历史的参考,而在布兰维里耶笔下,历史将身为平民的被征服者高卢人与贵族征服者日耳曼人对立起来,显示了对中间权力与群体权力的意识:"为了防止对权力的滥用,必须通过支配使权力制止权力。"中间群体的力量有着历史基础:它继承自法兰克人的会议。在法律上,议会分享扩大的议院权力;在尊严上也同样如此,因为贵族和群体的独立性允许他们摆脱奴役。孟德斯鸠对宫廷进行了严厉批判:

> 野心寓于闲逸,骄横渗于卑鄙,不劳而富的欲念,憎恶真理,献媚、背信弃义,违背自己所有的诺言,鄙视公民义务,惧怕君主的品德,期盼君主的懦弱,而且比这一切更糟的是嘲弄美德。我认为这些组成了绝大多数朝臣共同的性格特征……①

他维护贵族的平等与联盟,将其作为保证权利对抗权力的基础之一,由此引出了对极权主义和贵族特权的批评,对君主制和封建制篡夺统治权的批评——正如马布利(《法国历史观察》)、勒内·路易·德·瓦耶·阿尔让松以及更早的卢梭的观点。在寻求对自身身份的定义、证明差异的合理性的同时,贵族政治思想以原始自由为名,促使"专制主义"的限制消失,但同时也显示出它在价值观的范畴内对功绩与机会平等的原则进行归并时仍不统一。如果要实现这一点,它就必须放弃卢梭在《论波兰政府》中论及的"这种将国家政体中最广大、有时也最健康的那一部分砍去的封建野蛮性",即它的身份。于是,在面对社会政治时,贵族仍介于团体世界与个人世界之间。只有当个人世界的价值准则与其通过价值统一贵族差异的需要相符合时,贵族才会选择这种方式:它

① Montesquieum, *L'Esprit des lois*, *op*, *cit.*, livre III, 5.

可以在不连累自己的情况下要求承认个人自由,同时又不承认权利的平等性。①

贵族与财富　贵族与精英

因此,贵族远非构成名流社会的核心。他们所持的观点是,如果需要存在一个名流自治社会的话,就要根据自身的准则对这一理想化精英层的扩张进行控制。最主要的政治辩论不是发生在等级与阶层、贵族流与历史流、资产阶级思潮与理性主义思潮或民主论和平民论之间,而是正如丹尼尔·里歇所指,②处于贵族自身内部。贵族应当保持建立在世系特权基础上的理想化构成吗? 还是应该向拥有能力、产业和财富的资产阶级名流打开大门? 后者仍对特权充满尊敬,并急于进入著名贵族的神奇圈子。

界限仍然存在,出于利己思想而越发夸大的利益纠纷就定格在这些使资产阶级与贵族相互对立的分界线上。文化圈子也同样存在,学术机构和集会汇聚了第二等级的代表和第三等级的名流。这里很少出现贵族意识与资产阶级意识之间的纠缠不休的裂痕与对峙。贵族与资产阶级在此更因与其文化活动相符的实用性经营意识而相通。此处的学术活动具有象征意义。它们定义了一个由才华与价值支配的平等圈子,这里施行着一种建立在文化调和模式上的关系准则。现代与传统不断融合,制度本身的运行也趋于平衡。

它所承载的意识是统一整体,但有一种正统思想除外,这是一种"怀疑派"。通过广泛的传播,经验和观察至上的理念促成了一种深奥的秘

① Chaussinand-Nogaret (G.), *La Noblesse au XVIIIᵉ siècle...*, *op. cit.*, pp. 200 – 223.

② Richet (D.), *La France moderne...*, *op. cit.*

传学说的形成。这种高雅文化为那些手握权力的人群所保留。这更可能是一种传承的文化,而不是创造性的文化;这也是一种从工作中解放出来的休闲文化,是公民真正自由的产物。最后,这是一种处于传播知识的理想与君主制企图为自己辩护并在文化管理角度上挽回贵族支持的意愿之间的事物。简言之,一切都取决于双方在必要条件下愿意达成的和解。在外部,这种和解碰到的阻碍是特权,它将名流局限在因出身问题造成的狭窄活动空间之内。在《什么是第三等级?》(1789 年)中,西耶斯宣称:

> 前两个等级产生了第一批正义和人道的捍卫者,对此我丝毫不感到惊异。才学之士是由专一思索和长期习惯造成的,第三等级成员有千万条理由应该在这方面才华出众。但是公共道义方面的启蒙思想则应首先出现在所处地位更宜于掌握社会重大关系、精力也一贯充沛的那些人身上,因为有一些学问既有赖于感情,也有赖于智力……

如果说这份文本完美地阐明了这种趋向于构建一个既接受贵族特权也接纳基于产业、财富和才能的开放的精英阶层的持续运动,[1]那么它的结论就是必须通过换种方式重新分配平等的意愿使特权消失。"悲剧在于一部分贵族断然拒绝这种精英阶层的扩大。"贵族与财富的联系、他们如何理解经济发展的新机遇,为我们提供了一种了解文化能力与政治活动之间落差的方法。这里涉及一种决定性的转变,因为在贵族充满矛盾的联盟(合乎法律的阶层——社会性阶层)中,经济地位的多样性以及对资产阶级封爵的态度,不允许将这种转变完全归因于农业王国、

---

[1] Richet (D.), *La France moderne…*, *op. cit.*

尽情挥霍"净产品"的一方。无论如何,如果说贵族不是一些人所津津乐道的封建阶级的话,它也并不是另一些人所乐见的资本主义楷模。

贵族　财富　财产

"金钱控制着家庭的社会性变革,财富加速了这种变革,贫困则束缚着它",鲁普内尔在他那本关于 17 世纪第戎城市与乡村的不朽著作[①]中这样写道。在谈到巴黎议员的贵族身份时,布吕什坦承:"首要条件是要有钱有势。"这仍是在说贵族与财富之间的一致性。针对富有且对官位感兴趣的资产阶级人士,国王秘书的职位能够以 60 000、100 000、200 000 利弗尔的价格得到,而且很快就可以光明正大地高贵起来。梅耶尔计算了从 1715—1790 年市面上提供的封爵方法:从 10—11 000 种,但不是全部适用于资产阶级,因为一部分官职和位置只在贵族内部出售。不过,理论上的交易活动有所加快,因为在一些情况下更新非常快,例如在大议会(理论上有 280 个更换机会,实际上 533 个)上;而在另外一些地方更新较慢,如巴黎最高法院。

由此我们了解到两方面信息:一方面,18 世纪的贵族主要来自在现代受封为贵族的家庭;另一方面,从路易十四到路易十六统治期间,贵族的更新速度没有以前快。肖锡南-诺加雷和梅耶尔尝试着进行了艰难的计算。在约 100 或 120 000 人中,即 25 或 30 000 个家族或者说 1789 年各年龄层的全部 30 多万人中,在这个世纪被封爵的个人所占人数不到一半,[②]可能只占三分之一。这个范围并不是封闭的。18 世纪的一部分贵族是受封的资产阶级,他们通过联姻以及通过职务投资财富。由于其

---

① Roupnel (G.), *La Ville et la Campagne au XVIIe siècle. Étude sur les populations du pays dijonnais*, Paris, 1955.

② Meyer (J.), "Noblesse française au XVIIIe siècle", *Acta poloniae historica*, 1977, XXVI, pp. 15‑21.

经济力量,第二等级经由各种渠道汇集了全国的很大一部分财富。

封爵机制将土地与流动资本从界线的这一边转移到另一边。1789 年前夕,在博韦参加贵族会议的 58 人中,27 人来自受封家族,几乎全部都担任过国王秘书;五人的姓氏为雷侬瓦尔,五人为当斯,六人为米歇尔;而且全都出身于 17 世纪著名的商人和制造商家族。他们拥有土地和领主权,但地位的上升有赖于商业和殖民开发。在布列塔尼,这个世纪受封的 300 人中大部分来自贸易和海运行业。在圣马洛,所有贵族都源于从事商业、海上行劫、走私、印度公司垄断贸易的资产阶级,拥有巨额财富;但广大船主无法再进入第二等级。圣马洛的经济寡头已经融合在布列塔尼的贵族中。① 对从事海运与商业的法国人来说,封爵是家族成功的最终奖赏。但这并不仅仅是 18 世纪的特点,相同的机制已经运转很久了。在巴黎最高法院,6% 的家族的贵族血统可以追溯到 1 500 年以前! 其余的 500 人则通过商业或综合各个角度来看,尤其是金融业方面的成就来获得贵族的受封。大家族的祖先中总有一位大农场主、军粮供应商、地方金融家。总之,所有为君主制国家建设做出贡献的人,他们对直接税和间接税的产品都起到促进、集中或产生收益的作用。大贵族、教会和国王的活动为法国贵族提供了新鲜血液,他们通过联盟与婚姻滋养了那些古老的家族和最高级的封建贵族。

那么,我们可以自问,当分界线被打破,当受封贵族们放弃原先的活动以保持身份并规规矩矩地靠着土地收入、年金和公职生活时,将出现什么情况? 这个问题很重要,因为我们可以从中找出各种论据来支持或反对这个贵族社会本身。那么,未来它将团结一致地站在特权社会一边,抑或至少有一部分人受到平民的驱动,站到经济革新和资本主义发

---

① Lespagnol (A.), *Messieurs de Saint-Malo, une élite négociante au temps de Louis XIV*, Saint-Malo, 1990.

展的一边吗？

我们只能给予第二个选项以肯定的回答，同时必须承认第一项需要一个有所斟酌的答案。对于在地方和领地范围内占重要地位的大部分贵族来说，经济力量的相当大部分来自领主产业。因而，正如我们所见，土地仍是社会象征的主要标志，包括与之相关的所有权利、特权和权力。贵族永远是一个土地所有者，所有的地区性研究如关于布列塔尼、图卢兹地区、巴黎的研究虽然有不同说法，但都证明了这一事实。但是，在产业上没有平等性。少数富裕的大业主与占大多数的小业主共存。在贵族阶层中也存在转让，例如在布列塔尼，高等法院和受封贵族赢得土地，而王室则丧失部分土地。因此，为集中产业及采取自主行动所需的农艺的能动性和社会干预能力，因他们所拥有的土地和收入而有所不同。一些产业名声在外，另一些则带来收益。这些土地通常由现代佃农耕作，他们在这种农业资本主义中起到了模范的作用，引起农民的效仿或争议。对土地的占有无法确立贵族的联盟，虽然它起到了根本性作用：我们从未见过一名业主放弃他的权利；对资产阶级来说，购置土地与可变性相伴。领主的反应和农民对农艺的热情，都是对局势作出回应（回应不同，但有时也会联合），以摆脱困难、满足需求。沉浸于城市和宫廷社交活动的贵族需求增长得更快，压力更沉重。但总的来说，拥有土地的贵族与资产阶级以及农民卖方一样，从有利于业主的价格上升中获益，而且和所有领地拥有者一样，拥有使价格上涨更快的权利。

在经济的新形势面前，我们仍不能以是否拒绝或参与的标准统一贵族阶层。大部分仅仅能够维持身份的家族，既没有资产，也没有受过训练；没有才智也缺乏心理动机来投身商业。但其他人却拥有一切条件：出身、足够的收入，增长的开支需要更多的财源。这里的问题在于投入的方式，它能为贵族对资本主义发展的参与程度定性。从事商业或创办企业并不局限于改行。我们知道，通过中间人的活动或投资，利润可以间接获得。王室财政就是如此。或许某一天我们应该重新研究奢侈消费如何引发对工业和商业的有利投资。贵族有时和资产阶级、商人、批发商、银行家、金融家一起，有时也单打独斗地推动着很大一部分商业资本主义的发展。首先，通过国王秘书职务受封的贵族（18 世纪有 3 000 多人）并没有放弃经营活动。没有实例表明南特的受封船主因为封爵而停止买卖。其次，几乎各地的贵族都与当地商业密切相关。例如图卢兹地区的贵族小麦生产商，还有波尔多的城堡主。正如孟德斯鸠所指出的，我们很快就可以将这个结论推而广之到国际层面以及海上大宗贸易。

大贵族则在所有商业领域投资：海上贸易、殖民地公司、种植园、贩卖奴隶。1770 年后他们出现在海运公司，如塞内加尔公司（Compagnie du Sénégal）、北方公司（Compagnie du Nord）、海运联航公司（Compagnie de la correspondance maritime）、卡宴公司（Compagnie de Cayenne）。在布列塔尼，一些被称为"沉睡的贵族"的家族例如吕伊纳家族、埃斯彼旺家族、夏多布里昂家族，充当船主，从事黑奴贩卖活动以重振家业。来自爱尔兰或英国的外国"上岸贵族"则控制了南特和圣马洛商业的重要份额。由于受封贵族的作用，形成了一个并非商业贵族但与商业活动密切联系的领域。杜朗证明，在巴黎，财政状况使平民身份是不可容忍的：没有一个大土地拥有者容许自己保留平民身份，为的是可以征收间接税；而他们也促进了税额收益的增加。他们还出现在殖民地和海上探险中。费尔奈伯爵伏尔泰就对通过农业生产改变地位青睐有加，并提倡这种行为。总而言之，国家的推动在此起着决定性作用，"丧失贵族资格的行为"可以逆转，从事商业也可以受到封爵。

一部分贵族以同样方式直接或间接引导着工业、制造业和矿业活动。在这方面，老牌贵族也不甘落后。他们通过契约以股份形式渗入企业，而匿名制为他们提供了掩护；他们利用地产权扩展事业范围，开发或雇人开发矿产、采石场、森林。追寻利润与科学探索相比带来的收益是翻倍的——使一些生意人获得更多幸福感。例如布丰的收益就是多方面的：1787 年左右他已有 110 000 利弗尔的收入，其中 40% 来自巴黎，包括年金、职务、国债；60% 来自土地和工业投资，如玻璃厂、煤炭业、钢铁冶金，甚至出版业。这正是旧制度下资本家的典型："不是巨商，胜似巨商"；既是领主，也是企业家；既有理性，也有兴趣；既自由，也受国家保护。[①] 类似的人物比比皆是。在布列塔尼，高等法院派与大贵族争夺冶金业，如孔代家族、罗昂家族、维勒鲁瓦家族、肖尔纳家族；还有在多菲内地区、北部省、香槟地区、中央大区、克鲁索、洛林、弗朗什-孔泰、勃艮第。在昂赞，克罗伊公爵和克弗尔侯爵动用了领主权、地产权以及资本资源，最终控制了法国大部分煤炭生产。受封贵族德·文德尔家族从洛林的阿扬日投资国防、海军，在安德莱铸造大炮，后来转移到吕埃勒，最后是克鲁索。

　　全体贵族身处技术与工业进步的前沿，同时也涉足不动产与公债投机。简言之，贵族置身于一种新型经济制度中，同时也并未放弃能证明其特权合理性的大部分政治参照物和社会神话。可能是因为他们的"各种自由"，通过与国家对抗赢得并在特权界限内维护的深层身份，在这场为"自由"进行的斗争中受到质疑。人们很难从各种自由转到一种自由，也不会受到这些字眼本身的欺骗。因为它们并不对所有人具备同样的意义。例如在陈情书中，大多数贵族能够承认一部分新思想，但并不因此就愿意放弃他们的基本特权。在第一种情况下，他们要使君主制摆脱专制；第二种情况下他们则要保持阶级—等级制度的存在。"商业贵族之间的争论"则说明，在思想领域中社会组织在社会形势与活动的变革中是如何演变的。

---

① Buffon, *Actes du Colloque international*, Paris, Montbard, Dijon, 1992, pp. 13–81.

商业贵族之间的争论

加布里埃尔·弗朗索瓦·夸耶神甫于 1757 年出版的一本小册子《商业贵族》引发了思想界的争论。两个明显的事实是：一方面，君主制的政策创立了一个将贵族声望和特权与资产阶级的逐利性相结合的混合等级，废除了贵族资格可丧失的原则，或通过书面为商人封爵，或任由贵族经商；另一方面，存在着一些贫困，至少变穷了的贵族，他们没什么光明的前途，缺少资金购买军事职位、行政职位，或只是不能过上符合身份的生活。

对于丧失贵族资格的行为来说，障碍主要是司法层面的。我们见过很多依靠经济能力和政治—社会地位绕过障碍的方法。但更大的障碍可能在于文化领域。因为，如果说一部分贵族阶层可以参与"商业"（该词所指的仍是贸易与工业的总和）的话，更多贵族所处的社会环境则不支持他们打破形势。他们被封闭在产业的界限之内，极其忠诚于"优秀管理者"和对皇室效忠的道德观，还未准备好听取经济获利和消费的警报声。也不要忘记，第三等级的代表即工商业界一直暗中反对允许贵族经商而不必丧失贵族资格的法令，从柯尔贝尔到 1757 年在位的财政总管莫罗·德·塞舍尔一直试图批准贵族的这种权利。商会记录了反对贵族进入商界的资产阶级的怨言：即使不赋予他们致富而不必缴税的权利，贵族也已经拥有太多的特权！因此，一场斗争在两个阵线展开：在贵族内部，获胜的是地方惯例（并不总会丧失贵族资格，例如在布列塔尼和马赛）或隐蔽性（秘密从事商业或通过中间人）；在贵族与平民之间，占上风的则是阶级的排外性以及各种困难，或是完全自由的王室政府为鼓励某些关键企业而赋予的垄断特权。在上述所有情况下，偏见与传统伴随着经济文化与资产的缺失，这也促使贵族规避丧失贵族资格的行为。

争论适时发生,揭示了官员和经济学家观点中存在的真正矛盾。他们急于将商业的必要性和它的不名誉调和起来。如此一来,要使国家强大、经济运转良好,商业必不可缺。"这是民生国计",圣-皮埃尔神甫如是说;"如果说农业是国家的基础,商业就是农业的灵魂。所以希望人们不再指责我(因为商业而)忘记农业",夸耶神甫这样说。但对商品居高临下的蔑视、更加看重土地价值和作战英勇,对由此引起的奢靡进行的道德谴责——总而言之,它带入这个受基督教经济统治的有机社会的一切瓦解性因素——仍很明显。孟德斯鸠认为,商业是必需品,但与此同时自由和中间群体的逻辑应该是禁止贵族经商:

> 贵族在君主国经商不符合贸易的精神,贵族经商也不符合君主国的精神……法国的做法非常英明:在这里,商人不是贵族,但却可以成为贵族……商人想脱离商界最好的办法就是把自己的买卖做好、做成功,而要做好做成功通常与自信心密不可分……

于是,与政治和社会智慧相结合的是在重农主义盛行下必然产生的土地增值。农业是"商业的灵魂"。农业是最高尚、最受轻视的职业;商业是一种维系其他对发展起反作用的偏见的方法。

夸耶出版的小册子引发了大量著作的出现,显示了这场论战的关键:是否应该鼓励贵族从商、融入各种经济活动形式?是否应该鼓励贫困贵族参与经济进步?这既是为了他们自身的利益,也是为了王国的利益,但要冒着迷失在其他社会阶层中的危险。[①] 这位耶稣会教士的作品

[①] Hecht (J.), *Pierre de Boisguilbert ou la naissance de l'économie politique*, Paris, 1964, 2 vol., pp. 267 - 289.

经常引用从重商主义到自由主义的各种支持生产性发展的意见。但由于他的观点不合常理而又充满挑衅性，使他游离于多数经济学作者的大潮之外。他将两个悖反的，或者只能谨慎联系起来的概念相联系，于是就质疑丧失贵族资格这一原则，并反对任何希望将贵族局限在军职和领地上的看法。他马上大获成功，因为出版业乘机介入，出现了 20 多部作品或支持或反对他的观点。我们看到，圣富瓦公爵在捍卫军职、维护等级区分和保留荣誉方面大获全胜，他将反对这位耶稣会教士观点的人全部联合起来。阿尔让松侯爵则支持夸耶，同样还有布列塔尼的贵族厂主 Pinezon du Sel①，以及《高贵起来的商业》一书作者塞拉。军人、文人兼皇家审查官比亚尔东·德·索维尼（《此还是彼，或商业贵族和军人贵族》）试图使两派和解。政府开始担忧。格勒诺布尔最高法院发表了一些谴责"等级混淆"的评论，福尔波奈进行了回应。这股文潮一时还停不下来，1759 年后逐渐平息，但每年仍继续抛出少量诽谤性短文或文章，一直到 1789 年。这一切见证了经济观点如何通过舆论得以表达。②

　　夸耶承认一部分贵族处于贫困状态，谴责商业的萎靡。要弥补这些缺陷，就得让丧失贵族资格的原则消失，这一点我们已经注意到了。这就触及了贵族的荣耀，翻覆了君主制的基础，以商业的高尚与光荣取代武器、血缘、世袭英勇的特权。这也使等级的混淆成为必然。因为夸耶在废除丧失贵族资格原则的同时，也打破了国家在平民与贵族之间维持的平衡。第三等级并不比贵族更愿意接受这种观点。夸耶无意挑起革命，因为他提出加强特权的力量。税收特权的问题就盘桓在丧失贵族资格的原则消失之后。各地高等法院讨论并通过了一项方便贵族经商并免于在商事裁判法庭登记的法令草案，总督、商业代表们也表示赞同，但

---

① 这是法国比较古老而且不大常见的一个姓氏。——译者注

② Richard（G.），*Noblesse d'affaires au XVIIIe siècle*, Paris, 1974.

这项草案最终由于六个团体和城市行会的反对而告流产。争论使得政府退却了。贵族商人仍将存在，但不会有"商业贵族"。因为创造这一阶层意味着作为换取特权人士进入既劳动又缴税的庶民活动圈子的条件是，必须撤销特权、赋予所有人相同的权利与义务。

　　"商业贵族"的争论可以回答开头部分就等级与阶级、贵族与精英的对抗所提出的问题。争论为我们揭示了在这个社会阶层中经济活动和社交活动一样，处于顶点的资产阶级和贵族倾向打破阶级等级的司法范畴，形成一个生存群体。由此可以一窥 19 世纪资产阶级社会中的精英世界。但与此同时，在这一社会阶层内部，相当一部分人不愿接受"婴儿被洗澡水溺死"，即承受社会各界质疑社会等级的同时还存有对特权的保护。就"商业贵族"达成的妥协与学术上的妥协一样，它建立在接受社会可变性的理念之上，汇聚了一些拥有财富与才能并与特权规则调和的人群；同时也碰到了相同的障碍，存在一些被排除在外的人，存在禁区。这是一个无法摆脱由自己来保证秩序而矛盾重重的君主政体。每一场危机、每一场改革的失败都是明证。

第十三章　公共空间

我们逐渐发现焦点聚集到对旧社会及其未来的争论上来：批判声在政治行为和人道行为的各个层面响起。君主制受到不再具有象征意义的冲击，丧失了超越一切的力量，遭到质疑；并可能面临社会彻底变革的条件和手段都已成熟的事实。当前的问题是如何在社交界内部构建一个政治空间，而社交界的所有特征和传统都似乎在排斥这个空间。19 世纪，阿历克西·德·托克维尔为这一问题的思考开辟了道路，并一直激励着历史学家们。① 18 世纪，与现实社会、王权统治以及中央集权君主制实际有效的行动相对，形成了"文人们"所引导的一番舆论，正是这些文人推动了一种"脱离现实的文人政治"的发展。正如托克维尔所言：②

> 法兰西民族对自身事务极为生疏，没有经验，对国家制度感觉头痛却又无力加以改善。与此同时，它在当时又是世界上最有文学修养、最钟爱聪明才智的民族。想到这些，人们就不难理解，作家如何成了法国的一种政治力量，而且最终成为首要力量。
>
> 在英国，研究治国之道的作家与统治国家的人是混合在一起的。一些人将新思想引进实践，另一些人借助事实来纠正和

---

① Furet（F.），*Penser la Révolution française*，Paris，1978；Chartier（R.），*Les Origines culturelles de la Révolution française*，*op. cit.*

② Tocqueville，*L'Ancien Régime...*，*op. cit.*

限定理论。然而在法国呢，政界仿佛始终划分为两个互不往来、彼此分割的区域。在前一个区域，人们治国理民；在后一个区域，人们制定抽象原则，任何政府均应以此为基础。在这边，人们采取日常事务所要求的具体措施；在那边，人们宣扬普遍法则，从不考虑用何手段加以实施。有些人负责领导事务，另一些人负责指导思想。

现实社会的结构还是传统的、混乱的、非正规的结构，法律仍旧是五花八门，互相矛盾，等级森严，社会地位一成不变，负担不平等。在这个现实社会之上，逐渐建造起一个虚构的社会。在这里，一切显得简单、协调、一致、合理，一切都合乎理性。逐渐地，民众的想象抛弃了现实社会，沉湎于虚构社会……

这篇奠基性的概念文章①在注重阐述事实的革新观念指引下写就。文章的作者，这位家世悠久的绅士，正面临着 19 世纪上半叶的动荡，以及必须对贵族自由和人民民主进行协调的境况。他在这篇文章中将政治与社会两方面的解释相调和，而不是将一方简化为另一方。中央集权政体的发展使国民社会变了样，并促成了新思想的涌现。正如弗朗索瓦·孚雷②注所强调的，正是君主制发展的历史进程创造了反君主制的条件。王权统治把领主的忠诚、地方习惯势力、官僚主义的合理性、现代化的尝试并置在一起：这是新派政府与封建时代遗留的社会组织原则③之间的一种不稳定的和解，是一种既新潮又过时的政权。在这种矛盾下，它只会失去社会精英的支持，丧失其合理性。而合理性转移到了

---

①　Furet（F.），*Penser la Révolution française*，*op. cit.*

②　当代法国著名历史学家(1927—1997)。——译者注

③　Furet（F.），*Penser la Révolution française*，*op. cit.*，p. 147.

知识领域,于是真实的权威与政权分离,王朝统治也与政治分离,讨论也只可能发生在政府之外。

托克维尔的阐释指出了两种转变:一方面,理论和实践、普遍看法和经验、现实和想象、现实城邦和理想城邦、庇护和前途之间存在着断层;另一方面,文人们不是组建起一个领导阶层,而是形成了具有取代性的贵族统治阶层,虽无实权却无限强大。这就是社交界脱离现实的产物。这种与现实脱离的情况源自旧制度下法国社会中真正具有代表性的团体的缺失,它将所有被完全剥夺了参政权的人集结到一起。托克维尔对君主制的批判强调了三个关键因素:新的政治思想基于各阶层各领域的统一(启蒙思想既无法仅被资产阶级认同,也无法仅被法国政府认同);知识阶层的政治直接关联于行政且集权的政府的行动,并记录了起统一作用的文化共享的成果;然而其中权利与特权效力的差距并未消失。此解读提出的主要问题是政府与"文人政治"的对立。更深入些讲,或许应该承认,可能存在一种旧制度所特有的政治领域。①

要理解文人们的这种文化,意味着首先要对过于肯定君主集权行为的观点进行无情且全面的批判,其次要对思想界脱离现实、脱离实践的设想进行同样的批判。对于前者,必须认识到不平等社会存在着一些特有的表现形式。简言之,这些表现形式必定会对维持事物原状表现出一致的拥护;但同时,它们也可能在反对独裁主义的冲突中起到至关重要的作用。关于18世纪下半叶高等法院危机的疑问便在于此,从有关詹森教问题的政治辩论中我们也可隐约窥见其身影。理性的骚动和激扬"将政府及其对理性的约束力的秘密曝之于众,甚至君主制的本质及其

---

① Baker(K.), *Au tribunal de l'opinion. Essais sur l'imaginaire politique au XVIIIᵉ siècle*, Paris, trad., 1992.

根本原则也成了公众议论的中心话题"。①

对于后者,知识分子构想的一种完全脱离现实的虚构政治,正是在分析启蒙思想的现实意义时遇到了困难,也因无法区分哲学体系本身的创立领域和实践区域而受挫。不存在唯一的哲学体系,而是存在各种思潮。正如大型理论著作中所述,世纪的更迭正是在注重实用性和解决具体问题双重指引下的大量实践和思考中展现出来。于是我们重新想到了具有创新性的文化社交,因为它包含在一种对各领域和居民的管理理念中。这一理念若要在制度和社交方面进行具体的理性的运作,首先必须彻底重建社交界的组织体系与表现体系。国家这个改革积极动因在当时成为启蒙思想文化合适的媒介,政府必须明白这是其自身的失败。因为它虽然协助完成了人民的"革命教育"(重新借用托克维尔的说法),但并未给自身带来好处。②

换句话说,关键是要去理解,在政府与分裂的国民社会没有决裂的情况下,舆论和公共领域的出现。历史学家十余年来在他们的研究中强调的这些概念主要来自德国哲学家哈贝马斯。③ 他指出了 18 世纪是怎样突然出现一个"资产阶级政治公共领域",一个摆脱了国家控制的议论空间和对国家进行批判的空间。这个领域之所以被定义为资产阶级性质,与其说是因为它完全符合成功的资产阶级的利益和想法,不如说是因为它形成于行政机构与宫廷社交界这些传统讨论空间和信息空间之外。首先它被定义为个人可公开运用理性的场所。它与构建一个由交流、劳动以及个人在私有化进程中逐渐取得的自主权所奠定的国民社

---

① Baker (K.), *Au tribunal de l'opinion. Essais sur l'imaginaire politique au XVIIIᵉ siècle*, Paris, trad., 1992., pp. 213 – 216.

② Roche (D.), *Le siècle des lumières en Province…*, op. cit.

③ Habermas (J.), *L'Espace public. Archéologie de la publicité comme dimension constitutive de la société bourgeoise*, Paris, trad., 1978.

会相吻合,这种自主权起源于狭义家庭的私人领域。从此以后,人与人之间的交往要求其中的各种参与者本质上平等,要求停止对个人和习俗进行划分,并要求在思想和行动领域无止境地扩张,因为任何事物都无法逃脱被审判的命运。公共空间的形成需要与国王、国家和政府以及圣体①代表的传统表现形式决裂。② 从那时起,有知识有教养的人担负起了这个使命。

我们可以从两个角度去审视这次重大的革新。或是借鉴思想体系的分析,研究各种思想及其反响;或是着手探讨使批判产生重大影响的实践行为。我优先考虑的正是这个社会文化的角度,但也不否认对其他思考方式的兴趣。不管怎样,通过这一角度的思考,我发现了舆论如何产生,及各种表象下的国民社会所致力的批判借助哪些手段促成了旧制度的解体。同样,它还突出了革新过程中出现变化的潜在性。的确,正如事后总结的那样,革新并未朝一个明确的目标前进,因为它并非凭借一次运动就引导了整个社会主体——它有其局限性和排斥性。

因此,革新的进展和界限可以从三方面衡量:一个是教育社交;一个是文化社交;最后是以读和看为途径的传播社交,它与前两方面——分别是它的要素和结果——紧密相连。在这三个领域中,我们还能看到现象的规模变化、机会的不平等以及整个网络中的强点和弱点,其中城市优势相当明显。学校、学会、书店,所有这些我们以现代观点归类于文化设施的实体,都由经济和社会实力所决定。行政和财政职能部门构建了专门用于吸收新文化形态的领域,这些文化设施便产生并集中于此。然而落实它们的逻辑并不完全如我们所料。③ 这些设施不是相当多,而

---

① 　喻指教会。——译者注

② 　Baker（K.）, *The Policital Culture of the Old Regime*, op. cit.

③ 　Julia（D.）, Milo（D.）, "Les ressources culturelles", in Burguiere（A.）et Revel（J.）（éd.）, *Histoire de la France*, op. cit., pp. 379-510.

是相当稀少。这首先与经济相关。经济上不允许扩大投资——学校的成本、剧院的成本、图书馆的成本,私人参与、保护和赞助则在其中起到了非同寻常的作用。其次与道德习惯和收容力对它们的排斥相关。这造成了因地点和环境不同,它们经由文化适应融入社会的规则也有所不同——但往往是精英主义且精挑细选的规则。最后与收容它们的狭小领域有关。这些领域在备受争议的拓展后才能获得稳定和持久。因此,整整一个世纪,文化开放力量与封闭力量都处于对峙中,社会的容纳力也在发生变化。

从教育到社交

在将近十年的法国大革命中,我们直接感受到了进入公共空间的效应,而进入该空间必须以教育和学识为前提。我们发现当时的民众基本被排除在教育对象之外。今天,当所有人都上学并求学时间越来越长时,很难想象曾经有一个时期民众和教育之间是一种如此不同的关系。18 世纪发生了一场重大的教育变革,这场变革是双重的其一是学校教育的普及,其二是学习目的的转变。

由于各地开展学校教育,非学校教育——根据不同社会阶层有长有短,教育地点主要是家庭,区分年龄段和传授职业技能——分别是校外教育和职业教育;家庭和私生活的特异性以及童年情感于是就展现出来。更长期地看,既然公共领域不再必须集体拥护政权及其象征,私人领域也通过提升其自身价值,推动个人和领域自身的表达自由而获得了解放,那么从学校到家庭,私人领域和公共领域之间就实现了相互分享。与此同时,政府也显现出推行教育的意愿,这种意愿将在有关改革的讨论中体现出来。

此外,旧的教育方式也将在 18 世纪退出历史舞台。看、做和道听途说的传播知识途径就算没有终结,至少也有一定转变。一个信仰教育法的新世界诞生了,一切都应为此改变:这是一把解放哲人的钥匙。所有人生来都有思考的能力,但都被教士和国王毒害了:教育将使他们获得解放。在对教育作用的争论中,出现了一场赢得智力发展的运动(教科书于此时诞生)。仅靠模仿和记忆的学习方法退出历史舞台,人们转而依靠智慧,最终从只针对社会中极少部分人的,为了社会再生产和管理的教育,过渡到体现普遍渴望,寻求社会流动、精神和理性自由以及改变世界的教育。于是学校成为政府和教会之间、民族和家庭之间斗争的场所。它必须在培养终身学习的学生还是公民、再生产和解放之间做出选择。因此,是否进入文化界,进而进入舆论界是由社会多样性决定的。学校带来了可衡量的、图示化的社会分化,并促成了法国人在教育上不稳定的关系,引导社会下层向社会上层靠拢。

学校 权利 教育

毋庸置疑,对大多数人来说,获取知识的主要场所依旧是家庭。家庭拥有社会职业教育体系,包括传授家族文化、着装习惯、劳动姿势。正是通过这一教育体系,人们对男孩及女孩反复强调各种社会角色,灌输道德准则和学科知识。无论在乡村还是城市,父亲、母亲、雇主和有产者都成了职业和心灵的教育者,他们创造了一种家长式管理。标准的职业教育是传授手艺及其"诀窍",同时尊重老师,"如同他是您的父亲",正如雅克·萨瓦里在其《完美的商人》一书中的明确比喻。年轻人只有在社交娱乐中,在成长为青少年的过程中,才逐渐获得更多自由并加入各种团体,然后直到结婚或有了第一个孩子才退出。这些团体组织确保了对本年龄段利益的捍卫。它们是农村社会的记忆和未来。从家庭到青年团体,教会还被请求继续实施其准则。这是因为各地的社团承担了凝聚社会各阶层的职责,是一个团结的体系、一个学习世界上各种道理的场所。我们不能忽视这些道理在面对国内外当权者、显贵和教会等级时的威力。整个文明的进程都是以"进入生活"为开端的,而进入生活就要接受学校教育。①

从这个角度看,18 世纪承袭了近代初期随着宗教改革而开始的古老运动,那是天主教反改革运动的决定性时刻。也是从那时起,主教的关注点从那些接受良好教育的神职人员,转移到了人民大众和"乡下出生的愚昧无知的人"身上。从 17—18 世纪,基督徒的福音布道在教育中始终占据绝对位置。教育行为是一场对宗教真理的扫盲斗争。为了灌输基督教的教理、传播道德观念并最终教授基础文化的根本(读和写:识字读本),人民的口传文化和教士的书写文化在这场斗争中产生了强烈冲突。主教的教典强调了建立学校的必要性,这鼓舞了全体神职人员。他们坚持通过学习教典、教授教规,不过只附带谈到读和写。内容或许比方法更重要。以儿童的理解力只能被动地记忆箴言和戒律,这却比教育理念更重要。他们在顽固地要求男女分开学习的道德观念下组织建立了学校。

宗教改革建立起的学校被基督教化并与社会相适应,但它的责任是与异教斗争。君主制的立法角色在此显现,并体现在 1698 年法令和 1724 年法令中。其中,由各修会出资开展义务教育和全面创办学校的想法有两种可能的解释:或许只是受到重新征服新教这个少数教派的愿望驱动,或许是基于教育普及原则而产生,法令强制所有儿童,甚至原先的天主教徒要去上学。而普及学校的愿望以及对教师聘请和待遇的物质条件的限定均出自教典。这项法律的应用则保留给各地方总督执行。久而久之,新教的威胁逐渐消散,而这些地方总督同时也"在国王的沉默

---

① Chartier (R.), Compere (M.), Julia (D.), *L'Éducation en France du XVIe au XVIIIe siècle*, Paris, 1976.

中"(1724年以后不再有王室法案)采取了对乡村学校敌视的态度。大量事例表明了政府削减学校数量的意愿,这个问题导致了教会和政府之间新一轮的冲突,也为乡村或城市修会制造了号召拯救学校的机会。

冲突带来的结果可以从两方面解读:一方面是建立起了学校网络;另一方面是得以获取基础文化知识(初等教育),打开了通往信息世界和交流世界的第一道大门。因此,起初直到19世纪,学校的分布并不均匀。在卢瓦尔河以北学校分布非常密集,在有些省,比如香槟省,人们几乎把上学视为权利。在南部却较为松散,往往需要跨过1 500—2 000人口的区域,即一个小城市或大的城市化乡镇的规模,才能找到一所满足条件的常设学校。一直以来城市在办学方面都比乡村有优势,且这种优势并未因乡村学校的增加而削弱。在不同地方,无数因素又令这些地理特点呈现出细微的差别:地区贫或富、居住集中或分散(几乎总是不利因素)、交通便利(有利因素)或与外界隔绝、天主教区境内以及宗教斗争的激烈程度。总之,是需求和教育消费起了决定作用,并因此从城市居民和农村居民对待教育的态度中觉察到因上述不均衡导致的一种逃避学校教育的不平衡的存在。修会的号召力可以解决学校的如下问题:教师的聘请、教育工作者和教育场所的资金筹措。学校的经费开支出于人民自愿,而人民的意愿是显而易见的。

我们从扫盲运动的成功便可充分认识到人民的意愿。这次扫盲被理解为掌握基础文化知识的指标,并不无艰难地通过统计签名衡量成效。尽管很难分辨部分犹豫不定和未受教化的人在掌握文字后究竟在哪些方面获得了完全解放,却也能从中领会到口语文化向书面文化过渡的真正意义。对书面符号的驾驭开启了一扇进入另一个天地的大门。在这片天地中,重要的是对事物的运用。读和写是进入清单、账目、笔记、手抄本和印刷品世界的钥匙,占有它即能实现知识的积累、学识的可修正组构、记忆的扩展以及简言之对惯例和创新的思考。长此以往,不再有人被认为看不懂文书——它是法律的基石,但也可能是本性堕落的根源。这是让-雅克·卢梭在《论语言的起源》中提出的看法。因为随着学校的出现,人类的异化程度也越来越高。然而更为肯定的是,它是一次彻底解放的工具:掌握了文字和阅读即调和了三个领域——事物本身,指出事物的声音,因与事物相吻合而能联想到事物的文字。因此,这个世纪取得的可估量的多样化进步为改变创造了一个没有束缚的环境。

文盲率降低了,1700年为71%,1790年降到63%。在扫盲方面北部地区占据很大优势,南部地区紧随其后,布列塔尼、奥弗涅和巴斯克地区之间的广阔地带则长期停滞不前。城市和农村交界处仍维持原状,城市在地区行为的带动下保持牢固的领先地位,而这种领先优势来自人口迁移的洼地——那里的人口并非呈线性发展,也并非受相同法律制约。最终,女性后来居上成为了事实。她们的识字率无论在南部还是北部都更快地上升。至于社会分化,则是减弱而未消失。城市中的两性差别缩小,手工业者和作坊主的识字率普遍上升,市郊居民和工人阶层则普遍下降。社会地位、职业和工作的经济结构的影响远大于地域差别,可能导致识字率的飞跃或倒退。

总之,基础教学法强制在城市和农村进行身体、道德和心灵的规范,受过教育且有教养的基督教徒取代了对社交礼仪一无所知的野孩子。学校的教育更加连续,且根据能力和需要将内容分成不同等级进行经常性反复教育,体现了创建一个与其准则有机一致的世界的梦想;并在各地积极推进一种合理的统一性,即使现实对此还很抗拒。经济的必要性以及新的功利主义欲望也就此萌生。于是,宗教的根本目的和宗教活动的分离成为可能,宗教仪式则造就了当时的教学关系。①

---

① Chartier (R.), Compere (M.), Julia (D.), *L'Éducation en France du XVIe au XVIIIe siècle*, Paris, 1976.

精英的策略：新的希望

教育带来的解放体现在众多个体奇遇般的命运中。手工艺人的活计,对其而言学习是必需的;士兵,平均比其他人受到更多的教育;佣人,资格和工资依照其书写能力衡量;普通雇员、盐税局职员、店员以及无数已充斥政府机关的公务人员,他们成为国家、当局和平民百姓之间的媒介。因此,在一个界限模糊且不乏地方差异的等级中又区分出四个阶层。

处于底层的是文盲,他们注定要遭受狡猾的识字者的欺凌:雇主、土地出租人、借贷人、什一税征收者、领主的代理人,有时还有神甫。尽管不信任,他们仍需签署后者要他们签的东西。久而久之,他们还得清点和使用税务单据、教会文件和治安公文。他们的力量来自团结以及勤于向知情人征求意见,他们的能力则是从日常经历和借鉴传统获得的反抗能力。他们没有完全从外部被异化,也没有完全从内心获得解放,正是在这个层面上上演了教会和学校、国家和国家功能为做好铺垫或是解放而开展的斗争。

中间的阶层有一定文化,汇集了农村和城市中会读、会写、会计数的人:工场主,开零售店的有产者,工头,兜售旧衣服、首饰、化妆品的女商贩,领地农场主,渴望市场的大耕地者,驿站长。对他们而言,接受教育主要是由于日常需要,而非不断的练习。他们必须能够核实租约或诉状、写信、讨论预算书、管理账目。法律和警卫组织也在此出现。他们写字有困难,阅读也很费力,但是计算却较为准确。他们能够满足薪酬和预算的供给要求,在里昂的工厂里便是如此。他们勉强掌握的劳动工具几乎没能改变他们的社会心态,然而社会变化正是基于这个混杂的阶层而产生。在农村,大农场主们虽隶属于农村文化,却能够听到市场的脉动,并适时投机。城市各阶层则深受城市中知识文化传播的积极影响,有些人甚至能够利用其微薄的知识使自己成为原始的作家和所有人命运的见证人。城市正是从这种令贵族恐惧的骚动中获取了政治行动的优先权。

再上一个阶层是企业主,他们是只学过拉丁语的完美商人,却需要(且越来越需要)文字(法文)。作为一个追逐利润的商人,同时又是实行家和总结家,尤其要看一些完成的账目、费率表、布告和通知。商务信函则是日常必需的。而另一方面,一些地方法官、因学习而变文雅的法律界人士、中小资产者、有年金收入者和房产主们,并不需要在工作和买卖场合外的活动中大量用到读和写。正是对书籍存在于商界的研究,揭示了发生于18世纪的一次缓慢的变革。

最后,处于顶层的是蓬勃发展的文人圈。这是一个精通拉丁文和法文且对自身及管理他人的能力充满自信的另一个世界。当教育战略打开了通往特权阶级的大门,知识和权力的舞台便就此拉开帷幕。对精英们而言,自从17世纪教育大改革之后,一切都在学校被决定。为了那些5 000以上人口的城市中四分之三的人,各地均已建立起学校网络。在当地私人或政府的倡议下(包括主教、地方行政厅、议会、省政府、行政长官的倡议),以及在一些持教育政策宗教团体的响应下,中学在上述城市中建立起来且运作良好。耶稣会拥有1760年左右正在运营的350所中学中的100所,在各方都根基牢固。奥拉托利会也是如此,尤其是在北部、西部、香槟省和勃艮第;在法兰西岛(即巴黎大区)则只有两所中学,其中一所朱利学院(Collège de Juilly)最为著名,在整个法国都耀眼夺目(孟德斯鸠曾在此学习)。空论派则主要在西南和南部地区。18世纪,分散的小型学校机构扩散到更微小的城市,显示了按照众多家庭意愿所普及的教育方式的成功:中学文科教育使更多的人受惠,且学校离家更近。法兰西王国的中学就学率可能达到了五十分之一;在城市则更为成功,达到了十分之一甚至五分之一。

1789年前夕,学生人数很可能已接近50 000人。然而,越来越多的学生从新的学校毕业,而那些最富有家庭的孩子还可能接受更多教育:家庭教师、寄宿学校、骑术学校,这类学校教育的需求大增。随着社会上的人口流动,学校教育的传播当时利用社会力量来开阔自己的疆域。它巩固了特权——18世纪以来,贵族阶级在中学已站稳脚跟。然而学校接纳来自社会各个阶级的求学者。新生注册名录中记载了学校中来自各个社会阶层的代表,主要是资产阶级和特权者,还有零售业和手工业中较富裕者,以及农民阶层的好学生。差异表现在以下两方面:特权者和富人们将多名子女送入中学,让他们从初一读到毕业;不太富裕的人家和贫穷人家的子女则入学更晚,离校更早,除了一些特例。社会精英占了成功升上每个年级的学生总数的三分之二到四分之三。至于遭淘汰的,我们会发现经常是那些从未留级却通常在读完初四①后无法继续学业的好学生。尽管学校文化知识的内化对缓解经济贫困贡献不大,但它能培养出具备跨越障碍能力的学生。这些学生证明了才能的力量和懂得识才的学校的功劳。整个教育体制就建立在这不平等的教学过程之上,因为其目的是为法律界、司法界和官僚机构培养神职人员和文职人员。这就是为什么只有少之又少的人能够跨过大学的门槛。

在老的教育机构和后来的中学之间存在一道鸿沟。一方挑选的学生常常会涌入另一方就学;而且有些教育机构即使不能颁发学位,也会给予教会组织规定范围内的教学。在卡奥尔并入图卢兹之前,法国总计有24所大学。他们的学生数量并没有增加太多,因为有中学的高年级班以及神学院和他们竞争生源。大学常规教育流程缩减,招生各地区自主化。负荷量稳定下来:经统计,总共有大概10万—12万大学生。招生进度视学科而异:神学乃至法学都很稳定;医学招生在增加,尤其是在蒙彼利埃和巴黎。从所有院系来看,新生数量有些许增长。巴黎、蒙

①　法国初中学制四年。——译者注

彼利埃和图卢兹的重量级大学一直都是赢家,从神学殿堂叛逃出来的学生塞满了埃斯科拉庇俄斯和忒弥斯的教室。① 然而,能进入该等教育的男孩一百个里面还不到一个,他们满足于在专业化生产中发挥实际有效的作用。巴黎已倡导外省精英去培养主教、高级神职人员的索邦神学院和培养议会及政府中教士、法官、律师等长袍人士的各类学校就读。大学社会的金字塔与整个社会相反:即使轻微的民主化使得一些新人进入了大学,特权者的儿子和终身官职者的子女还是占了大多数,因此儿子可以接替父亲的职位。还有些相当出众的才子,他们就像在中学时那样依靠担保人的帮助。至于女孩,则另当别论。她们的境遇并没有发生改变,只有极少数女孩对小学以上的教育感兴趣,且主要是富人和城市居民。平等主义教育只有几个女权主义者在呼吁,孔多塞便是其中之一。

　　中学教育凸显了男性的优势。在以拉丁文为主要学习内容的标准教学中,人们通过回顾过去、观察基督教传统和众多基督教化的异教创始人来学习思考其身处的时代,思考这个世界及自身。它培养演说家来担任教堂和理事会中的发言权威,并造就一些"雄辩艺术"的大师和准则的捍卫者。因此,其中自然科学的比重微乎其微。既然自然科学被排在所有课程的末尾,那么也就只有极少数人能够受惠于耶稣会物理学家和奥拉托利会学者们的强烈求知欲。在中学,尤其是要监督自身,学习舞蹈,并通过戏剧角色学习道德和仪态,以此学做自己并使自己成为该成为的人。简言之,成为一个合格的政界人物。教育的理想并非为了提高社会地位或是生活水平,之所以在存有分歧的社会精英之外还招收了一些社会下层的人入校,是为了将他们锻造成一种共有模式。这种文化统一程式直到 1750 年以后才被重新受到质疑。以下两场运动可能加速

① 埃斯科拉庇俄斯是古希腊神话中的医神,这里借指医学班;忒弥斯是古希腊神话中的法律和正义的女神,这里借指法学班。——译者注

了觉醒：围绕学校教育发生的冲突和中学的艰难改革。

整个18世纪，行政和政治精英对这种大众教育模式始终抱有明显敌意，且日趋强烈。从中我们还可以看到重商主义者的忧惧，即当劳动力减少，社会寄生现象增加，财富和产量也会随之减少：教育发展的同时，税收总量在降低。重农论者、农学家和伏尔泰的想法也是如此。总检察长拉·沙洛泰曾声称："社会财富的积累要求人民的知识不可超越其职业需要的程度。"启蒙思想反对用文字实现农民的文化适应，而教会及其下层神职人员则捍卫此做法，虽然他们不乏矛盾：一方面需要戒备无神论书籍，另一方面这些书籍却往往契合修会的教学需求。这里存在一个主要困难：通过教育确保庶民到公民的转变。在这一点上，卢梭本人比他的政治理论保守得多。他不是从经济角度而是从道德层面进行论证，因为他把文化和人类本性对立起来以证实农民无须接受教育。他在《新爱洛伊丝》一书中说道：

> 命中注定过乡村俭朴生活的人，用不着发挥他们的才能就可生活得很美好。宛如不许开采的瓦勒的金矿一样……不必对农村的儿童进行教育，因为他们用不着受什么教育……

这段话带有那个时代蒙昧主义的含糊论调，获得的评论界底层的认可也很有限。

社会最上层爆发了冲突，尤其在耶稣会遭到驱逐以后。而与此同时，由让·勒朗·达朗贝尔撰写的条目"中学（Collège）"已于1753年编入《百科全书》第三卷。该条目注释使以下两个重大问题浮出水面：揭示了拉丁文的垄断性优势和哲学无用；必须把中学教育建立在讲授实用的活知识的基础上（逻辑、科学、历史、几何），并以此满足社会多方面的实用性需求。耶稣会离去所打开的缺口使这本《百科全书》的提议带上

　　了现实意义,并引发了有关教育计划和院士考试的大量争论。无论巴黎还是外省,在职的社会名流、主教、行政管理人员以及市政府成员全都行动起来支持一项"艰难的改革"。[①]然而这种新的共识并没能令众人敬服,《百科全书》也没能战胜人文科学。

　　在1770—1780年间,教育格局被一分为二:一边是保守主义的堡垒——大学和中学,无论如何,从中还是能听到一些渴望改变的声音;另一边是借鉴无数经验且具有现代革新意识的各类学校:绘画学校、寄宿学校、皇家军事学校、基督教学校、修士会修士的私立寄宿学校、学术院、公立中学、学术协会和博物馆创办的各类学校,专用于一些院系的公共讲坛,水文地理学校。总之,所有自然科学、艺术和技术进驻的教育机构。后者的激增说明了中学学生人数减少的原因,同时也揭示了这个关注发展和流动的社会对教育的新期待和新战略。而这种发展和流动是原先的学校无法满足的趋势。这场运动记录了教育优势的缓慢转移,它是基础教育地位上升的必然要求,也迎合了发展的需要。在一个更多人识字的法国,学校被放在哲学斗争和政治斗争的中心,并致使教育世俗化和教育平等的理想成形。但是这一世俗化和实用主义的新理念还未能实现。无知会成为发展的绊脚石并维系偏见的存在,而教育威胁到了既定的社会秩序。哲学家和反哲学论者并非总是像我们期望的那样,在两个立场间做出抉择。民众理性的发展因此受到抑制,然而只是延迟而非遭到禁止。

从文化社交到新政治文化

　　一个受过学校教育的更加庞大的阶层建立起来,同时,一种更为强

---

① Julia (D.),"Une réforme impossible", *Actes de la recherche en sciences sociales*, 1983, pp. 53 – 76.

大的才能——对于大多数人而言,是在其实践过程中对自身社会地位和未来的形式化思考的能力——也随之形成。对其潜力的分析以对立推理的方式着重指出了直接投身革新事业的各个阶层的狭隘性:孕育出最早一批政界人士的文化阶层明显萎缩。我们须得承认所有识字的人都可能阅读(法国拥有超过 1 000 万的潜在阅读者,其中一半毫无争议是城市居民),而只有不足 10 万的极少数人受过中学和大学教育;从各种城市统计数据估测可知其中贵族约占总人数的 10%。这就是法国潜在的民众理性。这些分析表明,在变革时期,社会精英和知识分子这一小部分人的作用举足轻重。他们对国家的依赖最少,行动更加有力,从而带来一个自主文化领域的产生。

变化主要基于以下两个特征。首先,公众的选择和判断不再单单由不可靠的社会规范来决定,也不再由受特权阶层或垄断集团约束的君主制文化团体来传达。同时,以自由平等原则为依托的产业和文化价值市场逐渐显现。这就是为什么需要回到社交问题上来。社交的重要性已初现端倪。舆论形成的首要困难在于,舆论一边要求革新,且允许实际做法和思想同时发生改变;一边又与旧领域和旧价值无法分割。

长久以来,社交已成为一种具有说服力的分析工具。若我们坚信 1968 年莫里斯·阿居隆①采用的定义——"社交是人强烈体验公共关系的才能",那么显然,这是一种可解释人们结社行为的概念。甚至,这种行为可能产生崭新的政治意义。我们不会觉得这个概念在所有会面、聚会、私人往来和家庭成员联络等现象中太过泛滥,因为重要的是目睹社交如何在不平等社会中促成了不受有机论者逻辑支配的各个独立自由领域的建立。它过度广泛地被使用,使效力丧失,也使我们无法理解与私人领域相对的公共领域的形成;反之亦然。不要混淆社交和社会关系

---

① Agulhon (M.), *Pénitents et Francs-Maçons de l'ancienne Province*, Paris, 1968.

的概念。无论必然性还是偶然性,在这两者中所起的作用都不相同。

如果我们将"社交"这个词的适用范围留给家庭层面和国家层面的所有实践活动,我们或许能够设想 18 世纪社会中具体政治的新颖之处。[1] 显然,对于那些想要理解民主新形式如何出现,一个政治领域如何有别于"思想团体"的机械组织而形成的人来说,这是个根本问题。在奥古斯丁·科钦及其后的孚雷[2]看来,这些"思想团体"的影响控制着人们的信仰。这类团体的发展历程使我们得以在很久之后重新思考这个问题,并且从智力发展和社会实践这两个不可分割的角度去看待那些舆论现象时,[3]最好着重研究关系的具体形成、结构和发展过程,以及交流的环境。

这一新领域的形成基于四项原则:自愿结社,不是社会约束或寻求收益的直接产物,而是以某个抽象的共同兴趣为名义;拒绝社团封闭,拒绝排他主义;社团和成员间的会面可能符合一种分化逻辑,即成员可用言词辩论方式行动,并断言绝不除名,直至社团关闭;最后,平等要求和参照常规等级体系相结合。人们明显因此重视起启蒙时期统治阶层特有的对社交性的看法,但还是需要进行研究,以了解几种常规典型代表的主要特征和传播概况。我们会在政治革命时期看到他们的表现。

我的意图是将两个社会评论领域有机结合起来。前者通过考查政治前景和人类学观点来看待这些自愿结社现象;换句话说,是去了解在一个汇集了多少受一些不成文规则或成文法规约束,多少有些开放,多

---

[1] François (E.), Reichardt (R.), "Les formes de sociabilité en France du milieu du XVIII au milieu du XIX siècle", *Revue d'histoire moderne et contemporaine*, 1987, pp. 453 - 472.

[2] Furet (F.), *Penser la Révolution française*, op. cit.

[3] Boutier (J.), Boutry (Ph.), "La diffusion des sociétés politiques en France, 1789, An III, une enquête nationale", *Annales historiques de la Révolution française*, 1986, pp. 365 - 398.

少被赋予宣传和行动能力的男男女女的集会场所中,社会的一次重要文化适应是如何进行的。后一个领域则与知识社会学及认为需研究文化阶层生存形式和实践活动的想法更为相关。我们从招收方式去领会,从运转场所去分析上述阶层的生存形式和实践活动,同时以此来阐释允许其传播的准则的产生和同质性情况。该领域的协调一致当然不只源于其学识的合理性,也源于其行为的一致性。这说明趣味相仿,也由此而志趣相投——行动不落想法之后。主要有四个机构为这一社会团体的建立做出了贡献,并使这种新的思想体系具体化且更易被理解:共济会各分会的会所、国家发给执照且承认的各个文艺学会和文艺社团、各地沙龙、自由自发的非正式团体。

共济会与政治觉悟

对于结社带来政治行为的改变,共济会尤其起到了决定性作用。首先,通过扩大招募,会员人数大概从 50 名增加到 1789 年的 100 000 名,相当于 20 个城市居民中就有一个是共济会会员。其次,由于共济会组织遍布各地,自从 18 世纪 30 年代首批分会在巴黎和外省创立,如波尔多和马赛,尽管经历了一系列内讧和冲突,共济会的势力范围依旧不断扩大。在近千个民事和军事支部构建的网络中,从各省大都市到朴实的小村庄,共济会传递着平等交往的信条。到 1750 年,它已进入城市所有阶层并遵循各类法律,展开了一张流通地图,通过扩大支部间的联合或冲突实现了内部扩张。共济会的扩张并非源自重组于 1773 年的法国共济总会刻意的策略,而是出于一种广泛一致的期待,其建立的方式与其他启蒙社团、沙龙、俱乐部或学术院完全不同。它从等级社会的内部分割出一块广阔的区域,在这里,个人不会因其法律地位和社会等级而受到区分,只有个人成就才是衡量入会和晋升的标准。这块民主社交领地建立的基础是平等,然而有时再次闯入这个平等世界的不平等的社会现实却与其平等理想背道而驰。①

　　毋庸置疑,共济会比其他任何一个文化社交团体都更加开放。第三等级的代表人物大量入会:据统计,巴黎74%的共济会会员和外省80%的会员都是学术界人士。会所按照不同比例吸收一些完全或几乎不参加其他集会的社会群体:商人、工场主、手工业者。② 尽管如此,共济会也会排斥和拒绝下面这种人的加入:所有因从事卑贱的机械工作而丧失参与会所事务必须的自由和物质宽裕的人。许多说法都证实了这一原则。根据这个原则,不应接纳那些在世俗生活中不常接触的群体入会,因为他们既没受过教育,也没经济能力,更没有礼节习惯。既然会所的创立基于社团成员之间相同的社会属性,而非基于真正普遍的平等,那么它所谓的平等就算不只针对贵族阶层,也肯定是一种精英主义。通过一系列紧张对峙和冲突事件,共济会最终调和了平等原则和排他性,尊重有等级差异、没有交集的社会不同群体,建立了一个不同于其他社团的组织严密的团体。

　　共济会的成功可能得益于两个对立愿望的融合:一方面,想要借助学术界社交的排他运动建立一种在智力方面不太苛求、乐于吸纳会员的社团模式,并使之成为一种神圣替代品。它借用原先基督教的价值体系和举止行为,并引起资产阶级名流的兴趣。另一方面,想要将一种平等理念从贵族阶层传播到整个欧洲。这一理念吸引了有决定权、有能力的交往群体中一些有金钱、有文化、有闲暇的人士。卡萨诺瓦正是在他前往荷兰商谈一笔借款时被灌输了这种平等理念。这两个愿望因其批判

① Halevi (R.), *Les Loges maçonniques dans la France d'Ancien Régime*, Paris, 1984; Gayot (G.), *La France-Maçonnerie française*, *textes et pratiques*, XVIIIe - XIXe siècle, Paris, 1980.

② Roche (D.), *Le siècle des lumières en Province...*, *op. cit.*

功能而逐渐统一到一起。①

　　共济会依据的是一种道德规范，且遵循信仰自由；因此，它以国家的审判官自居。尽管会员们表示对君主制绝对忠诚，然而在实际操作中却逐渐侵蚀了传统的价值体系："表面上对国家毫无危害，私下里资产阶级却在会所中开辟了一个场所，在保密原则保护下实现民事自由。这种地下自由成了政治内幕。"②共济会的意图不是实现民主平等，而是为了"政治觉悟"。

文化社交的诉求

　　我们可以这样来看，与共济会不同，其他"文学共和国"文人团体的活动重在探讨、思索、斟酌和传播学识，阅读书籍和手稿。在这些团体中，有各种知识界的活跃分子，他们不同程度地活跃于社交界。年龄和性别无论在哪里都是重要因素。科学院和私人协会主要是男性的世界，只有在最公开的场合才会邀请女性，并且女性的参加通常是一种特例而非习惯使然。年轻人基本被各团体排除在外，除了证实才华不分年龄的特殊情况。然而我们知道，这里存在一个清晰的界线：谨慎筛选会员的固定社团将年轻人拒之门外，而有教养的阶层在 1770—1789 年间存在的重大问题之一便是善于接纳年轻人。因此，波尔多博物馆的大部分成员年龄都低于 40 岁，整整三分之一的人甚至在 30 岁以下，其中包括这个革命城市各种政治背景的人。私人协会的年轻态与科学院的老年统治形成了鲜明对比。沙龙的会员招募和接纳既无年龄限制，也无性别歧视：女性广泛存在并活跃其中，长期展现出"甜美生活"的一个基本特征。但是沙龙的自由化并非完全不存在排斥，它遵循社会法则或人口学

---

① Koselleck (R.), *Le Règne de la critique*, Paris, trad., 1979.
② *Ibid.*, p. 79.

规律：小集体会随着活跃其中的人变老而变老，然而为了保留头面人物，吸引并留住新的人才，就需要进行无比残酷的竞争，这种改变对于竞争是有利的。沙龙的"短暂生命"与个人的社交活动相符，它与科学院或社团的"长久性"所遵循的规则不同。

我已经强调了政治守旧和批判精神在学术院中的碰撞，巴黎和外省的科学院曾是政治教育的场所，这并不反常。这里，我想弄清的是如此普遍的社交性是如何构建起一个有效网络，在学术活动外传播新的政治文化的。这个网络主要安置于各个大城市的框架中；三分之二的学术院区达到 20 000 以上的人口；20 000 以上人口的中心城区，其中四分之三均设有一所科学院。传播过程中，城市职能被集中到 40 多个配备宗教、司法和行政服务的学术院区。它们通过社会招募四处召集名流，同时并肩而坐的还有城市贵族阶级的代表、纳入社会等级传统晋升渠道的资产阶级代表以及在小部分僧侣。神职人员的影响力越来越小，成为非宗教化运动的牺牲品。这一运动令其他社会群体的地位得到巩固。科学院不是冲突事件或反抗运动的发生地，而是社会和解的特定机构，是一种合并企图的试验台——在此，资产阶级的技能才干和贵族阶级的处世之道结合于一种服务加管理的思想体系之中——是与君权行为的统一理想有直接联系的调解者。

为了构建特定活动领域，权力和知识的联合显得很坚决。在当局命令下，巴黎各大团体最终决定建立一个本质上的政治秩序。法兰西学术院的任务是接纳作家来负责规范语言，保卫用来统一各地方主义的分类体系；法兰西文学院的工作是赞颂君王的丰功伟绩，思考后世名声和历史的评判标准；绘画和雕塑学院、建筑学院的责任是召集那些真正的艺术家，将他们与雕塑工人、蹩脚画家区分开来，从而肯定一批典范性的艺术家，更进一步证实由君王赋予的合法性。这一整个体系位于智力活动的顶端；它制定标准，但也善于把大哲学家的接班人一代纳入旗下。外省也应用此模式建立了同样的体系。在外省,学术活动总能受到当地权力机构的保护,并引起他们的兴趣。凭借与君主政权的关系,学术机构到处都能获得对其作用的肯定,找到生存的环境。哲学家们在以讽刺为乐,并经常力图对当局进行更严厉批判,这都没什么关系。毕竟作为公众人物,他们从属于这个机构,依赖于其合法性。然而,我们不能停留在这个简单的评判中。

在那些学者组成的社团中,君主制政权被戏剧化;与此同时,其他活跃因素也在发挥作用。学术秩序的影响力取决于小部分人,其基本模式的吸引力则来自可通约性法则,它依然是一种政治行为的基础:仅有几位智者能在当局的眼皮底下主宰法兰西王国的文化命运。于是,一个内部有等级制度的自主机构建立起来,其等级制度的主要前提是才能和价值上的平等。学术社团不可与一般社团混淆,前者的生存依靠固有的自主权。新秩序的建立意味着要先在内部取消优先权,通过投票决定章程的制定,通过表决或抽签决定职能的归属。正如德·拉·里维里[①]在第戎所说:"自主选举保证了决策的可靠性;其共同利益是个人利益的汇聚点,集体团结将排除一切外来思想……"[②]

在这个独立领域的日常活动中,争端是免不了的,但它们其中一部分都专注于章程的细节。因此,问题不在于理想化了这个行为模式的影响力,或者高估了它。不过,需要承认的是,这场持续百年的运动盛况空前,近6 000人加入文人社团,且不乏重要人物,如孟德斯鸠、伏尔泰、达朗贝尔、孔多塞,这与从政行为和学院派名人同时相关。对新领域的思考和政治行动因而成为习惯。内部文化适应是为了使文学界和社交界

① Poncet de La Rivière(1671—1730),法国主教,1728 年成为法兰西学术院成员。——译者注

② Roche (D.), *Les Républicains des Lettres...*, *op. cit.*, p. 166.

的人们习惯平等和高于个人的志愿而开展的一次缓慢工程的结果,它将在1790年以后的十年中被不断加强和广泛传播。

此外,这最初的教育制度由于运作隐秘,所以未质疑旧时社会的道德规范,我们应当赋予其新的角色。不是作用于内部,而是具有更加坚决革新意义的新角色。为公众利益而工作,使知识"交易"进入社会服务系统成为越来越鲜明的目标,这正是达朗贝尔、孔多塞和维克达济尔在《赞歌》中宣扬的,也是各省科学院众多院士呼吁的。一种适度的改革政策可能正是产生于院士们的聚会,它受到社会实效的鼓舞,通过城市中各种盛大场合而广为人知。院士们以此创造了一种通过评判去干涉常规事务的权力。文化社团则通过学术和历史调查,借助一种新的行为修辞,令其领袖群体得以参与政治活动,并允许舆论的存在。

文学社团的运动

1770—1789年间发生了一场大规模运动,它常常与共济会分会创立形成竞争,并部分重构了外省和巴黎的文化格局。关于这场运动还有待研究,然而我们已能描绘出其大致轮廓和主要特征。因为它令我们得以衡量对学术社交模式迟来的反响,以及这一模式在新环境中的适应情况。主要可区分为四个运动中心。

首先在巴黎,新的社团创立起来,通过为所有无法进入学术机构的人开创更加广阔的社交空间达到普及一种新教育法——比如用于传播启蒙思想,矫正大学的不足之处——的目的。九姐妹社团,或称阿波罗社团,在共济会的推动下于1780年左右成立,目的是组织公众阅读;1787年,先生博物馆(Musée de Monsieur)向公众敞开大门,组织者是彼拉特尔·德·罗西耶;1782年,巴黎市博物馆(Musée de Paris)和古德·杰柏林博物馆(Musée de Court de Gébelin)创立,1783年又出现一家博物馆与其竞争。1780、1781 年间，巴安·德拉布朗士利提出了"艺术的对应"的构想，将学者、文人和艺术家联系在一起，并出版了《法兰西共和国文艺界之见闻》一书。1788 年，女士博物馆（Musée des Dames）完成了组织构建，其主要特征是开放式招募，以及在公开精神和批判精神的指导下开展活动。

　　在外省，运动集中于三个地区。在西南部和普罗旺斯，主要是一些小型中心机构对创立新社团感兴趣。新社团围绕一些学术性城市形成，在波尔多和图卢兹汇聚了一批按照巴黎模式创建的博物馆。在庇卡底、法兰德斯和阿尔图瓦，情况差不多，不过数量相对较少。相反，在布列塔尼，新社团的创立填补了原先的空白，并带来当地文化的转型。有两种社交形式同时存在于各地：一种比较自由，比较随便，如俱乐部、赌场、军营寝室等；另一种则在章程条例和限制条文约束下更有组织性。我们还能在各地活动中心见到阅读书籍的现象，尤其是阅读报纸，还常常有游戏和冷饮提供。即使社团受到警察的监视，"上层公民们"（classe choisie des citoyens）依然能在这里畅所欲言。1769 年的《文学法兰西》对这一新风尚给出如下清晰的概念：

　　　　在米洛，除了星期天和节庆日，社团每天都举行聚会。报纸提供了他们谈论的素材。当报纸上的话题用完，他们就转而求助当时最好的作品。每位院士在进门后都会取一本自认为适宜的书。如果在阅读过程中发现某个主题值得留意，就会把它告诉社友。个人的阅读即刻就转变为集体的交谈。在对院士的想法进行深入探讨后，大家又重新开始阅读……

　　参照学术社团模式的实际情况也可能与前者相悖：赌场中就是完全不同的现实情景。在这里，订阅、学术交流和自由交谈各个话题之间不存在差别。出于适当礼貌,有时候也会允许女士在场。在这个社会自行遴选、公共图书馆和自由会见相结合的场所中,人们可以交流新鲜事物、评判报刊中登载的政府行为。这里可能存在整个社会等级,并接纳越来越多的人。在南特,阿瑟·扬①目睹了商人阶层用来扩大视野的场合。这座城市的六个阅览室集结了一定数量的成员——所谓的"重要公民"(principaux citoyens)。博物馆运动在整个运动中起着决定作用。

　　出发点是巴黎模式,而新社团的创立蔓延到了学院派未涉足的地区,比如在布列塔尼创立的布列塔尼爱国社团,科善对此进行过研究。在亚眠,罗兰创立了博物馆。他反对学院派,关注点从将朋友们的工作转到"对公民问题的思考"上来。在图卢兹,我们再次发现社团创立者中有学术界的身影,而学术界已被扩大到所有为知识、艺术和社交会晤而聚集在一起的社会名流的范畴。在波尔多,是律师和商人在活跃集会的气氛,并组织委员会、音乐会和展览会。他们欢迎青年人和老年人、女人和男人、文人和艺术家、业余爱好者和专业人士也加入其中。招募的自主性很高,讨论的自由度也是一样。博物馆和其他私立团体在"溪边的卢梭"派(Rousseau du ruisseau)②的形成中起到了至关重要的作用。在这些团体中,公众评判各类作品、表达独立言论的权利得到普及。比如对于催眠术或各艺术范畴就是如此。公众和舆论仍是一个受社会实际条件限制的定义,然而,它们自称为所有人可见的匿名法庭,能以"大众情人"的名义对任何事物表态,从而为自己获取了力量。可能正如莫

---

① Arthur Young(1741—1820),英国农业经济学家,货币数量论的拥护者。——译者注
② 卢梭认为,人与自然的关系是文化的关系。他在《一个孤独漫步者的遐想》中说道:"假如有这样一种境界,心灵无须瞻前顾后,就能找到它可以寄托、可以凝聚它全部力量的牢固的基础,时间对它来说已起不到作用,现在这一时刻可以永远持续下去……只要处于这种境界的人就可自称为幸福……"——译者注

娜·奥祖夫①注意到的事实,即公众置身于古老政治想象领域,因为我们从舆论表达中看出了参与权力的古老形式的特征:无误性、外在性和一致性三因素。但同时,他们已身处对未来的设想中,因为其中存在个体同意的必要性和动机的一致性。制造舆论的不再是学术院,而是私立社团。后者开启了一个广泛传播参考文化和统一实际做法的进程,它为批判性思考提供了一块领地和一种敏感性。

沙龙和交谈

　　在文艺学术公共领域的政治化过程中,沙龙也起到了它那部分作用,降低了对国家的依赖。其作用相当大,因为我们从各大沙龙看到讨论技巧盛行于社交界和文学界人士的会晤之中。他们因相同的娱乐活动——会餐、游戏、阅读、辩论——而汇聚在一起。德·西格尔伯爵回忆自己的青年时代,想起了在托克维尔之前30年法国上流社会举止行为的统一化,从中感受到那个时代的一个重要特征。社交,在它持续普遍的实践过程中,主要表达方式是"交谈,礼仪修养的母亲"。在沙龙中,人们温和轻缓地讨论,几乎从不争吵。"合乎礼仪的举止"和有修养的团体规则,以及因"不断摩擦和相互交往"而产生的平等思想在此根深蒂固,即使资产者和贵族之间更多的是亲密而非真正的平等,托克维尔曾谈及这种权利的差异。

　　沙龙是个难以抓住的世界,因为这是个流动且短暂的领域,由不稳定的关系而来,受这些人或那些人心血来潮的左右。没有人怀疑它曾是文人和贵族聚会的重要场所之一,一些多才的作家如迪克罗和达朗贝尔,都对此进行过论说。但是要弄清无机、无组织、动荡、短暂的沙龙社交如何能够制造出舆论却难得多。事实上,一直都存在沙龙集会。在这

---

① Ozouf (M.), "L'opinion publique", in BAKER (K.) (éd.), *The Political Culture*, *op. cit.*, pp. 419 – 434.

个或那个小团体,甚至任何一个社团的经常性出没,都符合差异不相容的原则,而非将差异统一化的原则。在巴黎或外省的社交界中,每个社交聚会都勾画出一些社团,这些社团从来不会走到一起。沙龙社交界充斥着派别差异斗争,旨在控制社交生活,其次是文化生活。通过这些社交团体,舆论被分化了。参加若弗兰夫人①沙龙的人肯定不会去杜·德芳侯爵夫人的沙龙,在莱斯皮纳斯夫人家用晚餐的人也不会经常光顾杜·德芳侯爵夫人(莱斯皮纳斯夫人的姑妈和原先的庇护人)的沙龙。沙龙之间流行着几种战争形式:竞争、联盟、和平、冲突。应该学习战争用语。年轻男子或年轻女子在"跨入社交界"的同时就学习这一符号游戏。对作家而言,在沙龙中站稳脚跟是很重要的,因为如果想要在文学界获得成功,这是必不可少的手段。在这里,他们能获得膳宿、地位和学术院选举的成功。他们在城里的集团斗争中争夺候选人资格,讨论取得的进展,这些斗争正是思想交锋的时机。杜·德芳侯爵夫人就确保了达朗贝尔在法兰西学术院获得成功,并与他一道确保了哲学家们成功赢得知识合法性的堡垒。

尽管如此,社交活动也为沙龙行带来其他结果。在社团的延续中,有种"生活的艺术"典范在发挥其影响力,它所教导的并非直接政治性的东西,而完全是公民生活范畴的。沙龙是展现外在成功的场所,是"面具和话语"的王国,简言之是定义社会监督的机构,其社会学价值还有待挖掘,而其意义只关乎对沙龙习俗的分析。两性在这里会面:女人们可直接在此施加影响,而男人们则鲜少为之:如"霍尔巴赫②社团"便是如

---

① Marie-Thérèse Rodet Geoffrin(1699—1777),与杜·德芳侯爵夫人(Mme du Deffand,1697—1780)同为法国 18 世纪知名的沙龙女主人。

② Paul-Henri Dietrich baron'd Holbach(1723—1789),法国杰出的唯物主义哲学家、无神论者,《百科全书》主要撰稿人之一。他的最大成就是把 18 世纪法国唯物主义世界观加以系统化。——译者注

此。这里,哲学上的默契和无神论的氛围集中了一帮唯物主义信徒和偶尔来访者。多个社会阶层人士定期在此重聚:朝臣和市民、长袍职业者①和剑客,巴黎人和外省人,法国人和外国人,当然还有文人和社交家。沙龙欢迎所有来聚餐的人,只要女主人的财富允许——而女主人丈夫的财富则秘而不宣。沙龙中的游戏维持了社交来往和世界主义。外国人也在此出没。这一步对旅行者而言,或是匆匆而过,或是被驯服和挽留——比如格林兄弟和华尔波尔。一些冒险家如卡萨诺瓦也在此追逐财富。

在这个社交场所,有两个因素导致了对沙龙社交的政治冲击。首先,沙龙社交令它的人际关系模式普及至一个扩展的空间,即宫廷社交界。其次,它向光顾沙龙的人灌输了理想世界特有的交谈技巧。这种技巧力求平等,并带来一种理性交流的升华。通过一系列特征表现,道德文明的发展影响社会,使人际关系中的暴力消减,并促使社会约束内化。② 而沙龙礼仪就是表现之一。自从肢体冲突让位于阴谋和讨论,冲动被算计取代,一种真正的社会心理得以成形。根据与社会结合的具体情况,人们开始合理化并留意自己的个性,这一点基于个体对照他人举止调整自身行为的需要。权力的集中和社会关系网的彻底重构带来了心理结构的改变。对文雅举止的关注,衣着外貌的作用,以及禁忌的存在,从这种压力的内化中找到了源头,人们无法再通过暴力手段来舒缓压力。18 世纪的沙龙承袭自 17 世纪的社团,为上流社会纪律的形成做出了贡献,也使得社会压力的释放途径发生了改变。不同的社交模式在沙龙中被创造、被传播,不同的社会群体在此相聚而不会混淆:对行家而言是学习划界的符号。做作的礼仪形式、特有的智力消遣、个人的愉

---

① 指教士、法官、律师等着长袍的职业人士。——译者注

② ELIAS (N.), *La société de cour, op. cit.*

悦,描绘了上流社会玄奥的特点。装模作样、卖弄炫耀、滑稽模仿、浪漫诗、田园诗、神秘勋章(如卡洛特军团勋章或朗特鲁军团勋章),构成了小部分人的消遣活动。它首先培养出的便是那些轻浮而往往浅薄的人。表象之下没有实质内容,也不涉及物质和社会利益。沙龙社交获取的是它本身的价值,无实际目的。

　　然而,这种矫揉造作同时也将其中的参与者带进了舆论和辩论领域。沙龙中的娱乐行为以礼节和讨论技巧为基础,根据一项排斥自发情感的规则进行安排,要求含蓄和矜持,为高度统一多变而流动的社交界做出了贡献。我们可细致探究一下这些观念的本质。因为热尔曼·德·斯塔尔夫人所说的"交谈的需要"活跃了上流社会的气氛,并赋予其交谈美学和精湛技巧。这些特点缔造了空洞的社交语言,避免了真实的交流,因为需要表现出来的才智将思想推向了平庸化,并且不允许带有技巧性。但有时候,聚集在沙龙女主人身边的人多半为了聆听而来,而后则讨论得越来越多。于是人们谈论经济、哲学、发生在文艺界的大辩论、使社会产生分歧的有关将来的言论。既然需要引人注目,按惯例就得公式化,具有戏剧性。爱尔维修从中准确无误地发现了"世纪精神":

　　　　为了在社交界中博取他人的喜爱,不应深入任何题材,而要不断游走于各个话题;要有广博多样的知识,也因此会很肤浅;什么都要知道一点,不能把时间浪费在全面了解一件事物上,因此面很广,而深度不够。

　　我们知道卢梭对这种交际类型相当抗拒。有关"面具和话语"的辩论成为世纪最大争论之一。知识分子们通过沙龙战术的实践,获取了群居生活知识、根据社会关系分析人际关系的技巧,以及学习冲破对手防守的方法——这一点在后来为政治大人物适度借鉴。正如斯图尔特①深刻解析的,重要的不是摘去他人的假面具:"自卫本能要求人们刻意维持自身的面具去防备他人,以使他人无法看穿;并需要培养眼力和判断力……而撕掉面具等于摧毁了社交。"

因此,18 世纪沙龙的第一堂政治课属于社会和心理影响力的分析范畴;第二堂则更令人期待:沙龙网络的构建带来了信息的传播和批判精神的扩张,因为人们可以在因循守旧和弃旧革新之间选择自己的定位。这种自主性起先为政治进入沙龙适量放行,1770 年以后,政治更加迅猛地涌入沙龙。这是现实意义的胜利,而非学说探讨的胜利,却尤其令一种行为获得了生机。人们在霍尔巴赫男爵的社团中可以对时事格外自由地发表看法。正如狄德罗所言,"头衔和学识不足以找到这扇开启的门。还需有道德修养,这样交往才可靠,这样人们才足够相互尊重以便相互辩驳"。这足以表明规则正朝着创新性的方向转变,以及多么有必要探求沙龙的真实影响。不是从社会和思想的凝聚力中,而是从一些人的感性一致或另一些人的社交才能发挥作用的各种方式中寻求其影响。在圣-奥诺雷路上,狄德罗与苍白的让-弗朗索瓦·马蒙泰尔、大胆的内戎并肩而行,富人们站在不幸的人们身边,知名学者们与还需巩固声誉的外省人联合在一起。总之,统一达成于社会成就的实践中、包容对立面的意愿中和有必要讨论各方面改革的一致看法中。因此,人们可能生存于双重觉悟中:瓦解守旧派的外围和大胆的思考。在路易十六统治时期,当如德·西格尔伯爵所指的"我们的风俗变得不那么轻浮,但也不那么礼貌……政治赢得了阵地,社交输了"的时候,改变发生了。这一看法在内克尔沙龙的发展历程中得到了证实,另外在德·让利夫人

---

① Stewart (Ph.), *Le masque et la Parole, le langage de l'amour au XVIIIᵉ siècle*, Paris, 1973.

社团中也得到些许验证。实用哲学、经济和政治在沙龙中直接占领了阵地。1770 年开创的星期五沙龙,星期一和星期三在若弗兰夫人处,星期二在爱尔维修的沙龙,星期四和星期天则在霍尔巴赫处,它模拟了一个从银行到商界,带着旧制度社会深刻烙印的外国新教徒的一生。想要实现抱负的人需要的正是一个共鸣箱。我们看到在金融资本家、知识分子和政治家的管理下,沙龙中诞生了集会圈、宣传圈和组织运动圈。公开的美德取代了过去无价值的轻佻。

在这些社交诉求中,娱乐行为、话语修辞术和政治戏剧化占了主要地位。毋庸置疑,其中存在的是一种相似的文化,它并未使社会等级差异消失。总之,这些诉求说明了舆论是如何在行动或思考尚不足以将其分辨清楚前就在道德层面成形的。因为沙龙、思想讨论团体、学术院和共济会首先是一个受某些法规约束的文化天地,这些法规只对这方天地有价值,在"文学共和国"之外则无直接效力。但是这场运动并非完全孤立,因为在城市和农村都存在其他政治启蒙形式,也因为在这个学校和新教育思想导致文化适应的世纪中,印刷品的大获成功为这场运动赢得了更加广泛的关注。报刊——众多报纸在 1750 年后发行周期缩短,获得了迅猛发展——参与到这场不断增加的言论对战中。手抄和印刷书信也加大了对社会上存在的为少数人设计的法规的冲击。到 18 世纪最后二十几年,已有非常多的途径来改变立场。当社会各阶层之间以及个人和集体之间的关系开始发生变化,人际关系网络的扩张激发了传统社会的危机。社交的兴趣点在于把对文化物质形式和精神形式的思考结合起来,并把构成社会变革特征的外部条件、实践行为和思想观念联系起来。康德在《实用人类学》中领会到了它的重要性:①

---

① Kant(E.), *L'Anthropologie du point de vue pragmatique*, in *Œuvres complètes*, 1986, t. III, p. 1097.

即使有教养的人类的这些法则可能会显得无足轻重,尤其是当我们将它与纯粹道德的法则相比较时。然而,一切促进社交性的东西,哪怕只是一些讨人喜欢的行为准则和举止礼仪,就都是一种增进道德的外部包装。

第十四章　国家危机　社会危机

有必要分门别类地把活跃在 1715—1789 年间的各大冲突势力集中起来说说：国王、臣民、国家和人民、罗马教廷和各大教会、贵族阶层和社会精英、社会舆论等。本文写作一方面尽量避免对一个阶段的终结的忽视，另一方面也杜绝用目的论的视角来分析；而是采用一种对比法，观察在较长的周期内，错综复杂的现象如何在社会和政治态度中逐渐变化。因为社会结构和历史事件早已发生联系。然而历史事件之所以不可避免，不是因为它们延续了几个世纪的历史记忆，而是因为它们提供了一种现实与时代变迁相对照的现实。

其中的一条轴线就在于理解旧制度下的政治思想、实践和想象。总而言之，这是一种独一无二的文化，因为这种文化只能通过群体或个人的宣读传播给大众。宣读的意图由文化决定，因而是短时间内表面骚动和长远历史启示的结果。在 18 世纪，一系列的危机标志着信息交流、商谈、冲突状况发生变化，从而改变了宗教、传统社会里的社会关系，开创了评论界"基于法兰西集体认同感的性质和基本理念"发表看法，"公众舆论也逐渐视王权为最终上诉法庭"。①

关于 17 世纪就已经显现在宗教、税收、司法或行政方面的冲突以及公共权利、军事力量和外交政策等方面由来已久的问题，致使现在政治和社会上不满的声音越来越强烈。逐渐地，这些问题及其回应方式变成一个政治文化上一贯而非偶然的因素。它在促使构成观念的同时积极

---

① Baker（K.），*Au tribunal de l'opinion…*，*op. cit.*

形成一种参考、一种记忆、一种逻辑。

危机的进程调动了两方面因素：一方面是创建了一个临时空间，各种危机症状和表现得以充分显现，而社会病理学和各种干预也积极地为解决问题发挥作用；另一方面是利用现实矛盾，突出活动家们衡量并理解各个事件社会意义的方法。在措辞上，历史学家用"危机"一词的引申义把凸显社会危机症状的事件转变成揭示社会结构的观察点。它记录了一种制度的运行方式——可以是政治的、经济的、社会的、文化的——并且反过来，改变制度。我们从不倒退。

说到这里，回想一下 18 世纪也并非无足轻重。这是一个为了理解社会事件，词汇发生变化、大量使用社会有机论的隐喻的重要时期。这样我们可以再一次避免使不同类型的历史相互对立——包括精神文明史、政治形式史、实践史和思想史。"危机"从医生的言论中汲取力量。他们的言论构成了时代思考找寻其积极参与者、明确方向的根据之一。想想魁奈，博埃哈弗医生的弟子，我们也不能否认他是经济学家。再比如狄德罗，博尔德的学生，曾在百科全书中发表题为《危机》的文章。还有福尔波奈，当他写自由主义而非重农主义的政治经济学方法的论文时，提到过"臆测科学，比如医学"。

经济学家和政治思想家一样，都主张把意外事件纳入历史逻辑之中。卢梭在给波兰政府提交的计划书中使用过这个词："任何一个对重大危机毫无防范的国家，每一次（政治）风暴来袭之时都可能遭受灭顶之灾。"[1]这句话适用于一个重视对社会和政治机构作出机体论阐释的时代。卢梭本人也在《百科全书》的《政治经济》一文中对此有过举例说

---

[1] Rousseau(J.-J.), *Considérations sur le gouvernement de Pologne*, in *Oeuvres complètes*, Paris, t. III.

明：①"单纯从政治机构来看，它可以被认为是有组织的、有生命的，如同人的机体那样，是一个独立的机构。"既然人体和社会之间存在一种有机形象上的类比作用，并且这一有机形象的运用还支撑了两者都可以被看成自成一体的观点，那么，我们有理由在谈及社会变化阶段时使用"危机"这一字眼，也就是政治机构发生动摇的时刻。这一隐喻带来一种认为弊病属于政治社会范畴的思想。

　　社会病理学设想从三方面来解读错误的根源。神学方面：这是主教们在神职人员大会上宣布不信教的新政治哲学时所做的，是一种遵从宗教传统的观点。知识分子：这是我们从革命思想、医学思想转变为政治思想的过程中所观察到的，是我们探寻转变的原因，有关历史的言论表明政治变迁是管理错误、公共思想错误引起的结果。还有自然思想：政治生活是屈从于所有对任何生命构成威胁的灾害，社会大众奋起反抗那些扭转国家自然发展方向的行动。政治实体在此与赋予其特性的各个国家机关的配合一脉相承，同时也在社会变化逻辑中找到了基本政治运行准则；其间有尝试也有失败，有稳定时期也有混乱年代。②

　　在遭遇不测之际，我们会听见觉醒的声音。当时遇到困难的参与者就会思考结束动乱的方法。这也体现在从"觉悟危机"年代开始，启蒙思想就在思考编撰英国革命史。所谓觉悟危机，是一种不顾身背负种种威胁，违心地肯定法兰西君主政体命运的扭曲的意愿。这种倾向可以从一系列分析历史突发事件的文学写作潮流中体现出来。在土耳其、泰国、瑞典、罗马、荷兰、摩洛哥、日本、西班牙等，不乏这样的作品。宣扬大革命的言论还有一种教育作用：阐述了什么是政治危机，拷问专制统治的命运、前途，也针对具体形势和政治变动给予意识形

---

① T.V, pp. 337 – 349.

② Schlanger（J.）, *Les Métaphores de l'organisme*, *op. cit.*

态方面的回答。① 发表这些言论的人起到的作用,正如狄德罗的朋友博尔德在《百科全书》中《危机》一文提到的具备哲学思想的医生那样:"他从目击证人开始,到一名执业医生,再变成伟大的观察家,打破世俗条条框框,最终超越自我。看看医学史上的大事记,数数有多少位法规制定者。"心理危机凸显伟大的医生;同样,政治危机下才能见识真正的哲学家和公论。

在阅读了反对杜尔哥及自由贸易的《关于谷物的立法与贸易专论》之后,狄德罗于 1775 年 6 月 10 日给内克尔写了一封信。狄德罗原是杜尔哥的支持者,目睹饥荒引起的暴动后,转而反对自由主义。所以,这位哲学家在信中谈论更多的是这篇专论的理论效应和政治影响,而不是当时的形势。社会舆论和困境中知识分子的作用也由此得以明确:

> 社会舆论,不论对好事还是坏事,你们知道它强大的影响力最初来自少数人的影响力,是他们思考之后做出的判断,对社会方方面面都不断地做出评判。于是,对错误和正确的思辨,像宗教教条那样的形式逐渐遍及整个国家:宣讲的机制已经消失,只剩下最后的决定权。书面文字只能面向某个阶层的市民,而口头的宣讲却可以面向所有市民。这是活人都会经过的镜子。百姓知道穷乡僻壤物价便宜,因为他们挣钱少,总要挨饿。但他们却一直不知道协调不固定的收成和他们持之以恒的需求不易的办法。

面对重重危机要采取必需的补救措施。国王、百姓、名士、商人无一

---

① Goulemot (J.-M.), *Discours, Histoire et Révolution, représentations de l'histoire et discours sur les révolutions de l'âge classique aux Lumières*, Paris, 1975.

例外,都不能听取哲学家们的忠告,所以他们必须"公开讨论",宣传政治良方,启发舆论。

三个历史阶段标志着政治文化和社会的深刻变化:八年令人称奇的奥尔良公爵摄政时期①,1750—1775 年高等法院危机时期,卡洛纳专制制度危机和内克尔的回归,这些都揭示出各种思想凸显出各色人物。

摄政时期

奥尔良公爵摄政时期不是一段历史插曲,而是开创了一个保守过渡期。路易十四独裁的政治体系因为战事损耗和经济问题变得摇摇欲坠,摄政王尝试恢复各方面的平衡,改革一直延续到路易十四统治末期僵化的行政体制。摄政时期开始了年幼国王的统治,把政治权利转交给一个新团体、一些新人,如杜布瓦以及约翰·劳,他们面对内外交困的形势展现出丰富的改革经验和过人的胆识。

此时的法国危机重重。外交和军事方面,面对海军势力占绝对优势的强国以及波旁家族和哈布斯堡家族的分道扬镳,法国在欧洲显得势单力薄。经济和社会方面,因为贫穷和经济萧条,农民们以及有固定收益者都不堪重负,王公贵族们意见不一,各地高等法院也蠢蠢欲动;摄政王必须要面对这些报复性或结构性的反对势力之间可能的联合。最后,还有精神方面,觉悟的危机。尽管对话缓和了紧张局势,国内的反动骚乱还是令人担忧。因为我们看到了胡格诺派势力的影响和"共和思想"的危险,这是反对政教合一的新教思想;詹森派在这方面仍然是一股活跃的反对势力,很有可能爆发冲突;奥古斯丁派也表示出对社会的强烈不满。而与此同时,英国给出了重新定义欧洲政治格局的榜样,为法国的

---

① Leroy-Ladurie (E.), *L'Ancien Régime...*, *op. cit.*, p. 239.

哲学家们和评论界带来了新模式。到那时为止只是被动忍受并经常被摒弃的东西,却渐渐成为一种强有力的影响。我们看到摄政期间在外交、经济和思想三个方面的双重不可能性。既不能向前进,也无法向后倒退,造就了一个出现大量文化创造和知识分子反思的、具有决定意义的历史时刻。

历史的割裂与倒退的不可能性

1715 年 9 月 1 日,当安茹公爵成为路易十五,路易十四的遗嘱确保了他的政治体制的延续。菲利普·德·奥尔良,路易十四的侄子,打断了这一延续,表现出强烈的树立威望的意愿,召集了一批自己人来与政权原持有者相抗衡。他的高明之处在于收服了两个反政府集团为他所用。一个是奥尔良王党,不信教,大胆勇敢,对曼特侬夫人掌管的路易十四装满行尸走肉的凡尔赛宫嗤之以鼻;另一些是过去改革家的追随者,费奈隆、博韦利耶、谢弗勒斯,其中圣·西门小公爵可能是最为叛逆的。这些人仇视旧王朝、贵族、大臣、军事首领,愤恨那些围绕在太阳王身边靠裙带关系和身份合法化的国王私生子蹿红的教士。1715 年 9 月 12 日,审判会议准许摄政王撇开那些拥有合法身份的亲王而单独掌权:"为了造福百姓我需要行使权利的自由,但我同意为防止犯错而受监督。"为了保证他的权力,摄政王恢复最高法院之前被马扎然取缔的"进谏权"(droit de remontrance)。这是君主制度一贯的政治矛盾的起始点。

摄政王才智超群,胆识过人,在西班牙王位继承战争中证明了自己的能力。他还是一位艺术家。另外,当时及后来的人们不断传说他生性放荡,某种意义上思想自由,不屈服于宗教虔诚。路易十四对他并不信任,奥尔良公爵无忧无虑、率性而为、对政事缺乏热情,因此路易十四很容易就不让他插手国家事务。但人总在行动中展示自我,正如凡尔赛警署长皮埃尔·纳尔博纳所言:"他尽管摄政较晚,却维持到了摄政的最后。"这是一位即兴表演者,活一天算一天,统治方式灵活,充满机会主义作风。伏尔泰评价他"太追求享乐,太喜欢新奇"。政客们的生活习惯在政界有一定重要性,不是因为它们普遍赋予的道德价值判断,而在于它们引导的选择和揭示的象征意义。摄政王放荡不羁,这毋庸置疑,他的所作所为中只有三件事情值得一提:首先,他把权力中心从凡尔赛迁到巴黎,再一次体现出这座城市的威严和他自己的王者风范;其次,他营造出一种自由的氛围,完全区分了公共生活和私人生活,君主政体形象本身也为之修改;最后,他的私生活成为政治层面的事情。

　　皇家宫殿(Palais Royal)①里的小点心之所以被装饰得五彩缤纷(显然这是夸张,圣·西门的证词纠正了这种看法),是因为当时出现了一种被大肆渲染的政治色情文学潮流,势必折射到源头②,反映出反对王室的情绪;并且这种宣传延续了整个世纪。《巴比留斯王子的故事》《艾梅丽公主的乐趣》《朋波牛斯冒险记》、格朗热·尚赛尔的《菲力比克一家》以及密探在街头巷尾没收的大量猥亵歌曲都表明了——当然这不值得完全相信——民众构想了一种理想政治,其发展方向是持久地反对权力的相关人物、手段及地点。这一虚构政治的广受欢迎清楚地说明了抨击文学和时下重大问题的关系:文学作品谴责路易十四的遗嘱,抨击不道德的征税官,重新挑起宗教论战。摄政王本人和他的放浪形骸成为评论的焦点。这种广泛的无政府状态评说充满悖论,涉及一切,有要求,有时还有革新性;声明权力的相对性,号召舆论的作用;否认君主是人上人,拥有至高无上的权力。③ 我们应该反复阅读这些文字,通过其中的图片、寓意画、乐曲谱号、滑稽模仿发现民众的政治要求和宗教期望。它们

---

① 摄政王办公之地,位于巴黎。——译者注
② Meyer (J.), *Le Régent*, Paris, 1985.
③ Baker(K.), *Au tribunal de l'opinion...*, *op. cit.*

表达出想象中称职的政治家应该适应不同的民众，有时甚至能深入最贫苦的百姓。摄政王本人及他的举措，都起到一种催化剂的作用。

排挤掉路易十四统治时期的一些人，有助于防止西班牙菲利普五世在路易十五逝世后继承王位——这种想法不是无据可依的。摄政王通过收买和施恩，努力收服主要的反对派势力：大贵族应邀加入政府会议；各地高等法院成员也得到好处；詹森派信徒和法国教会信徒暂时有权对教宗谕旨提出申诉；黎民百姓也得到抚慰，他们可以向特别法庭起诉征税官和包税官。

新的掌权团队设立了诸多不同的议会部门来取代之前由众多大臣行使的权力：摄政议会（Conseil de régence）、内务议会（Conseil du dedans）、外事议会（Conseil des affaires étrangères）、财政议会（Conseil des finances）、军事法庭（Conseil de la guerre）。这就是"各部会议制"。它的设立是受到神甫杜布瓦想法的启示，后来由圣·西门提议给他的朋友奥尔良公爵。这一机制重新赋予大贵族、前朝名流和以前专制权力的拥有者们行使权力的幻想，而事实上权力的延续都在诉状审查官（maîtres des requêtes）和国家参事（conseillers d'État）手上。这里聚集了国王的私生子，如曼恩、图卢兹；圣·西门、诺瓦耶、拉·弗斯、当坦等公爵；维拉尔、阿尔古等军官通常也是公爵；还有支持孔代小集团的波旁公爵。总之，这些人都被这一机制的表面迷惑，被它收服了。因为事实上，所有事情的决定逐渐陷入他们的反复讨论中，可笑又无效。这些老爷们大都有学识、聪明机智，却囿于成见，不受路易十四重用。开会时谁能出席？谁能受保护？国家参事、诉状审查官、最高法院成员、新闻官又该位列哪排哪行？对于要恪守的级别问题爆发了无休无止的争论。这种尝试很快就寿终正寝，是混乱的管理导致的失败。1718 年 9 月 25 日，摄政王取缔了众议院，恢复以前的统治形式。不过，这次尝试弱化了潜在的贵族反对势力,给予社会一些派别一种表达方法(受压迫的贵族、詹森派信徒、高等法院成员和法国教会拥护者),并通过恢复联合制度以及和阿诺夫尔势力的对话开始了一种外交上的攻势和一种有效的对外策略。国内,在无力的议会的阴影下,王权战胜了不合时宜的贵族的夺权企图,准备恢复到传统的政治局面。

这一切要归功于神甫杜布瓦,摄政王的主要参事,1716年通过关系进入外事议会。身为奥尔良公爵的前家庭教师,神甫推动了国家秘书的恢复。他本人于1718年9月成为外交秘书,并灵巧地折中了新旧外交体制,成功地维持了"欧洲的平衡"(équilibre européen):在一场为时不长的战争和牵涉迈内公爵夫人的赛勒米尔谋反失败之后,菲利普五世放弃了法国的王位,却支持阿诺夫尔反对斯图尔特。外交政策促使恢复了当权者的权威。1718年8月1日,法英公约遭最高法院拒绝,于是杜布瓦促使召开了审判会议,压制了最高法院成员和亲王大公们的反对。回归专制独裁是全面的行动,[1]涉及外交、改朝换代问题、整个国家机器结构,以及引发反詹森派行动再次上演的宗教、经济、加速了最终实施改革的财政问题等。政治文化层面则有两大新政策:借鉴英国模式——摄政王本身已从杜布瓦那里了解到(英国)下议院的作用;另外,尤其是转变费奈隆思想的贵族阶层自发改革的理想过渡到依照孟德斯鸠精神的哲学评论。

前进的不可能性:约翰·劳的预测

1716—1720年,约翰·劳的财政改革以及他对未来(经济前景)的预测是摄政时期及摄政失败的主要标志。从结果来看,劳的这次改革起到了决定性作用,并且很快,劳体制和它的一些矛盾促使政局回到了独

---

① Leroy-Ladurie(E.), *L'Ancien Régime...*, *op. cit.*, p.245.

裁专制。(路易十四留下的)君主制财政状况迫使这次改革成为必须。战事掏空了国库：1715 年债务高达 25 亿,利弗尔其中利息将近 1.4 亿；还有短期流动债务 8 亿；而财政收入的 7 000 万完全被耗尽。诺瓦耶公爵想了一些应急措施(减少年金发放,通过发行国债部分减少流动债务,假装破产,重铸货币,缩减官职,起诉征税官),但这一切收效甚微。然而这却带来了人头税方面革新的思考：1716 年 8 月 20 日的审判会议规定,对财税法令不得有异议。总之,大量国家的、私人的、教会的证券和债券的通货膨胀威胁着国家信用和能否恢复自 1713—1714 年开始的经济形势。杜布瓦的对外政策也需要钱：当药物治疗不奏效时就要求助于外科了,也就是说减少开支,和平的环境也允许实施通货紧缩。财政管理机构(对征税官的起诉让 4 000 人坐立不安。多亏了他们,国库收回了预计 2 亿中的大约五六千万)面临的威胁迫使他们放松了对国家的监管。摄政王梦想在最初的一段通货紧缩后可以加速经济发展,因此他寄希望于约翰·劳。①

　　作为一个苏格兰人,冒险家、赌徒、旅行家、经济学家(曾撰写过关于财富的著作),劳在 1706 年左右到达巴黎,后来被阿尔让松警察局以"运气太好的赌徒"名义驱逐出巴黎。1714 年,劳在游历了整个欧洲之后又回到那里。此时他已经了解了从荷兰到威尼斯的财政方面的优势和劣势。这是一位热衷于制定计划的人。他向朝廷提出了解决财政困难的办法,就这样得到了德马雷和摄政王的倾听,但我们不知道具体情形。《关于偿还公债的研究报告》(1715 年 5 月)是《有关银行的研究报告》的延伸和深化,得到了关注。新政府可能热切希望不错过任何一个可能重振财政的合理的计划,并且"摄政王爱好尝试新鲜事物"。杜布瓦也赞成劳的计划。劳既没有提出机构改革,也没有提出政治改革；他承诺

_____

① Paure (E.), *La Banqueroute de Law*, 1977.

只需要填满国库直至有所盈余,同时偿还债务。如此简单,怎么能不听他的呢?

为了重树国家信用,应该增加货币流通,搞活贸易和工业。一家吸收金属货币、增加流通纸币的银行可以加速补救财政问题,而且银行因享有吸纳国家收入的特权会更加活跃,这是国家信用资金的保证,这样国家便可以偿还他的债权人,减少债务。另外再开一家贸易大公司,拥有北美殖民地贸易的垄断权;银行发行可购买的现金或以债券形式的股份来帮助公司发展,逐步把债务折换为股票,从而抵销债务。在不久的将来,所有金融机构都可以改革,新设一种专门针对土地的税也是可行的。劳梦想着(从 1705 年开始,正如《贸易与金钱》和其他小册子表明的那样)一种不是以金银担保价值的货币,一种能够结合公共权力和土地占有权的本土货币。种种条件限制了他的事业,却强化了他的冒险个性。

劳学说上的超人胆识和他的实际行动①旨在通过一种特有机制集中所有国家财政,统一发放货币,汇集私人资金。他希望避开用来发展投资和信贷等经济活动的金融障碍,而不是把定期收益者的钱都吸纳到国库。他想创造一种信贷来发展贸易和工业,所得利润用纸币来体现;国债也可以因此化解。劳考虑到旧制度下法国经济和财政现状,力图颠覆原来的一切,开创一个崭新的局面。

"劳体制"(Système)的第一部分内容实现了。他的私有银行(1716 年 5 月 20 日成立)即后来的皇家银行(1718 年 12 月 4 日),获得了成功。这是一家负责存储、转账、贴现、发放货币的机构,但不参与商业活动。巴黎人、银行家、有定期收益者对纸币都有信心。但扩大的贸易活动、对西方公司即密西西比公司股票的投机、劳的银行和公司间的

---

① Hinckere(F.),*Expériences bancaires sous l'Ancien Régime*, Paris, 1973.

关系导致了重重困难乃至后来的一败涂地。从 1719 年开始,劳的银行就兼有贸易公司和财政管理两项职能。1720 年,劳领导了财税监管。失败来自公司股票和银行纸币的投机买卖引发的混乱。如果利润减少,投资人信心就会减弱;而当利率达到 2% 时,情况则相反。最识时务者和消息灵通人士把他们的纸币兑换成白银,亲王们如孔蒂、波旁就是不良典型。尽管强制流通纸币,一切最终还是土崩瓦解。劳体制的失败在于货币的加速流通导致收入贬值,公共信贷利率不再稳定,引起投资人的盛怒。高等法院派称之为"对苏格兰人引起通货膨胀的狂怒"是不为过的。劳只能逃走,1729 年死于威尼斯,身败名裂。法国各个社会阶层在这场改革中有赢家也有输家。于是又回到先前的政治了,帕里斯兄弟对此尽心尽力。

劳体制危机发生在重商主义顶峰时期和漫长的困难局势末期。经济连同财政逻辑都不能尽快适应已经引起的震荡。1784 年内克尔在《论法国财政管理》①一书里说道:"劳先生牺牲了国家本可以通过一个梦幻般有着短暂耀眼光辉的机构逐步获得的利益。"后果是沉重的,有时短暂的,有时则影响到更长的时间。就这样,财政通过"信用支付凭证"(visa)得到整顿;但与此同时,本已同多个财政部门取得互动的巴黎又陷入了被孤立和依赖地方的局面,恢复了以前的财政管理方式。法国变得闭关锁国,国家性的投资、公债战胜了投机性的投资。劳的失败是某种经济资本主义的失败,是与外界隔绝的财政生活的胜利。"私有经济严格服从行政监管,除了船舶装备和海洋运输很少进行别的投资。"经济生活的现实体现在别处。如在农业王国,魁奈将会对此进行分析;在金融业,与国王共享很多资源;还有在对西班牙和殖民地进行贸易的诱人

---

① Necker, *De l'administration des finances de la France*, Paris, 1984, 3 vol., t. III, pp. 340 - 343.

趋势中。一阵短暂的骚乱打乱了经济,引起了冲击想象力的追求财富的运动,大贵族们发财了,债务眼看着变少了,投机得到了鼓励,他们的收入也随着通货膨胀变多了。劳体制可能使得农业和手工业复兴起来;加速的贸易满足了增长的需求。总之,劳可能部分地缓解了普通劳众的压力,他们的债务少了,税收也变得相对多起来。

不管怎样,劳体制留下了一个需要解决的历史大问题:他想尽各种办法发动舆论,鼓动大众和贵族扩大和发展其投机事业。这段时间内,公众对各方面的看法也值得进一步研究,如关于金融和信贷、广告和歌谣、海报和记忆。在这方面,比瓦、马雷、比奥松骑士、欧尚地区的马尔蒙(第一批研究劳体制的历史学家)等人的著作都值得反复阅读。不十分可信的轶事趣闻和编年史作者的充满智慧的评论都把上层社会一贯厚颜无耻的自由不羁和劳的破产联系在一块,体现出一个时期的道德精神价值的断裂。甘康普瓦路上一段时间内充斥着平等投机机会以及前来扩充财富的社会各界人士。其中有些人,如米拉波侯爵仇视金钱和效益经济;另一些人则在此间发了财。这揭露出社会的不稳定,同时也保留着在动荡岁月中的希冀。总之,摄政时期是一段有着很多改革尝试、充满对传统的利益勾结进行拷问的历史时期——是法国受创的始作俑者。

对社会的批判

摄政时期,可能是“Fêtes galantes”①显而易见地表现出来的一种文明气氛、文明方式和文明时刻,孟德斯鸠对此有更多的阐述。摄政王所在的巴黎,在朗贝尔夫人、达西耶夫人以及苏利公爵家的沙龙里接待思想自由的智者和一些谨慎小心的人。激烈狂热的思想冲动伴随着投机风潮和社会习俗的表面震荡。在思想者的聚会上人们不断发出哲理的

---

① 这是 18 世纪描绘盛装打扮的人物,如意大利喜剧角色的版画。——译者注

拷问。开明的诺瓦耶公爵把儿子托付给弗雷列；在自己家里招待布安丁、米拉波、杜马尔塞等所有激进的历史评论家；人们听他的朋友布兰维里耶讲话，认识到思想的自由。在沙龙主席家聚集着一批——按照格林的说法——无神论者："我们痛快地发表亵渎、蔑视宗教的言论！"就在那个时候，咖啡馆诞生了。1723年左右统计有380家，半个世纪之后就发展到将近2 000家。大胆的讨论肆无忌惮，却被警局密探记录下来。人们不像在伦敦那样猛烈抨击政府，而是更多地关注宗教问题。一些神甫绞尽脑汁使日课负担不那么重。在普洛柯普，布夏神甫质疑耶稣基督的神圣性，布齐耶神甫嘲讽圣母升天节，布安丁哲学家公开宣传无神论——人们给他取了个绰号叫"无神论者布安丁"。总之，尽管有警察和信徒的监视，宗教还是有一定的宽容度。但1723年之后，当政府面对詹森派政策变得强硬起来时，宗教宽容就丧失了部分领地。《出版业法典》(1723)、监禁(embastillements)、"文字审查"(police du livre)表明，正如伏尔泰所言，"异端审讯所"(Sainte Inquisition)在法文的字里行间设立起来。

　　孟德斯鸠在《波斯人信札》里以另一种方式证明了讽刺精神、哲学思想、移风易俗以及知识分子的好奇是如何相互渗透、互相影响的。孟德斯鸠，外乡人，1716年光荣地进入法兰西学术院，利用借鉴外国人的表现来反思本国文明的典型文学传统，很快就大获成功。我们不提他的前辈们和波斯人的典范，如马哈那编撰的《土耳其的间谍》；我们也不说旅行家们的记述。看看于斯贝克和里卡的通信，从一种讽刺的视角看待习俗惯例、政府、宗教和社会准则，尤其要展示给世人的是一种通过普遍存在的事实来看世界的可能性。如果波斯人对法规制度和习俗惯例提出了"为什么"，不是为了听到令人满意的回答，而是为了证明提问的必要性。那么，这个简单的问题显示出习俗和信仰的荒诞性与相对性，证明了思想对既存事实说"不"的权利。这是要自我解放传统价值。孟德斯鸠的批判权什么也不尊重,他要求自由,这对重新立法是必需的。在《波斯人信札》中,孟德斯鸠研究了很多人的想法,涉及领域也很宽。在他后来的作品如《论法的精神》中对此有进一步的理论上的分析。《波斯人信札》中作者对社会的批判通过想象的世界、小说般的故事情节和敏锐的感觉(如崇拜激情、精神和情欲)而更好地被人接受。摄政时期最终以重归专制制度告终,但它给社会习俗、人们思想带来的冲击却是不可逆转的。任何文化最终都会变成政治。

全体法官与国王

在整个 18 世纪,高等法院都处于危机的中心。它们的重新活跃构成了对君主政体最危险的反对势力。全体法官(他们的立场通常也会被官员们效仿)可以依照惯例和"建议权"(droit de conseil)要求行使职责,在公布王室敕令之际以谏书形式呈上他们的意见。即使全体法官固执己见,国王可以使用王室敕令登记。这些机制,在法学角度已得到广泛研究,18 世纪又有了新变化。因为路易十四统治时期,尽管高等法院没有被完全剥夺向君主进谏的权利,却丧失了"反复进谏权"(remontrance itérative);而拥有这个权利的高等法院可以拒绝登记王室敕令。然而摄政王却在没有明确说明,也没有防范措施的情况下,把这个先前的特权还给了高等法院。1715 年 9 月 15 日宣布内容明确了全体法官发表他们见解的基本行动途径。这一机构的权力来自何处? 回想一下,应该是法官们在社会中所处的位置。高等法院和其他最高权力会议构成了紧密结合的参与行使国家权力的机关。他们职能广泛(司法和管理着大量在今天看来属于中央行政管理,甚至是警察局的事务)、人数众多(官吏数目超过 2 300),和王权的关系有官吏协议可循,在社会影响方面则有大量的专职的和其他官员也要依赖法官律师(也包括诉讼人本身),最后在文化层面上他们也享有很高的威望。

绝对终身制的法官因此也拥有了一部分重要的公共职能。与此同时，他们还享有诸如官位世袭等基本特权。任何试图对法官职位提出非议的行为都会遭遇两大阻碍：法官职位的特性、赎回的必要性。国王不能罢免法官。当他着手解决这个问题时，就会触碰财政问题。法院成员的势力、登记王室敕令的权力、行政管理的传统，都准许他们在职权范围内作出可实施的原则性判决（arrêts de règlement）。而且他们有权干涉任何领域的事务（审查书刊、确定物价、市政条例、城市化和交通问题），使得高等法院派和国王权力的代表们、王室高级官员以及地方总督等多个主体产生冲突。尽管我们不应夸大他们之间的冲突，也还是可以看出法官们的要求之强烈和政府之软弱。这些法官无限扩大对社会不满的范围。他们的抗议，或亲口承认的，或出于不小心吐露的，都被印刷广为传播，也越来越成为对舆论的真正号召；而舆论被看作是国王和这些法官之间的仲裁人。另外，在17世纪，主要由巴黎最高法院发挥的影响，也因为外省市高等法院的日益活跃、有效地参与而得到充分扩大。

当然，不能把这些冲突看成是民主年代会经历的伴随党派争斗和政治论战而产生的持续的结果。它们是时有时无的，其合法性和表现形式都饱受争议，没有实实在在的组织却掀起一次次危机，并维持着对现行体制的强烈不满，即使君主自己心里都感到充满政治矛盾：①管理与发展的普遍内在逻辑和地方通常的、特定社会阶层的逻辑相左，而后者恰恰正是法官们行使权力的基础。最后，每次冲突时，高等法院反对派就会不失时机地老调重弹，提出他们一贯要求的主张（反对有保留的司法权、国王特派专员的行事以及枢密院的职能），同时阐述新的立法准则并逐步提出新的要求，如立法权、国民权力（droits de la nation）、税收的控

---

① Baker（K.），*Au tribunal de l'opinion…*，*op. cit.*

制、自由意志。

这些政治动员(mobilisations)分为三个步骤发挥作用。虽然每次都会遭到各种各样的抗议,但它们特定不变的是:所到之处都推行着从宗教斗争到抨击衙门习气的君主政体,再到反对路易十五末期统治且在反对杜尔哥的联盟中垮台的专制独裁。

宗教与行政危机(1715—1763)

第一次冲突发生在 1718 年 6—9 月期间的巴黎,焦点是劳的财政改革措施。日后类似的情景会不断上演。最高法院审查政府法令、进谏,审判会议则强迫最高法院登记法令。8 月 26 日,掌玺大臣瓦耶·阿尔让松取代了不受宠的前任阿格索,立刻给最高法院成员们来了个下马威,要求他们遵守本分,尊重君主权威,并取缔最高法院自称为"王国不可或缺的立法机构"的权利。碍于一些不听话的法官,摄政王不得不让人逮捕了带头闹事者,等骚乱平息后再释放出来。而敌对的政治运动并不会有所改变。

冲击带来的根本性影响一直持续到 1760 年。主要是对国王和教会反詹森派教义的政策提出诉讼,从而使得于尼热尼迪斯诏书(bulle Unigenitus)①的支持者和反对者都闭上了嘴巴。觊觎着枢机主教一职的杜布瓦神甫发表了一份宣告,得到摄政王的支持。尽管有一些信奉詹森派的法官持批评意见,还是于 1720 年 8 月 4 日进行了法院登记。不过有决定性的限制条件:这份裁定保留了日后上诉人的上诉权。弗勒里奋起攻之,1730 年 3 月 24 日的宣告不仅肯定了 1720 年的那份,还登记

① 罗马"教宗"克莱芒十一世 1713 年 11 月 8 日颁布,斥责奥拉托利会会员凯内尔论著《〈新约〉及道德思考》中的 101 条主张是异端或有异端嫌疑,由此引发激烈的宗教纷争。——译者注

到审判会议。巴黎最高法院,由于它做出的一系列的判决都依次被枢密院推翻,因而拒绝真正执行后者的命令。进谏、解雇参事、司法机关的罢工、最高法院成员的流放(1732 年 9 月 7 日,139 名对 9 月 3 日审判会议持异议者),这一切都可看作是舆论动员,主要是针对巴黎人民的。40 多位最高法院律师从 1730 年开始提交以往谏书不断重申的要求。巴尔比耶律师并不总是赞同最高法院的政策,"因为当我们不管出于什么理由反叛君主时,我们都把君主置于不得不采取极端行为的境地"。他也害怕人民、他们潜在的暴力及对詹森派狂热的崇拜。于是我们从他对事件的回顾中发现了问题的关键所在,看到民众舆论激励在王室和城市之间新的公共空间内进行批判和评价。

同样的问题在 1750 年再次发生,比之前更严重。圣艾提安杜蒙本堂神甫布丹拒绝给沙特来参事科芬先生施圣事,最高法院传唤了神甫加以斥责,并于 1751 年 3 月 4 日进谏为此前的行为辩护。8 月 30 日,更多的谏书矛头指向克里斯多夫·德·博蒙干预总济贫院事件。一旦涉及巴黎教区,最高法院就会介入。1753 年 4 月 9 日法国天主教反对派领头人迪雷·德·梅尼埃尔、罗伯特·德·圣文森、郎贝尔以及肖夫兰神甫长时间策划商议后发起的进谏使得宗教危机到达了顶峰。国王拒绝接见他们,监禁了其中四位领头人,把剩下的法官分散到昂古莱姆、布尔日、沙隆、克莱尔蒙-费朗、蒙布里松、普瓦捷、旺多姆等七个城市。司法机关(巴黎最高法院)罢工,广泛散布他们的谏书,雷恩、鲁昂和埃克斯以及波尔多、图卢兹等地高等法院对他们的声援,以及由此引发的种种讨论,最终让王室妥协。从此以后,凡涉及宗教事宜,法律就保持沉默。正如达尔让森宣称的,高等法院及其成员们获得了荣誉和胜利。

圣事之争揭示了一部分舆论,同时引发了一场反对教会干预公共事务的风潮,伏尔泰对此有过论述。它向高等法院派揭露了君主政体的软弱和无力克服分裂的各种表现,也揭开了法院反耶稣会斗争的胜利序幕。但胜利并不能立即取得,因为耶稣会士在地方法院里有朋友。在检察官的 12 项指控中,有一半支持耶稣会,另一半是反对的。正如地方商议团一份详细的研究指出的那样,参事们总是发生意见分歧。但是总体上,巴黎最高法院还是占了上风,王室被迫承认多数人做出的决议。巴黎最高法院和詹森派联盟容许一种政治说法,它表达了君主政体是专制统治的观点,并批判法国国教天主教教士是专制政治工具。这一运动获得了成功,无疑是因为它涉及宗教,唤醒了个人的觉悟。詹森主义不久便退出主要派别,但在和最高法院并肩的战斗中,它保留了所持观点——这种态度是一笔舆论的财富,并扩大了宗教事务的讨论权,甚至不局限于宗教方面。①

税收争议和反改良主义

18 世纪 40 年代,冲突增多了,并蔓延到各个领域;1750 年之后冲突达到顶峰。孟德斯鸠保守的理论,根据最初阶段的谏书内容而著,认为在政府权力和司法机构之间存在着符合公共利益的和谐关系。

在朝廷对国家的法律既缺乏熟知,枢密院又仓促行事的情况下,君主的事务将丝毫得不到审慎的处置。此时司法团体对君主事务的稳健而缜密的处理是再好不过的了。如果法官们以拖延、申诉、恳求等手段都无法约束朝廷乃至君主的道德规范,而当这些只知意气用事的君主以无限度的勇气和忠诚对迎合他们的服务给予无限的回馈时,这世界上最完美的君主国会

---

① Van Kley (D.), *The Jansenists and the Expulsion of the Jesuits from France, 1757 – 1765*, New Haven, Londres, 1975; "The Jansenist Constitutional Legacy in the French Pre-Revolution", in Baker (K.) (éd.), *The Political Culture, op. cit.*, pp. 169 – 203.

变成什么样呢？①

国王的权威得到捍卫，而法院有影响力的行为却被遏制。这迫使法院成员下定决心对每一件事都竭尽全力。于是他们越来越积极地展开行政管理和税收改革活动，并因此获得了更广泛的影响。

从1725年开始，巴黎最高法院就对五十分之一税②提出了抗议；1741年反复表示反对什一税，1748年又提出反对百分之一财产年税，1750年反对新的二十分之一税，1756年和1759年反对第三次征收二十分之一税。从那以后，争议不断。争议的中心在于财政总监（contrôleur général des finances）马肖提出的一些改革措施。为了支付战争的开销，偿还相应债务，也为了开发与更合理的财税管理体制相匹配的资源，马肖提出向特权阶级征税。于是所有的官僚机构不断表示反对，谏书也如机枪扫射般纷至沓来。1763年，贝尔丹③取消第三次征收二十分之一税，下令不再加征人头税；但他延长两次二十分之一税至六年期限，并且推广财产转移税（droits de mutation），开始实施财产评估政策。巴黎最高法院大为光火，被迫登记财税法令。国王却又退缩了，这样就进一步肯定了法院成员们的权力。

税制问题带来了大量宣传册子、诽谤性短文、反思税收问题的专论和著作。1760年，米拉波在《税收理论》里提议设立一种通用税；鲁塞尔·德·拉图尔，巴黎最高法院顾问，在他的《国家财富》一书中主张修改人头税；律师达里格朗的《反征税官》（1763）则抨击了收税总机关（Ferme générale）。骚乱随之而来。雅各布·尼古拉·莫罗在其论著

---

① Montesquieu, *L'Esprit des lois*, *op. cit.*, livre V,10.
② 征收收入的五十分之一。——译者注
③ 路易十五时期一位财政总监。——译者注

《有关国家财富的一些疑虑》里,以政府的名义批判了鲁塞尔,后者却赢得 22 本不同宣传册的支持。鲁塞尔、达里格朗反复号召民众要反对国王颁布的税收政策,转而支持最高法院主张的税收政策。朝廷试图赢得法官大人们的精诚合作,这是马尔泽尔布的主张,并得到拉维尔迪的沿用,但没有成功。不过这一努力激发了更多人对如何调和税收、发展国家财富与进行必要的改革的思考。抗议声此起彼伏,要求下发改革法令的谏书则如雨丝般绵绵不绝。"这类声音是对舆论的一种鼓舞,"鲁昂的法官们宣布说,"它有力地为民众的勇气提供了支持。没有保护人时,这种勇气容易从可怜的人身上逃走。"

高等法院成员们因为得到地方舆论的支持,在每个法院都得到不同派别或同一派别里异己分子的鼓励;也被之前的成功所鼓舞,越来越意识到有责任发挥代表性的作用。他们可以几乎不受制裁地指责朝廷课税的经常提高、官吏的管理不当、征税总机关的绝对权力。他们此后表现出能够引领必需的税收变化,站到了所有征税人员的对立面。于是,反对他们的人联合了特权阶层和部分舆论的抗议,四处活动,导致了一场大危机的暴发,使得专制的君主政体被指控,而政治文化也可以从中吸取重大教训。

从抗议到原则的制定

朝廷、国王、枢密院、历任主要大臣都谴责最高法院成员(在古罗马术语中相当于元老院议员)的闹事。马尔泽尔布于 1722 年记录道:"路易十五很迷恋专制制度,对高等法院及他们引起的事端深恶痛绝。"同高等法院的斗争成为路易十五统治期间最大的事情,他把希望寄托在枢密院,亲自操刀起草对最高法院的回击文章,并于 1766 年 3 月 3 日公布天下。里面全盘考虑到了各方面的内容:各地的高等法院不构成分等级的特殊机构,它们不是介于国王和臣民之间的中间权力机关,它们没有权利反抗,在任何情况下都不能约束君主的意愿,进谏属于游戏规则却不代表胜利者。布罗瑟斯镇镇长后来发表评论说："这是最宽口径的大炮：东方式的专制和赤裸裸的暴政。"所有路易十五任命担任内阁职务的官员都支持加强王权：宫内府的圣-弗洛朗坦伯爵；贝尔丹，改革家及权威人士；拉维尔迪，取代贝尔丹任财政总监，从支持高等法院转而倒向支持专制主义；还有舒瓦瑟尔本人，曾和高等法院派谈判过，却被后者的对抗所激怒。

> 国王将会忍受基本法被疯狂的举动和从表至里都可笑至极的反抗所更改吗？……我甚至因此说亲王阁下（孔代，投石党运动期间），我不擅长和"便壶们"打仗，国王应该不会为此牺牲掉他军队中的过百位将士，他们不费吹灰之力就足以熄灭高等法院派的熊熊大火。[①]

然而大火并没有被熄灭反而蔓延了。巴黎最高法院在一旁煽风点火，自1756年始就不断进谏反对朝廷给予吉耶纳和诺曼底高等法院的待遇。1758年和1759年又上书指责贝桑松总督布儒瓦·德·博恩，因为他迫使不服从朝廷的参事背井离乡，流亡在外。巴黎最高法院还动员了几乎所有的高等法院——三个地方除外，杜埃、梅斯、波——起来反抗国王，对抗他的密札（有国王封印的密诏）（lettres de cachet）以及他颁布的惩戒令。1763年，法官们为了保护鲁昂和格勒诺布尔地区的高等法院提出抗议；1765年，则是为了波和雷恩地区的高等法院，在那对抗的双方是两个大人物：艾吉永是地方最高长官，拉·沙洛泰是总检察官。面对强硬的要求，以及针对脾气暴躁的拉·沙洛泰的诉讼案陷入僵局，还有巴黎方面激烈的进谏，国王亲自出面处理。1766年3月3日，国王

[①] Egret (J.), *Louis XV et l'opposition parlementaire*, Paris, 1970.

亲临审理会,在会上发表了谴责高等法院派的讲话,抨击了高等法院派夺取立法权的企图及法官们联合反抗朝廷的行事作风。会上要求恢复秩序的命令和司法大臣莫普的巴黎市第一行政官的名号都不能缓和高等法院派的激愤。布列塔尼案件和对达吉永公爵的诉讼案再次让路易十五亲自干预。他取消了诉讼程序,高等法院派被暂停职务,而由莫普展开了一场司法改革。这一次,并且直到路易十五驾崩,君主的权威被肯定,还推动了一些新举措:撤销捐纳①(规定退回相关费用),法院审理不再收费。由马尔泽尔布起草的税务法院(Cour des aides)的谏书抗议朝廷对高等法院法官们做出的武断判决,呼吁民众支持他们、打击他们的取代者,要求召开全国三级会议。不过这些呼声几乎没有在其他法院得到反响。专制统治在三年内畅行无阻。

路易十五恢复高等法院职能产生了两种结果:出现了一群根据真正"开明专制主义"(despotisme éclairé)推行的改革来衡量君主制前景的官吏和政治人物。"开明专制主义"的失败是专制统治的失败,可能也是三政治巨头泰雷、莫普、拉夫里耶尔坚决实施的专业管理的失败。激烈的反对揭示出特权阶级、一些机构及间接被波及的城市社会深陷危机,同时也反映出为了确定国家治理准则所经历的历程和反专制主义的强大力量。于是,四大命题应势而生。高等法院派对此强烈支持,却招致启蒙思想拥护者(孟德斯鸠学说的继承者、马布利的读者、博马舍的观众们)的政治批判:法官们的国民代表权、国民接受或者拒绝纳税的权利、个人权利、权力分立。

从1750年开始,高等法院派要求行使立法文书的审查权,否则可以

---

① 捐纳体制是一种卖官鬻爵的官吏制度。官吏出钱买官,官职成为一种私有财产,可以持有或出让,某些情况下还可以传给合法继承人。捐纳最初是增加王室财源的一项措施,却衍生出大量政治问题。——译者注

拒绝登记相关法令：法律不能出自君主一人的意志，而应该是最高法院和国王共同做出的决定。论战突出高等法院派提出的对国王的三项约束。首先，高等法院派认为法律高于国王，只有通过进谏才能确定基本法律；法律、国王和国家构成一个整体。其次，巴黎最高法院传播了一种理念，法院是法律的代理机构，这符合中间权力机关的理论；并且法院在必要时要承担管理国家的职能，以防国王受蒙蔽一时兴起做出错误判断。最后，要区分国民（nation）和国王：如果国王代表国家（État），那他就不再代表大众（public）。高等法院派在暗中瓦解"君主制体的奥秘"（mystère de la monarchie）。他们用"nation"一词来指"国民"，取代传统的词汇"sujets"（臣民）和"peuples"（民众），并通过自然权利理论学家们的"契约"（contrat）理念赋予他们权利。还有一些人牵强地用国王加冕礼誓言来为这一做法提供理论依据，因为加冕誓言并没有说国王要对国民负责，而是只对上帝负责。正如马丁所言，法院的谏书其实是国民的意见；法院代表国民，因此可以说倚仗的是各个阶层的联合（l'union des classes）。但这只是基于历史空想的一条准则——法兰克战士的大会。事实上，只是幻想，只是动荡局势中的信念而已。

从这些问题中引出了干预权，特别是税收批准权。在这方面，高等法院派从传统的立场和职责过渡到关注民生疾苦，要求有积蓄，请求废除战争税，要求拥有更强硬的位置以及在国家税收法没被遵守时获准使用抵抗权。1759 年反对第三次征收二十分之一税的谏书就是例子，呼吁召开全国三级会议；1760 年起鲁昂高等法院请求召开全国三级会议；1771 年巴黎税务法院（Cour des aides de Paris）也发出类似申请，得到几乎所有地方法院的积极响应和支持。[①] 这份请愿将会获得成功，并且它

---

① Bickart（T.‐R.），*Les Parlements et la notion de souveraineté nationale au XVIIIᵉ siècle*，Paris，1932，pp. 249‐250.

所依据的思想认为,合法的自由甚至可以用来对抗国王。

高等法院派主张的个人自由不同于哲学上的自由要求。它不包括言论自由和信仰自由,但提倡捍卫个体自由,反专制,反绝对权威。面对宗教事务、流放上诉者的密札,以及越来越强有力地对他们的权力加以限制、迫使他们循规蹈矩的镇压措施,高等法官们抓住时机,起来捍卫自由。1759 年 4 月 4 日的谏书表明他们不能服从王国给他们设置的条条框框,也不能用密札或其他手段来干扰他们行使职能或使他们不得安心;并且,除非过世或者自愿辞职或者事先被判渎职,否则不能无故失去官职。总之,他们的自由取决于尊重司法的正常途径。1767 年伏尔泰在《休伦人》一书中抨击密札,引用了一个广为流传的例子,就是说密札是专制政治的工具——这当然不完全符合它们该有的作用。高等法院派的观点和后来 1772 年《法国人权利准则》中规定的自然权利的拥护者的观点一致。这些观点比保卫平等权更重要。法官中很少有人想到这点,18 世纪 80 年代以前的哲学领域也很少想到这一点。这一切尤其慎重地明确了一个观点:法官应该赢得相对行政权的独立地位,法律应该明确司法和行政之间的界限。

总之,高等法院参与的这些不同危机奠定了两件基础性的事情:一是加剧了本位主义思想和改革,强化了君主制统治逻辑之间的冲突;二是建立公共精神,这是受到政府在每个阶段以保护所有人利益的名义横加阻挠而产生的一种舆论,这种舆论在讽刺短文和宣传册中也是被禁止的。高等法院的短暂失败在 1771 年结束了一段历史悠久的旧政治文化时期。无论如何,与地位突出的谏书相关联的登记(国王敕令)的权力其实是与国王谈判的有效空间,它使得人们可以和平地表达对税收和宗教方面的不满。"君权危机"(coup de majesté)结束了以前严守法规的关系,试图依靠另一种舆论的联盟。这种舆论催生了我们称之为"Patriotes"(爱国者)的人,他们做好准备反对等级社会和团体社会。法袍,历史上只是王权的造物,代表其利益,却给予了批判性舆论以发言权;被封过口,后来又获得解放,不可能在危机快要结束时重蹈覆辙。

国王与舆论

旧制度的危机爆发了,表现得有点像一块玻璃碎裂的方式:从受力点表面产生星形的四散的或粗或细的裂痕。我们在 15 年里看见了一系列的改革尝试,每一次努力带来的却是君主政体赖以支撑的拥护体系的进一步分裂。国家体制的危机突出了历届政府的无能:缺乏权力本身的推动力;国王太胆小懦弱,没有活力;也缺乏对各级传统领导阶层的正确认识来衡量政治关系的变化。管理危机、权威危机,两者因为财政困难而加剧,形势一天天变得更加明朗,尽管期间分阶段地做了一系列改革尝试和挽救措施。

路易十六的上台带来了希望。但仅仅几天之后,人们便看出未来充满了变数。三头政治(Triumvirat)虽然取得过一些成就,但还是被推翻了。新的权力集团暗中受阴谋家莫尔帕领导,里面既有舒瓦瑟尔派成员,如取代莫普掌管国玺的米洛麦斯尼尔,也有包括杜尔哥在内的哲学家。舆论发现整个统治体系充满了不确定因素和个人之间的敌意,枢密院和各"部门"之间的关系也颇紧张。一些失势的政治家暗中策划着返回政坛,如舒瓦瑟尔在路易十五逝世后返回巴黎,又如内克尔被解除首席国务大臣职务(ministériat)之后策划着恢复官职。这段历史可以按时间顺序分为四个时期:杜尔哥(1774—1776),内克尔(1776—1781),卡洛纳(1783—1787),洛梅尼·德·布里耶纳(1787—1788)。从这相继展开的四个时期可以越来越清楚地看出君主政体彻底改革的不可能性,同时也可以看出作为政治体制的旧制度行将就木。

杜尔哥的改革

　　杜尔哥短暂改革的新颖之处在于这位财政总监思想的转变。雅克·杜尔哥继承了家族对国家概念的理解，拥有改革实地经验，以及依循原则进行改革的信念，这一切都是他独特的背景。他的著作，从《古尔奈颂》到《论财富的形成和分配》都证明了一点：他对于财政改革是经过深思熟虑的。他是温和的重农论者（physiocrate），信仰能被理性所理解的自然社会秩序，认为政府应该促进这一秩序。从其具体内容来看，该观点和高等法院派的观点截然不同。① 杜尔哥还是一位自由主义者，主张通过自由贸易来活跃经济。杜尔哥政策的效力正如他的顾问兼朋友杜邦·德·内穆尔在其著作《论市镇》一书里所说的，在于结合了财税改革和代表制改革——涉及封建庄园主，他们是"净产品"（produit net）的创造者，社会发展的保证人。杜尔哥认为理想的君主体制下各方利益的调节是通过理性、国家和个人自由权相结合的干预、国王和有产者（propriétaires）共享的统治权和其他权力、借助众人智慧做出的决定等等来实现的。这种构想指导了他对国家进行朝着理想中的君主政体方向的改良。下面四个方面可以具体说明，这一构想其实是空想。

　　第一个方面是决定性的，并且也很难阐释清楚。1774 年 10 月 20 日恢复高等法院权力似乎又把王国置于法官们的管控下。但无论如何，这打击了莫普的事业，即他的政治革命——通过终止高等法院的权力扫除了社会发展障碍。杜尔哥并不反对高等法院的权力回归，或者是因为他从中看到了钳制对手莫尔帕和王后的必要的保证，或者是他承认高等法院派所代表的舆论势力。马尔泽尔布也这么认为，但韦里神甫和孔多塞持相反意见。尽管有高等法院进谏机制，杜尔哥的改革依然应该能够进

① Furet（F.），*La Révolution, 1770-1880, Histoire de France*, Paris, 1988.

行。因为 1774 年之后高等法院的政见发生了转变,杜尔哥可以坚持到底。他的这种态度一开始是有益的。但当他失去了国王和特权阶级的支持后,就变成了困难不断增加的原因。其次,在预算和财政管理方面,他致力于减轻沉重的税收,降低课税基数,通过削减开支来减少债务。这期间他基本没有碰到大的阻碍。他期待着自己的经济政策成果可以带来物价提升之后的盈利,这是财税增值的源泉。他的贸易自由主义继续了泰雷神甫发动的第一次改革尝试,却因为重重困难而止步不前。杜尔哥通过 1774 年 9 月 13 日法令取消了相关法规。这一预兆性的举措有力地表明了他反对偏见和对进步的信仰,但 1775 年却证明他事与愿违,这就是他第三个可怜的成功保障。最后,他建议采取一系列重农社会措施,其中两项决定是最关键的:改革徭役,取缔行会管事的职务。

　　粮食政策的失败、"面粉的战争"以及高等法院的谴责谏书,表明了反对派之间形成了联盟。最底层的反对来自"贱民"(populace),他们活在无法负担昂贵面包的恐惧中,把面包价格攀升的原因归咎于人心险恶而不是事物的本质。[①] 广大民众相信市场规律和杜尔哥法规,最后换回的却是失望,于是也开始反对他的改革。最上层的反对声音则来自害怕触及自身既得权利而怀疑革新的法院和城市联盟。这就是 1775—1776 年间的悖论:一位成功消除了动乱的大臣,继续实施他先进的政策时,却在特权和垄断的社会里陷入势单力薄的境地。针对这一点,内克尔在 1775 年 4 月出版的鸿篇巨制《论谷物的立法和贸易》引起了巨大反响,并预示着统制经济(dirigisme)的回归。杜尔哥的失宠是哲学、专制主义及法式开明专制统治结合的失败,是特权阶级坚不可摧的结果,同时也揭示出反专制主义的强大力量、中央权力的分解、一些团体机关的势力以及他们反抗的双重性:一方面要捍卫老祖宗留下来的身份地位,

---

① Furet (F.), *La Révolution, 1770–1880, Histoire de France*, Paris, 1988.

另一方面又部分地受到启蒙哲学的影响。

内克尔的改革插曲

　　杜尔哥于 1776 年 5 月 12 日被解职。"好人不得好报,杜尔哥栽跟头了,我为整个法国感到痛惜",维里神甫在他的日记里如此写道。内克尔的到来实则是舒瓦瑟尔主张的对英国发动战争和回归统制经济政策的到来,这两者紧密相连。因为战争加剧了王国长期以来的困难,即财政困难。对英国的战争起码花费了 10 亿利弗尔,而相对于财政改革来说,这位日内瓦银行家(内克尔)更喜欢借钱打仗(米拉波叫嚷道:"他发动战争却没有征税,真是一位神!")。结果公债的坑越挖越大。内克尔先以国库总管(directeur du Trésor)身份进入枢密院,后来成为财政大臣;而财政总监塔布罗徒有虚名,没有实权。这标志着君主国政策上的两大主要变化。

　　第一个变化针对杜尔哥。当时内克尔和他的顾问们正谋划着获得权力。身为日内瓦寡头势力家族的继承人,雅克·内克尔首先成为银行家,在东印度公司的振兴过程中,通过各种颇富成效的行为积聚了大量财富。当他放弃投机生意时,他的财富可能已高达七八百万[①](也没什么神秘的,就是他的银行)。在印度公司和政府的多次谈判过程中,他受到泰雷的庇护,学会了行政管理。1772 年,银行家内克尔转而成为外交官,开始了他进军政治的宣传活动。毫无疑问,这开辟了类似活动的先河。其中三个因素发挥了关键性作用:首先,他的妻子和当坦马路沙龙功不可没,沙龙成员莫尔奈神甫、雷纳尔神甫、马蒙泰尔、格林、狄德罗本人以及布丰都助他牢固树立起机智聪明的形象;布丰更是一辈子都力挺内克尔。其次是科学院的作用,它保护巴黎社团和外省市所有机构。再

---

① Lüthy(H.), *La Banque protestante...*, *op. cit.*, II, pp. 370 – 371.

次是他经济学方面的著作。内克尔因为写了《对柯尔贝尔的颂扬》一书受到法兰西科学院的奖励,达朗贝尔更是在 1773 年 8 月 25 日阅读了此书。这就意味着他政治候选人的身份得到了知识界的认可。但我们知道,这是出于经验主义获得的政治候选资格。社交界雄辩的空洞无物的颂词肯定了道德规范和相应的美德,取悦了王室和思想自由者,同时也迷惑了市民和无病呻吟的哲学思想爱好者。1775 年他发表了《论谷物立法和贸易》,更是锦上添花。内克尔是思想家,对一些理论嗤之以鼻,是重农论派的反对者;同时他提出了自己的一些见解,这些思想后来成为有关收入的"铁律"。最后,他的力量可能代表了普通民众,但却是些六神无主、惊恐万分、被改革及改革带来的问题弄得惊慌不已的民众。所以他的成功不是他思想的成功,而是他在有利形势下成功地组织了思想,是外在形象上的成功。

第二个变化:内克尔是银行,是求援于国际信贷的手段;这是一个能借来巨额借款的人,也是出于国家不断增长的需要而积极活动的人。他独立于枢密院之外的立场解释了他为了什么能被提名出任财务大臣。他不引导政策,他依托公众的支持赢得信任,他必须用最小的成本来填补战争遗留的花销亏空。这是一位筹钱能手,秘密图谋,掌握了国家财政大权。正如他前用过投机的、代价高昂的应急方法支撑印度公司一样①,内克尔也会用同样办法来支持住公共财政。各行各业有定期收益的人都为内克尔鼓掌;一段时间内被控制的公共舆论也对内克尔给予了支持;王室和战争拥护者的意见出现分歧,因为银行家内克尔脚踏两只船;而特权阶级却嘟嘟囔囔、牢骚不断。

首先,内克尔处理了赤字问题。他动用在日内瓦和荷兰的资源,以8.5%、10%的利率短期借款,同时力图强制实行无人愿意接受的节约政

① Lüthy (H.), *La Banque protestante…, op. cit.*, II, p. 35.

策。其次,他努力通过国家机器尤其是财政方面的现代化管理绕开障碍。他本人接触枢密院,取缔了财政和贸易总督。开始以杜尔哥为例进行了一项政治改革,设立了一些取代总督收税并且拥有地方管理权的会议。会议上实行代表制——第三等级占一半,神职人员占四分之一,贵族占四分之一,按人头选举产生结果。先在贝里、吉耶纳、多菲内、尼韦内进行试点。改革获得了部分成功,对于流通和信息政策来说是一个重要阶段。但这一尝试也纠集了一批反对者:朝臣、总督、枢密院里的行政官员、王后、高等法院和神职人员。内克尔对这些人的回击体现了他的才干和公众意识的局限。1781 年 2 月,在《致国王财政书》中他提交了一份常规的财务报表,庞大无比的赤字(15 亿军事开销,大约 9 000 万的常规赤字)居然被他魔法般轻而易举地通过了,没有引起任何异议。这不是预算,也不是财务报告,而是广告手段。内克尔在公众眼里是一个结束了专制主义财政秘密的人,是英国式的有限君主制(monarchie contrôlée)的开创者,是一个对其管理负责任的政府首脑。四个月后,到了 5 月,他落马下台,也因此导致此后几年充满变数和徒劳无益的改革试验。

从卡洛纳到布里耶纳、从布里耶纳到内克尔

从 1783—1787 年,工商业领导权交到查理·德·卡洛纳手上。他身为财政官和杜埃高等法院派之后人,曾任职于佛兰德高等法院掌管审查,在布列塔尼事件①(affaire de Bretagne)中与各地高等法院对峙,后成为梅斯及里尔地区的总督。在各个层面的行动上他都有丰富的经验,深知如何同孔代、波利尼亚克及吕伊纳势力集团建立起有利于王室的关系。他凭借资深经历进入 Hôtel des Déménagements——也称为总监官邸(l'Hôtel du Contrôle général)。但各地高等法院成员仇恨他反对拉·

----

① 　卡洛纳曾协助国王镇压布列塔尼高等法院的反抗。——译者注

沙洛泰的立场,也可能憎恨他起草了 1766 年 3 月 3 日的谏书。卡洛纳之后的改革从两方面分两步骤展开。

首先,他试图通过重振经济的政策来维持国家信贷。因此,他想办法向外国金融借钱。所有一系列的积极措施都旨在营造出信任的氛围,比如同收税总机关达成的协议、实施大工程的政策、印度公司的复兴、英法通商条约。在塔列朗、杜邦·德·内穆尔、韦尔热纳的秘书热拉尔·德·黑纳瓦尔的出谋划策下,卡洛纳把法国打造成风云变幻的剧场,而巴黎则变成投机买卖之都。瑞士的银行家们佩雷戈、克拉维埃、施威茨尔、庞秀在其中发挥的作用引人注目,随时机和信息的变化主宰着行情。这是金钱操纵者(manieurs d'argent)、金融公司、兑换市场以及小额证券交易者的伟大时代。甚至可以说,这是旧制度的上层社会和投机商们为了追逐利益而肆无忌惮公然相互勾结的时刻,是为了累积不动产财富而过度借债的年代。卡洛纳的经济政策倾向于调动一些必需资源来发展制造业和工业。然而农业收入的利润多数用来抵押,大量的破产动摇了贵族阶级,一部分纳税和借款而来的钱也改变了用途。总之,负债增加了纸币的流通,信贷把不动产债务和公债转变成动产证券,但这只涉及有限的一些部门,并没有改变经济活动。可能这是历史上第一次公众意识到靠他们养活的国家机构和王室的浪费与现实资源间的差距。

1786 年,卡洛纳再找不到办法借钱,被迫承认财政赤字、再投资的失败和制定挽救计划的必要。自 1785 年 12 月起,巴黎最高法院重新启用进谏的政策并禁止新的借款。卡洛纳在他的《改善财政的纲要》中提出了三项改革措施:财税方面,减轻旧税(人头税、间接税、徭役),由所有有产者共同支付的领土津贴(subvention territoriale)取代二十分之一税;经济方面,允许谷物自由流通,废除内部关税壁垒,统一国家市场;政治方面,国家管理权委托给代表大会,各项计划不再沿袭由各地高等法院批准的传统,而是交付给 1786 年 12 月召开的显贵会议决定。1787 年

2月,这项措施遭遇失败,因为显贵会议什么都接受,除了全体国民平等分担赋税(除非这点按照规定能得到会议成员的一致认可)。行政管理的改良主义、高级官员的工作、国务参事们以及经济学家们,同特权阶级和开明舆论的联合发生了碰撞。贵族阶层、法官和教士(迷恋自身特权和豁免权的教士发挥了决定性作用)是反对派的中心。由此催生了召开全国三级会议的想法。卡洛纳首先启动了咨询机制:像内克尔一样,这位财政总监求助于民众的支持,然而却得不到回应。他越过显贵发出的警告把内克尔和布里耶纳的支持者们召集在一起。各种各样的阴谋层出不穷,卡洛纳最终被免职。

新任财政总监洛梅尼·德·布里耶纳展现出教士的管理才能。这是一位有抱负的主教,聪明开朗、明理又有点放荡、头脑清晰、随时准备妥协。他将重蹈被他打败的前辈的覆辙,经历一样的挫折——他遇到了同样的阻碍。他的经历明白无误地显示出自上而下的改革遇到的阻力和政治转变的不可能,因为他同时求助于旧时社会的支持者即旧制度的受益者和在每次危机中要求都越来越多的民众。直到1788年的社会经济冲击波把广大人民逼上政治斗争的舞台,贵族造反、贵族阶级革命、显贵名流的革命轮番展现出1787—1788年间政治冲突的最后阶段的特征。这位备受关注的图卢兹大主教(召回马尔泽尔布,任命尼韦内及一批知名哲学家)只是战胜了一些历史积弊16个月而已。他改革了枢密院,缩减了政府部门开销,大量减少象征着浪费的王室预算。显贵们接受平等纳税的思想,却排斥率先颁布的一些财税法令,借口是没有经过全国三级会议一致批准,不符合税收管理制度。国王于1787年5月25日解散了该会议。布里耶纳重拾召开英国式的省级大会的计划,不过第三等级人数翻倍。20多次省级大会得以顺利举行,要归功于地方贵族的热情和法官们的积极工作。所以局部来看,君主制的管理在一段时间内获得成功,但这不足以解决财政赤字问题。

　　布里耶纳于是得对抗各地高等法院。1788 年，专制主义管理和长袍法官的抵抗之间的长期冲突达到顶峰。1787 年 7 月，巴黎最高法院此时内部已经划分为革命党派和温和主义派，要求召开全国三级会议和认可经三级会议批准的征税原则。8 月 4 日，国王想方设法使法院登记了相关法令。7 日和 13 日，高等法院派呼吁拒绝实行杜瓦尔·德·埃普雷梅尼的提议，于是他们被流放到特鲁瓦；但国王迫于审计法院（Chambre des comptes）和税务法院（Cour des aides）以及大量民众游行施加的压力，又将他们召回巴黎。路易十六被迫付诸武力，而此前的 1774 年他已不明智地采用过这一手段。迫于压力，拉穆瓦尼翁领导了法院派改革，却引发了高等法院法官们的反抗，并得到了地方贵族和教士的支持。于是所有辩论、演说和政治文学中流行着三大主题：要求人权，这是巴黎最高法院中革命党派成员费托、迪波尔、杜瓦尔提出来的，这也是借鉴了新成立不久的美国资产阶级共和国获得胜利的经验；捍卫自由，关键是对名词的单复数不加区分；呼吁召开全国三级会议，而高等法院派则放弃了代表国民的角色。就这样，古老的君主制遭遇了传统主义者和现代主义者、各种不相调和的利益和特权以及政治思考的反抗。外省市躁动了，全体国民要求恢复他们的权利，重新召开国民大会；民众都起来支持雷恩、格勒诺布尔地区愈演愈烈的暴动。1788 年 8 月 8 日，布里耶纳和国王屈从了所有压力，于 1789 年 5 月 1 日召开全国三级会议。布里耶纳让位给内克尔。拥有神圣王权的君主制通过这两个举措表露了它的无能为力，转而信赖公共舆论和它的财政魔法师。

　　我们回到对危机的叙述上面，这样能突出政治斗争实践和一种政治文化的准则是如何同时围绕两大主要冲突而形成的。一是寻求解决王国的财政困难而引起的冲突，二是游离在新旧形式之间的代表问题。两者界限越来越模糊的混合体却随着危机和改革的时间推移而逐渐定型。当时不存在现代意义上的政党，取而代之的是一些团体——吸收势力团伙、舆论运动和拥护者,通过利益相关和社交游说聚合了展开政治斗争的联盟和反对派。公共精神同样积极调动了大约 200 万人民,尽管人们对政治变迁还根本没有清醒的认识。在首都、最高法院所在的大城市及一些资本主义较活跃的中心,所有这些形成了一个整体(虽然由不同成分构成);它感觉到自身与国家和政府的问题、与财税政策都息息相关,因为它会反过来影响到传统贵族权利的基础以及日常生活。传播思想的社团、报纸杂志网络和出版业(公开地秘密活跃着)使得到处流传着巴黎事件的反响,并经过多种中间步骤最终传遍乡野。公共舆论诞生了,直到 1787 年至 1788 年间,又汇集了两种希望、两种政策。

出现了改革党和君主党。不过需要知道的是,两者之间并非泾渭分明,他们有时候联合,有时候分裂。因为君主制也会怀有改革的希望,它的主要支持者也可能会放弃捍卫君主制作为普遍的政治组织形式和社会权力体制。新的政治文化最主要的特征是,它不是从外部通过抽象的哲学思辨成形的,而是从内部通过君主政体机构井然有序的体系设立起来的。对此,各地高等法院别有用心地起着关键性作用。莫普的改革最终把反抗运动转变成反专制主义的运动。米舍莱准确地从中发现了君主制的灭亡。之后的危机令运动越来越明朗,而思想仍旧混乱,因为一词多义、语焉不详的一些词语可以被信手拈来,比如国民(nation)、基本权利(droits fondamentaux)、王国的宪法(constitution du royaume)、神圣不可侵犯的法律(lois sacrées, inviolables)、自由(libertés)。"自由"是一个多效用的词,但首先具有调和的功能。就在反对专制主义的胜利斗争中出现了最终势不两立的对抗:把不平等社会变为平等社会,把社会精英的妥协①变成明日黄花。运动停止了,留给我们继续要了解的是社会和启蒙思想的对话本身是如何创造出这个最终转变的深刻条件。

---

① Furet (F.), *La Révolution…*, *op. cit.*, pp. 59 - 60.